本书谨献给

家父张绪谔先生

家母张林美津女士

中国红十字会初期发展之研究

张建俅　著

中华书局

图书在版编目(CIP)数据

中国红十字会初期发展之研究/张建俅著.—北京：
中华书局,2007
ISBN 978 – 7 – 101 – 05015 – 8

Ⅰ.中…　Ⅱ.张…　Ⅲ.红十字会 – 历史 – 研究 –
中国 – 民国　Ⅳ.D693.66

中国版本图书馆 CIP 数据核字(2006)第 002088 号

书　　名	中国红十字会初期发展之研究
著　　者	张建俅
责任编辑	李　森
出版发行	中华书局
	（北京市丰台区太平桥西里 38 号　100073）
	http://www.zhbc.com.cn
	E – mail：zhbc@zhbc.com.cn
印　　刷	北京市白帆印务有限公司
版　　次	2007 年 3 月北京第 1 版
	2007 年 3 月北京第 1 次印刷
规　　格	开本/880×1230 毫米　1/32
	印张 10¼　插页 2　字数 300 千字
印　　数	1 – 2500 册
国际书号	ISBN 978 – 7 – 101 – 05015 – 8
定　　价	22.00 元

目　录

自 序

进入学术这行，一晃已经有一二十年了，当初出于自己的兴趣，决定继续升学，于是后面很多事情接踵而来，一切发生得很快，甚至来不及回忆，如今不觉已迈入不惑之年了，自己也已成为一个史学工作者。

这本书是我的博士论文修改后出版的，可以说是我研究时间最长、耗费心力最多、却不见得最好最满意的作品，自知其中还有很多瑕疵是需要改进的，希望日后还有机会可以修改。但其间许多师长的鞭策、鼓励，是我时刻铭记在心的。像我的硕士指导教授张玉法院士，一直以来都关心我的学业、生活，也提携我参与他的红十字会史编撰计划，当时同时参与撰写的，都是知名学者，只有我还在念博士班；当我还在学时，老师经常担心我没有收入，常主动帮我想办法解决。张老师提拔锻炼照顾我的心意，我从来都没有忘记。

"中研院"近史所前所长吕芳上老师，是我博士班指导教授，我和吕老师同样出身东海大学历史系、台师大历史所，同时我也是他第一个博士毕业学生，这样的缘分我一直都很珍惜。在跟吕老师讨论论文的过程中，体会到老师治学的严谨，但有时在我快要失去信心时，又会适时地得到鼓励，跟老师学习是很珍贵的经验，越到后来体会越深。

台师大的李国祁老师，是我博士班的口试委员，李老师的学问跟气魄，是我一直都极敬佩的，特别是我可以有继续从事学术研究的机会,都非得感谢李老师的栽培不可。政大的张哲郎老师,是我进政大博士班就读时的系主任兼所长,我还记得在我入学后不久,张老师在路上开车经过,还会热情地跟我打招呼。老师的胸襟宽阔,从来不把我当作外人,我在张老师的身上,看到办学无私的风范。因为教育学生绝非树立派系的手段,好谀恶直,排除异己,皆非办学正途。我很荣幸可以在张老师任内进学,老师的胸襟跟风范我一定会铭记在心。此外如"中研院"的吕实强、王尔敏、张存武、刘石吉,台师大的林丽月,政大的蒋永敬、李云汉、胡春惠等诸位老师,都是我在求学过程中受惠极深的长辈,也都是中国近现代史及相关领域内的顶尖师资,我可以先后蒙受教诲和关心,何其幸运。

而十几年来曾经同窗共学的朋友们,如今各自星散四方,但我从来没有忘记,那段一起追求学问的日子,是多么快乐!台师大时期的阮忠仁、游鉴明、李顺民、廖咸惠、黄琼瑶、池胜昌、陈君恺、程君颙、叶高树,政大时期的李道缉、刘文宾、陈祥云,已过世的万丽鹃,从上述许多学长跟同学身上,我看到自己的不足,也学到了许多事情,谢谢你们。

博士毕业后,我曾在"中央研究院"近代史研究所作博士后学者两年,一方面修改博士论文,这就是本书最初修改的起源,一方面规划往后的研究方向。在此特别感谢近史所提供的宝贵学习机会。在近史所期间,与巫仁恕,林美莉,张宁等中午的午餐会,激发出不少有趣的想法,我至今仍受益无穷。

此外在大陆找资料时,认识的朋友冯筱才,多年来虽然很少见面,但彼此在研究领域与兴趣上较为接近,在对待学术的态度上,筱才的执着也令人赞赏,从他的身上我学到了很多,尤其他的婚姻、事业都上了轨道,更是令我羡慕不已。

过去我曾经去过两岸三地许多档案馆、图书馆搜集数据,非常感谢相关人员提供的协助，如"中研院"近史所档案馆、郭廷以图书馆、傅斯年图书馆、民族所图书馆、社科中心图书馆，台大图书馆、台师大图书馆、汉学中心、上海图书馆、北京图书馆、北京大学图书馆、南京图书馆、贵州师大图书馆、广州中山图书馆，国民党党史馆、中国第一历史档案馆、中国第二历史档案馆，上海档案馆、贵州省档案馆、广东省档案馆、香港档案馆、香港大会堂图书馆、香港大学图书馆、澳门档案馆、澳门中央图书馆等。

另外，本书的出版承蒙北京大学孙钦善教授及中华书局李森先生多所费心，特此致谢。

几年来我在工作、生活上心情起伏颇为剧烈，今年二哥余双过世，尤其令我感到难过痛心，特别附记于此，作为纪念。而中正大学历史系长辈和同仁们对我的关照与体谅，以及研究所及大学部同学们对我的关心和友谊，是让我在学术这条路上继续前行的动力。对我来说，人生本是出悲喜剧，如果论文出版是件喜事，亲人逝世则是悲剧，那么在这悲喜交集的一年，或许可以用"大悲无言，大喜不乐"来形容此刻我的心情吧。

是为序。

2005年中正大学历史系张建俅于嘉义八本堂

补记：

在本书即将出版的前夕，2006年9月6日，母亲因糖尿病宿疾并发肺炎败血症引起多重器官衰竭，送医后27小时突然逝世。因为她送医后很快就进入休克状态，我完全没有机会告诉她，本书要献给她和父亲的惊喜，而且以后再也没有可能可以孝敬她，这真是莫大的遗憾，也是莫大的伤痛。人子负疚之深，莫此为甚！在此附记此事，希望母亲在天之灵可以安息。

绪　　论

第一节　研究动机与取向

目前有关国家社会相关研究的重点,不是着重明清时期社会变迁,便是注重乡村社会与国家之间紧张乃至对立的关系。①对于民国时期城市精英与国家关系的演变,目前研究仍属有限,可以开拓的空间仍然很广。诚如一位学者所言,民国时期国家与社会关系千门万户,如无足够个案研究,则无法做出任何概括论断。②

过去对城市精英参与慈善事业的研究并不丰富,并且大多

---

① 如杜赞奇(Prasenjit Duara)所提出的国家内卷化的理论,指出国家的各级行政机构虽然日益扩张,却始终无法直接深入农村基层,不得不依靠地方精英所掌控的各种非正式组织扮演中介者的角色,以便有效行使各种行政机能,在这个过程当中,地方精英逐渐成为一股难以驾驭的社会势力,甚至逐渐侵夺国家在地方政治过程中的支配角色。而沈松侨以宛西自治的研究,说明地方精英在前述内卷化过程中与国家之间形成相互依存又彼此竞争的复杂关系。参见 Prasenjit Duara,*Culture*,*Power and the State*:*Rural North China*,1900—1942(Stanford:Stanford University Press,1988),页73—74;沈松侨,《地方精英与国家权力——民国时期的宛西自治,1930—1943》,《中央研究院近代史研究所集刊》,21期,页433—435。

② 沈松侨,《地方精英与国家权力——民国时期的宛西自治,1930—1943》,《"中央研究院"近代史研究所集刊》,21期,页375。

集中在明清时期,①以致民国以来的慈善事业研究几乎是乏人问津。但从慈善事业个案的角度,观察民国时期国家与社会的互动,应该是一个相当可行的研究策略。这是因为民国以来的慈善事业,除了与一般社团有很大的不同外,还因其参与者经常跨越血缘、业缘甚至地缘关系,从而能凝聚参与者最大的力量,可能是人道的精神,也可能掺杂上述各种社会关系,甚至可能出于民族主义的刺激。此外,透过慈善事业的研究,将可以了解中国城市精英分子对公共事务参与的程度,及其面对国家力量介入时所采取的态度和立场,以及所代表的意义,尤其是参与慈善事业的城市精英与国家之间的关系,是如若干乡村个案般的倾向对立? 还是可能有其他的表现?

事实上,从慈善团体研究出发讨论国家与社会关系已有先例。如梁其姿对于明清慈善团体的研究就是最好的例证。梁其姿曾经从事一系列慈善事业研究,在《清代慈善机构与官僚层的关系》一文中,梁氏提出她对中国传统慈善事业独到的观察:在中国社会中,社会救济的责任很早被认为是属于国家,这个观念在宋代表现得最为彻底,但自宋以后,国家在这方面表现越来越不积极。到了明末,新兴的慈善组织竟演变到纯粹由民间主动筹办,这个趋势直到清初盛世仍无法扭转。造成这种现象,一方面是由于地方精英势力的兴起,另一方面则是出于清政府的地方行政观念,清政府不主张由官方介入社会救济工作,避免官员有贪污的机会。清廷消极的态度固然给予地方社会许多自由发

---

① 最为重要的研究者当推梁其姿与夫马进,参见梁其姿《十七、十八世纪长江下游之育婴堂》,《中国海洋发展史论文集》(台北,"中央研究院"三民主义研究所,1984年),页189—232;梁其姿:《明末清初民间慈善活动的兴起——以江浙地区为例》,《食货月刊》,15 卷 7、8 期(1986 年),页 52—79;梁其姿:《清代慈善机构与官僚层的关系》,《中央研究院民族学研究所集刊》,66 期(1988 年),页 89—103。夫马进,《同善堂小史》,《史林》,65 卷 4 期(1982 年),页 37—76。

展的空间,不过对于慈善事业本身而言,则未必见得有利,有时民间善堂发生弊端时,仍需官方力量才能解决问题。[①]

而梁其姿最近完成的著作《施善与教化——明清的慈善组织》,不但为本文提供了中国慈善组织在明清时代发展的背景,同时在结论的部分也对公共领域(public sphere)课题提出深刻的讨论。梁氏归纳从 16 世纪末到 19 世纪中期,慈善组织经历了三个阶段的变化:第一个阶段在 17 世纪上半叶,明末的都市精英为了重整政权衰落但经济繁荣所带来的混乱秩序,为了重新界定良贱贫富的定义而建立善会,这个需要在清代以后随着社会渐趋安定而稍减。清政权的建立及巩固,开启了第二个阶段。当时善堂的规模渐大,得到政府的认可,往往以体现大同、普济理想为口号,协助朝廷进一步稳固政权。到了乾嘉以后的第三个阶段,随着中央权力逐渐松懈,新的社会不安出现,此时的善会主要是为了强化正统来重整社会秩序。而梁氏认为明清善会善堂的功能主要在于教化社会、纾解社会焦虑。[②]

梁其姿认为在广义定义下的公共领域,即官方及民间皆参与的社会空间,在中国很早就有,所以实在不需要大费周章地证明其存在。而明清善堂最独特之处在于民间非宗教力量成为主要的持久的有组织的推动力,地方上的绅衿、商人、儒生甚至一般老百姓,成为善堂主要的资助者及管理者,而清政府也正式承认这个事实,并鼓励其发展。梁氏认为清代善堂说明了中央与地方社会有了新的关系,这个新关系有三个特色:1. 主动、持久的力量来自地方绅商,而且主要是一般的绅衿及商人,并非名士或巨富;2. 官方的背书及监督不可或缺;3. 两者的关系基本上和

---

① 梁其姿,《清代慈善机构与官僚层的关系》,页 89—103。
② 梁其姿,《施善与教化——明清的慈善组织》(台北,联经出版公司,1997 年),页239、244。

谐而互相依赖。而这种官民关系显示所谓公共领域的存在,并不说明中央政府与社会的势力孰强孰弱,两者关系亦非势均力敌,同时在意识形态上,这个范围是保守的,不存在反抗既有体制的思想或言论,也没有任何一个阶段的善堂对现存社会秩序及政权提出过挑战。他们主要的功能在于巩固现有秩序,基本上善堂成为支撑政权的一个环节,而强大的清政权是善堂在18世纪得以壮大的原因之一。①

　　梁其姿讨论的断限设在19世纪中,是因为在这以后出现了较多的社会变数,如随帝国主义而来的基督教组织,一方面与中国传统善堂竞争,一方面也因而影响了原有善堂的工作方向;又如在太平天国之后,由于都是善堂担任善后工作,除了传统的救济工作外,往往也包括维持政治秩序,这些都使得善堂的性质有了深远的变化。② 而红十字会正是在这样的背景下,开始在中国萌芽生根,最后发展成为一个新的慈善组织。

　　本书以中国红十字会作为研究主体,系因该会是民国时期全国首屈一指的慈善团体,同时该会也深具超越传统中国慈善团体的特质:第一,红十字会跨越了地域的限制,成为民间举办的全国性的慈善团体,这是过去从来没有的事;第二,获得国际公约的保障,因此具有相当的国际性质,有异于国内其他慈善团体;第三,该会在工作内容方面的多元与战争时期的特殊地位,均是同时期国内慈善团体当中独一无二的。本书试图透过分析中国红十字会的结构、性质、地位、组织、人事和经费、主要工作内容及其贡献,以及政府管理中国红十字会的法令与政策的变迁等议题,探究国家对该会曾经产生什么影响? 而这些影响又代表什么意义? 借以了解该会与国家的互动关系,以及中国红

---

① 梁其姿,《施善与教化——明清的慈善组织》,页249—251。
② 梁其姿,《施善与教化——明清的慈善组织》,页1—2。

十字会总会本身角色、地位的变化。

第二节 红十字会的性质、研究和史料

一、红十字会的起源

最早红十字会的起源是由瑞士人亨利·杜南(Henri Dunant)在目睹克里米亚战争伤兵遍地的惨状后,呼吁各国成立民间救援组织,并于1863年与其他4位瑞士人创设"救援伤兵国际委员会"(International and Permanent Committee for Relief of Wounded Soldiers),这就是后来"红十字国际委员会"(International Committee of the Red Cross)的前身。在该委员会的呼吁下,次年欧洲各国政府代表于日内瓦集会,决定在各国成立杜南所建议的伤兵救援组织,该组织稍后即定名为"红十字会"。因其代表标记是将瑞士国旗红底白十字颜色颠倒,调换成为白底红十字,并赋予其中立的国际地位。此后,各国在成立红十字会前,该国政府必须先签署加入《日内瓦公约》,并符合红十字国际委员会的若干条件后,才能获得承认。

红十字会可谓世界上最大的救援组织,目前全球会员超过2亿5千万人,其主要宗旨之一正是在世界上普遍推动国际红十字运动。而根据国际红十字会议通过的原则,国际红十字运动是"由于意欲为战场伤患提供无差别待遇之协助而萌生,应依其国际及本国之功能,致力于预防及减轻出现在任何地方之人类苦痛,其目的在于保护生命与健康;确保对人类的尊重,并促进世人相互之了解、友谊、合作与持久的和平"。该项运动主张:一、不因国籍、种族、宗教信仰、阶级或政治意见不同而有所歧

Reeves 的博士论文外,目前还没有相关的研究作品出现。① 较
为值得一提的是近年来台湾地区的红十字组织委托"中央研究
院"近代史研究所张玉法院士等研究人员从事中国红十字会会
史的研究计划,该计划研究范围从清末到 20 世纪 90 年代(50
年代以后限于台湾地区),目前已经出版。②

　　本书在档案方面大体上是以南京第二历史档案馆与贵州省
档案馆所典藏的《中国红十字会档案》,贵阳市档案馆庋藏的《救
护总队档案》,台湾方面收藏的相关档案,再辅以两岸各图书馆
馆藏可得的相关期刊、图书与当时报纸,作为研究的史料基础。

　　需要先作说明的是,本书所称"中国红十字会"(Red Cross
Society of China)是自民国元年以后,国内外对中国地区红十字
会组织的通称,同时也是中国红十字会总会一惯采用的名称。
而就各时期中国政府而言,北洋政府时期也沿袭这种用法,等到
国民政府时期,特别是在制定管理条例时,国民政府便将该条例
称为《中华民国红十字会管理条例》,似有以"中华民国红十字
会"这个名称取代"中国红十字会"的意味,不过当时在上海的总
会似并未接受这个名称上的改变,具体的证据是其内部公文或

----

　　① Reeves 的论文共分五章,第一章是叙述甲午战争期间传教士从事有关红十字
会活动,第二章则是讨论公元 1899—1900 年中国参与海牙会议的经过,第三章则是从
日俄战争上海万国红十字会开始,谈到其由地方慈善事业发展到全国慈善团体的过程,
第四章以天津、济南等分会为例,叙述分会活动及其与总会关系,第五章讨论国民政府
统治的前 10 年。由上述结构可知该文论述重点略有偏差,如 1900 年以前篇幅竟占了
三分之二,其次作者对部分中文资料的解读发生问题,如将上海万国红十字会在东北所
设分会,视为中国红十字会分会制度的起源,实际上其性质不同,不能相提并论,其余误
解在此不一一检讨。参见 Caroline Beth Reeves,The Power of Mercy:The Chinese Red
Cross Society,1900—1937.(P. H. D. Dissertation in the subject of History and East Asi-
an Language,Harvard University,1998)
　　② 当时参与该研究计划的除了张玉法院士外,尚有近史所研究员杨翠华、许雪
姬、张力等,台湾师大历史系教授陈惠芬,以及政大历史系研究部博士候选人张建俅等,
大陆地区有湖南师大的周秋光等人。

对外宣传的期刊仍以"中国红十字会"作为会名。直到民国 31
年 9 月，当时总会期刊《中国红十字会会务通讯》第 10 期，其发
行者就变为"中华民国红十字会"，而从 12 期开始连刊名也改为
《中华民国红十字会会务通讯》，因此就总会而言，大致是从民国
31 年才开始使用"中华民国红十字会"作为正式会名，一直延续
到 1949 年。

　　本书除绪论、结论外共分四章，主要依时间先后分别将中国
红十字会各方面的变迁加以叙述。第一章萌芽与草创时期的中
国红十字会(1912—1927)，主要叙述中国红十字会的缘起及其
在北洋政府时期的人事变迁、会务发展、工作表现等。第二章从
民间团体到官商共治(1928—1936)，主要阐述国民政府借由总
会改组的人事矛盾，逐步介入，并干预其经费与会务，且在战事
的影响下，导致总会的主要功能配合政府所需开始转化。第三
章战争中的中国红十字会(1937—1942)，分析因抗战爆发，国民
政府如何经由种种方式，加上抗战形势的催化，逐渐对总会加以
直接控管的过程，及其对抗战的贡献。第四章变为国家机构的
中国红十字会(1943—1949)，叙述中国红十字会几乎转变成为
国家机构，国民政府完全将红十字会纳入军管，而红十字会也成
为国家政策执行机构之一。

第一章 萌芽与草创时期的中国红十字会

(1912—1927)

第一节 中国红十字会的成立

一、新观念的引进

近代以后,许多新观念在中国的萌发,往往和列强侵略的刺激有密切的关系,红十字会的理念,也正是在甲午战争以后,逐渐受到若干朝野人士的注意。其中在甲午战争期间日本赤十字社与欧美各国传教士在战地进行救护工作,可能是中国最早出现红十字会的活动。[①] 虽然当时许多中国军人不了解红十字会的中立性质,以至于发生攻击外国红十字会人员的事件,对中国的国际形象有所伤害。不过各国红十字会人员的工作表现,已经受到少数官吏的注意,尤其是日本赤十字社人员救护的对象不以日军为限,甚至对清军士兵受伤者,也同样的加以救治。[②] 这对当时中国来说,是相当新奇的事。

同时间有几位侨居或者留学海外的人士,不约而同的发现

---

① Dugald Christie , Thirty Years in Moukden, 1883—1913 (London: Constable and Company LTD. ,1990),页 99—108。

② 闵杰,《近代中国社会文化史》(杭州,浙江人民出版社,1998 年),第 2 卷,页 182—183。

设立具有中立性质的红十字会，对于当时外患凌夷下的国家，是有益无害的事。因而开始从事提倡推广的活动。

如中日甲午战争期间，据报载曾有中国女医生金氏与外人合作成立红十字会，救治伤者，可惜的是，目前对于金氏的确实身份无法确定，对于其所办的红十字会，了解也很有限，初步推测可能是一临时急救医院。①

民间首先积极鼓吹提倡红十字会的人首推旅日侨商孙淦。孙淦，上海人，曾任留日学生监督，后任职于日本邮船会社，曾与维新派人士有若干交往。②孙氏在中日甲午战争时，发现日本赤十字社在战地救护方面有所表现，便对该社产生兴趣，甚至亲自加入成为社员，以了解红十字会宗旨，后经日人将赤十字社章程译成汉文，并鼓励中国官商合力兴办。孙氏认为办理红十字会对中国是有利的事，乃透过清廷驻日公使裕庚，上书总理衙门，请求政府准许在国内设立红十字会，并比照往例，凡是捐助慈善团体者，均给予褒奖鼓励。孙氏发现红十字会具有中立的性质："万国公法之中，以此会为近数十年至善之大政。凡有军事，必认为此会为中立，其有加害，万国得而讨之。其爱人也如彼，其见重于人也如此。此万国之所同也。"因此在战时可以辅助军医。甲午战争时，中国因无红十字会"作令日人得沾此利"。更重要的是可借此加入国际社会，摆脱中国野蛮的形象，否则"以亚洲文明之国，而万国共行之善政，我独阙如，作令西方之人，以野蛮相待，蔑我兹甚，其于国体，所关非轻"。最后孙氏还提出设立红十字会可有利于防疫与医学的研究。驻日公使裕庚

① 报载有一中国妇女金氏，曾在美国学医，返国后，适逢甲午战争，乃与某女西医合作同立红十字会，救治伤者，有说法认为此人本名为金韵梅，后在辛亥革命期间曾参与中国红十字会天津分会的创办，闵杰，《近代中国社会文化史》，第2卷，页183。
② 上海图书馆编，《汪康年师友书札》（上海，上海古籍出版社），第四册，页4126。

对孙氏的意见也表示赞同。^① 不过当时似未引起清廷的重视。

清廷的忽视其实早在孙淦的意料之中,这是因为当时德、俄正在向中国要求强租港湾,甚至划分势力范围,故孙淦认为:"赤十字会,虽经裕星使咨总署,恐亦难望其成。因想办交涉者,正在为难之际,故此料必束之高阁耳。"^②孙淦似乎寄望于从民间着手提倡,故他不放弃任何机会提倡此事,譬如他便曾鼓励维新派报人汪康年,希望汪氏可以在湖南、江阴等处提倡红十字会。^③ 且一再请求汪氏刊登其所提供的红十字会资料,^④庚子事变期间,孙淦与办理救济善会的陆树藩同船,该会是当时标榜模仿红十字会章程的团体,两人曾畅谈办理红十字会的利益。^⑤当孙氏从日本驻华公使矢野文雄处得知清廷有意举办红十字会的消息后,更积极的计划编辑有关红十字会的资料,付印出版。^⑥ 这项资料集的书名可能就是《博爱书》,^⑦目前虽然无从查考该书的内容,但此书应是在中国宣传红十字会最早的出版品,

---

① 《大阪商人孙淦呈请裕钦使转咨总署奏设红十字会禀》,《时务报》,55 册(光绪二十四年三月初一日),页 6—7;《中国红十字会历史资料选编(1904—1949)》(南京,南京大学出版社,1993 年),页 4—5。

② 《汪康年收孙淦信》(光绪二十三年十二月十一日),上海图书馆编,《汪康年师友书札》(上海,上海古籍出版社,1986 年),第 2 册,页 1433—1434。

③ 《汪康年收孙淦信》(光绪二十四年一月二十日),上海图书馆编,《汪康年师友书札》(二),页 1436—1437。

④ 譬如孙淦上书的禀稿、翻译的日本赤十字社章程及出版物、各国加入红十字会时间表,《汪康年收孙淦信》(光绪二十四年一月二十七日);《汪康年收孙淦信》(光绪二十四年二月十一日);《汪康年收孙淦信》(光绪二十四年十月十八日);《汪康年收孙淦信》(光绪二十五年三月十七日),上海图书馆编,《汪康年师友书札》,第 2 册,页 1433—1434、1436—1439、1451—1454、1460。

⑤ 陆树德(案:应为陆树藩),《救济日记》,收入左舜生辑,《庚子拳变资料》(台北,文海出版社),页 31。

⑥ 《汪康年收孙淦信》(光绪二十五年十一月十一日),上海图书馆编,《汪康年师友书札》,第 2 册,页 1465—1466。

⑦ 《中国红十字会历史资料选编(1904—1949)》,页 5—6。

而孙淦也正是在中国宣扬、提倡红十字会的先驱。

　　与孙淦同时，海外也有人开始向华人广泛推广红十字会急救方法。当时正开始推动革命的孙中山，于伦敦蒙难事件后，在英国翻译完成一部英国医生原著有关红十字会救伤方法的书籍，中文译名为《红十字会救伤第一法》。根据孙中山所作的译序，他是在香港求学期间，首次看到他的一位老师举办红十字会急救训练，有感于急救方法与设立红十字会的重要，因此在原作者的嘱托下，完成该书的翻译。[①]　该书是孙中山唯一的一部译作，也是首先以中文形式发表的与红十字会急救相关的书籍，对于引进推广红十字会观念和急救技术，有其开创的地位和贡献。

二、中国参与日内瓦公约的尝试

　　尽管部分民间人士对于红十字会已有初步的认识，但政府方面对此仍缺乏深入了解，特别是有关红十字会与加入日内瓦公约之间的连带关系。直到光绪二十五年（1899），中国在参与保和会（Hague Peace Conference）之余，才开始有驻外官员开始提倡加入日内瓦公约，设立红十字会。保和会是19世纪末欧美列强为了解决权力平衡的难题，摸索出集体安全的新架构，而召集的新兴国际组织，也是中国以独立平等地位融入世界秩序的首度尝试。[②]　光绪二十五年（1899）四月第一次保和会在荷兰海牙召开，共有欧、亚、美三洲共26国参加，中国应俄国沙皇的邀请，派遣驻俄公使杨儒率领公使馆外交官何彦升、胡惟德、陆征祥等人组成代表团与会。此次保和会除会章外，共通过四项协

————————————

　　①　孙中山，《红十字会救伤第一法译序》，广东省社科院等合编，《孙中山全集》（北京，中华书局，1981年），第一卷，页107—108。

　　②　关于中国参与保和会的经过及其意义，参见李顺民，《从保和会的参与看清末外交现代化的努力》，《史耘》1期，（1995年9月），页139—162。

议,其中包括日内瓦公约(案:又称红十字会公约)延伸至水战的
条约(案:又称红十字会水战条款)。① 对于四项协议,许多国家
代表以未获授权为由,暂缓签署,中国代表杨儒也表示须请示政
府,于是大会决定以当年阳历 12 月 31 日为最后考虑的期限。②

杨儒在回报清廷有关保和会会议经过时,提及各国均有红
十字会,杨氏虽然顾虑当时中国并无官设西式医院,又无救伤船
只,一旦批准此约,则中国照约施行将有困难,但杨氏认为比起
另一项陆地战例条约,红十字会水战条款尚可接受,且红十字会
"各国均视为最关文化之善举……如不准约,必致独违善举,措
辞较难"。如果清廷同意批准此约,则杨氏建议仿照日本"官倡
民捐"的方式,以表示"中国善与人同",又可避免窒碍难行之
处。③ 杨氏的意见虽然获得主管外交的总理衙门支持,但清廷
方面仍有异议,质疑红十字会为何种组织?总理衙门乃向清廷
解释日内瓦公约的由来,红十字会中立的性质及其战时救治伤
病军士工作,其精神"大抵泰西政俗与墨子兼爱之义相近",总理
衙门又以日本民间推行红十字会成效作为例证,说明"风气既开
未始不可仿照,以示仁爱之意",建议清廷准许签署此项条约。④

在总理衙门的反复说明后,清廷终于决定签署红十字会水
战条款等三项协议,于是驻俄公使杨儒乃再度前往荷兰办理签
署事宜,以完成加入保和会的程序。但在与荷兰外交部交涉时,

---

① 这四项协议为和解公断条约、陆地战例条约、(红十字会)水战条约、禁用猛力
军火声明等。

② 李顺民,《从保和会的参与看清末外交现代化的努力》,《史耘》,1 期(1995 年 9
月),页 145—146。

③ 《使俄杨儒奏遵赴和都保和公会蒇事返俄情形折》(清光绪二十五年九月十一
日),《清季外交史料》,卷 140,页 17—19。

④ 李顺民,《从保和会的参与看清末外交现代化的努力》,《史耘》,1 期(1995 年 9
月),页 146—147;《总署奏遵查保和会各款并红十字会章程尚无窒碍折附旨》(清光绪二
十五年十月二十二日),《清季外交史料》,卷 141,页 4—6。

杨氏才被告知在签署红十字水战条款之后,由于此约源于日内瓦公约,故瑞士政府必然请求中国补签日内瓦公约,荷兰政府建议中国选择一友好国家,请其驻瑞士使节代为补签,杨儒在征询荷兰外交部的意见后,建议清廷同意授权由荷兰驻瑞士公使代中国补签日内瓦公约。[①]

此时杨儒对设立红十字会态度甚为积极,进一步建议清廷及早筹办红十字会:"奴才所尤盼者,红十字救生善会各国俱重视此举,谓为教化中应有之仁义,现既从众画押,自宜及时筹办,以示善与人同。"杨氏建议仿照日本"由国家督率举行,并赏颁恩款以为先导,再行广事劝募,聚少成多,出资者不甚为难,创始者方克持久"。杨氏对在中国创设红十字会充满信心,视其为讲求西法的手段:"将来建造医院,购买船只,筹备药材,教练侍役,试办于通商口岸,俾西法便于讲求,如果经理得宜,不数年间即可坐收成效。"为此杨氏自告奋勇希望在次年卸任回国后,出面办理红十字会,并愿捐俸银 5,000 两,作为筹组该会基金,杨氏甚至想到中国可以援土耳其等国先例,以中国文教不同为由,改红十字标记为卍字标记以示区别,由此可见杨氏对于在中国创办红十字会实在具有浓厚的兴趣和信心。[②]

在杨儒的鼓吹之下,清廷对于红十字会似乎开始产生兴趣,总理衙门甚至主动向日本驻华公使矢野文雄索取日本赤十字社章程,给日使的印象是,清廷当时似有意举办红十字会。[③] 不过

---

①　李顺民,《从保和会的参与看清末外交现代化的努力》,《史耘》,1 期(1995 年 9 月),页 146—147。

②　《使俄杨儒奏遵赴荷兰画押请补签日来弗原议并筹办救生善会折》(清光绪二十五年十二月二十八日),《清季外交史料》,卷 141,页 20—23。

③　《总理衙门收日本公使矢野文雄面递赤十字社社则》,光绪二十五年十月七日,中研院近代史研究所档案馆藏《总理衙门档案》,01—28—1(4);《汪康年收孙淦信》(光绪二十五年十一月十一日),上海图书馆编,《汪康年师友书札》,第 2 册,页 1465—1466。

可惜的是杨儒的心愿与中国加入保和会与日内瓦公约的各项程序,都因为随后的庚子事变而未能完成。在保和会的部分,早先清廷虽已由杨儒代表签署各项协议,但按照保和会会章的规定,各国代表必须在签署后,将该条文带回各国由政府加盖印信,最后送交荷兰外交部保管,才算完成入会的步骤,可是在庚子事变中,清廷所持的会约因战乱而损毁,来不及盖上皇帝的玉玺送回荷兰,[①]日内瓦公约的补签也随之搁置。至于杨儒在中国创立红十字会的心愿,也因为后来杨儒在对俄交涉过程中病故而未能实现。

在中国参与第一次保和会以后,驻俄公使杨儒对红十字会中立和人道的性质有所了解,且对其产生浓厚的兴趣和信心,甚至打算在卸任回国后亲自创办红十字会。不过从杨氏的言谈之间可以发现,他仍不免将红十字会与中国传统救济团体混为一谈,认为这是"教化中应有之仁义"。[②]此外他主张仿照日本模式,亦即"官倡民捐",认为应由国家倡导,由皇帝"赏颁恩款",然后再"广行劝募",明显的他主张国家在设立红十字会事务上应采取积极的立场,这与前述侨商孙淦的想法已有相当的出入。

三、援引红十字会名义的慈善团体

在中国参与保和会的同时,国内舆论也出现鼓吹创立红十字会的声音,《申报》刊载题为《中国亟宜创兴红十字会说》的文章,论述红十字会除了战地救护,辅助军医之外,平时传染病、船难或各地灾荒因而得病者,红十字会皆可提供救援。虽然作者

---

① 李顺民,《从保和会的参与看清末外交现代化的努力》,《史耘》,1 期(1995 年 9 月),页 147—148。

② 实际上这是延续明清以来慈善组织一贯教化社会的功能,关于这个问题,梁其姿在其著作中有详尽的讨论,梁其姿,《施善与教化——明清的慈善组织》,页 46—62。

认为以当时中国西医尚不发达的情况，要设立红十字会有其困难，但为了不让西方乃至日本专美于前，作者还是希望中国可以尽快创立红十字会。①

在新观念逐渐引进后，开始有慈善团体援引红十字会的名义，在光绪二十五年初这种情况可能已经相当普遍。② 例如光绪二十五年上海士绅汪炳等人经地方官批准，设立中国施药局，该局章程表示"同人酌照红十字会章程办理，有事施于军士，无事施于贫民"。该局一方面延续传统善堂施衣、施米的救济工作，一方面又标榜信赖西医，以治疗士兵、工人所受的外伤。③尤其该局提出对士兵的救护，突破了过去中国慈善团体工作的范围，别具意义，应是模仿红十字会宗旨的结果。

庚子事变发生后，上海地区官绅除了积极的促成东南各省督抚与各国驻上海领事成立协议，促进实现东南自保外，对于当时流落在华北的江浙同乡，也付出了相当的关心。为了救济这些乡亲，上海地区官绅分别成立了两个临时救济机构，一称为救济善会，一称为济急善会（或作善局）。

较早成立的是救济善会，光绪二十六年八月中旬，部分上海官绅如陆树藩等人为了救援东南各省在华北的"被难官商"，乃创立该会，对外展开募款。④ 该会对外表示其宗旨"与泰西红十字会相同"，⑤为了救助各国难民及受伤士兵，预备派员会同医护人员前往华北，且据此由上海地方官员向各国驻上海领事提

① 《中国亟宜创兴红十字会说》，《申报》（上海），光绪二十五年三月一日1版。
② 《中国亟宜创兴红十字会说》，《申报》（上海），光绪二十五年三月一日1版。
③ 闵杰，《近代中国社会文化史》第2卷，页184。
④ 《救济善会启》，《申报》（上海），光绪二十六年八月十六日2版；《代收救济北省被难士商捐款处》，《申报》（上海），光绪二十六年八月十九日2版。
⑤ 申报馆协赈所，《劝募救济兵灾捐款》，《申报》（上海），光绪二十六年八月十六日1版。

出照会,要求同意发给该会办事人员护照。[①] 但实际上根据其公布章程显示,该会主要是以接运东南各省流落华北难民返乡为主。运输的路线有二,一是经海路由天津至上海,二是经运河原漕运路线,在清江浦设立难民总局,派人前往山东德州附近搜索接运,最后返回上海,如途中难民死亡亦由上述路线运回尸体。此外该会也接受各难民亲友主动提供难民资料以便协寻。救济善会以上海为根据地,同时在苏州、杭州、宁波、绍兴和广东等地设立代收捐款分所,全部捐款最后汇集于上海该会。[②]

各国驻上海领事随即同意了救济善会的请求,由德国总领事发给该会人员护照,并由法国总领事致电华北各国指挥官,请求救助中国被难官商军民,如有花费,将来可由救济善会缴还。[③] 其次当时正在北京议和的直隶总督李鸿章也同意免费优待上述海、河两条路线所需运输费用。[④]

经过救济善会的努力,九月二十日首批难民乘轮船抵达上海,[⑤]直到十一月为止共运回难民共5,583人,运回灵柩136具,拾埋碎骨76箱又装大包37包,捡男骨61箱,女骨55箱,安埋碎棺48具。[⑥]

济急善会则是由盛宣怀会同上海绅商严信厚、施则敬等人所设立,其实主要是聚集了原仁济善堂等慈善团体,加上电报

---

① 《照录上海道照会各国领事创兴济善会稿》,《申报》(上海),光绪二十六年八月十八日2版。

② 《救济会章程》,《申报》(上海),光绪二十六年八月十七日2版;《代收救济北省被难士商捐款处》,《申报》(上海),光绪二十六年八月十九日2版。

③ 《救济善会启》,《申报》(上海),光绪二十六年八月二十日2版。

④ 《照录李中堂救济会批》,《申报》(上海),光绪二十六年八月二十二日2版。

⑤ 《救济善会第一批爱仁轮船载回被灾官民名单》,《申报》(上海),光绪二十六年九月二十日2版。

⑥ 《陆纯伯部郎由津局呈李中堂稿》,《申报》(上海),光绪二十六年十一月九日2版;陆纯伯,《救济日记》,收入左舜生辑,《庚子拳乱资料》(台北,文海出版社),页32。

局、招商局、申报馆等机构的力量,再结合杭州、苏州、镇江、九江、汉口等地绅商所成立的临时救济团体。济急善会救济的对象以江浙人士为主,但如有别省绅商捐款指明救济该省难民亦可代为安排。该会最初的救济策略和前述救济善会大同小异,主要是派员前往华北,查明难民情况,如缺少旅费,则拨给现金,或者代为安排车船回乡。① 后来有鉴于留在北京的官绅商民需要大量物资接济,乃转而致力于筹款运输粮食、棉衣至北京。②

救济善会与救急善会的救济工作,与红十字会宗旨虽有部分类似,但其实是大不相同的。两会在战地救济、遣送难民,固然符合人道理念,然而其工作的对象并未普及一般平民,且工作区域似集中平、津少数城市,此与红十字会标榜公正的立场似有不合。而其中救济善会在出发前虽获得各国驻上海领事同意发给护照,但其中立的地位似并未完全确立。

不过救济善会与济急善会的出现,仍有其特殊的时代意义。首先上海官绅在实现东南自保后,延续类似的谈判模式,以模仿红十字会宗旨为号召,获得各国驻上海领事的首肯,得以派员前往华北接运难民,这等于证明了战时红十字会的名义与相关活动确实受到各国相当的尊重。其次则是两会尝试结合上海与长江中下游乃至广东的资源,从事救助滞留华北的难民,这样大范围的动员募捐,已经突破了明清以后慈善团体的格局。不过如果认为上述两会完成了中国慈善团体本质和技术的改良,则毋宁是脱离现实的想法,举例而言,两会都是属于临时性的机构,事毕会息,而两会救助的对象以特定区域同乡为主,明显有地方主义的色彩,最重要的是这些所谓的难民大部分是官绅商等上

---

① 《济急善局公启》,《申报》(上海),光绪二十六年八月二十五日 2 版。
② 《上海各善士来电》,光绪二十六年闰八月二十一日到,《李文忠公全集》(台北,文海出版社重印,1962 年),电稿卷 27,页 20。

层社会人士及其家人仆役,在返乡的过程中往往携带部分的财产,因此可知两会救助的原则并非是无差别的人道主义,与国际红十字运动的宗旨仍有相当的差距,而两会声称模仿红十字会宗旨,事实证明也不过是便宜行事的措施而已。不过即便如此,两会模仿红十字会以便在战时从事救济工作的做法,为以后提供了可行的先例。

四、中外合办的上海万国红十字会

清光绪三十年日俄战争爆发,中国东北成为战场,清廷除了宣称严守局外中立外,也担心东北地区人民遭受战火摧残。不过由于清廷已经宣布中立,官方不便出面救助难民,故此时红十字会的特殊地位,乃又为若干上海绅商所注意。

其实部分上海绅商早在光绪三十年一月便已决定筹办东三省救济团体。一月五日申报刊登一篇名为《劝中西官绅急救北方难民说》的文章,作者除了为东北地区的人民感到忧虑外,更提出西方的红十字会做法或可提供可行的解决办法,作者援引庚子事变期间救济、救急善会的前例,主张派轮船前往东北进行救援行动。[①] 此时若干上海绅商为了东北救济事宜已经展开行动,士绅沈敦和前往与在广方言馆任教的教士李提摩太(Timothy Richard)商议,由李提摩太先征询营口教会方面可否协助救助难民,在得到肯定的回应后,这些上海绅商乃有筹组红十字会的打算。[②] 十七日东三省红十字普济善会宣告成立,同日上海地区官绅如施则敬、沈敦和、杨士琦等22人在公共租界集会,讨

---

① 佚名,《劝中西官绅急救北方难民说》,《申报》(上海),光绪三十年一月五日
1版。

② 《施君肇基笔译上海创设万国红十字支会会议大旨》《中国红十字会历史资料
选编(1904—1949)》,页21—22。

论筹设该会事宜。①

东三省红十字普济善会与一般救济团体最大不同之处，便是此会首次冠以红十字会的名称。根据该会公布的章程显示，该会希望运用红十字会中立的性质，以便前往东北救济难民。其次该会延续前述救济善会的路线，明白表示救济宗旨是无论南北方人，皆先使其"速离危地，以避大难"，这使得该会超越了以往一般地方救济团体的格局。②

但舆论对此会的期望则不止于此。十九日《申报》刊出一篇论说，希望东三省红十字普济善会能成为中国红十字会的先声，在日俄战争结束以后能够持续办理下去，并能获得国际红十字委员会的承认。该文且援引前述孙淦的主张，认为新成立的一方面必须创立医学堂，教导学生救伤治病的方法，为此该文甚至认为孙中山所译的救伤书籍"亦颇有用，不必以人废言也"。另一方面也必须于平时注意筹措捐款。而值得留意的是该文主张成立中国红十字会的最主要理由则是"无使暹罗、波斯、土耳其诸小邦反凌驾我声明文物之中国"。③

舆论在鼓吹成立常设性质的中国红十字会之余，情势的演变迫使东三省红十字普济善会不得不改弦易辙。原先筹办的上海绅商似乎准备模仿庚子事变期间两个善会的模式，亦即由中方自办，取得各交战国的谅解以便进行救济工作。但他们也很

---

①　这次出席者有杨士琦、沈敦和、曾铸、苏宝森、施则敬、李云书、王少瀛、王松堂、冯生、沈缦云、汪汉溪、焦乐山、朱子文、姚燕赓、任逢辛、周金箴、汪建斋、吴少卿、王益甫、陈润夫、席子佩、黄式权等，《东三省红十字普济善会章程并启》，《申报》(上海)，光绪三十年一月十七日1版；《记普济善会初次议事情形》，《申报》(上海)，光绪三十年一月十八日2版。

②　《东三省红十字普济善会章程并启》(清光绪三十年一月十七日)，《中国红十字会历史资料选编(1904—1949)》，页17—21。

③　《中国宜入红十字会说》，《申报》(上海)，光绪三十年一月十九日1版。

清楚,当时中国并未加入日内瓦公约,故虽以红十字作为号召,实际上无从获得国际公约的保障,也未必能获得日、俄两国的认可,主事者为此慨叹"徒以事权不属,办事为难","即假其名,难得实际"。在不得已的情况下,这些上海绅商只有寄望于国际合作的方式,征求在上海的各国官商的同意,中外合办这个新的红十字会。①

此时沈敦和通过李提摩太与英、德、美、法等四国驻上海领事、公共租界官员取得联系,并获得他们同意合办此新成立的红十字会,一月二十四日中外官绅在公共租界工部局召开会议,会中先由李提摩太叙述成立此会的缘由,并声明将来筹款并非交由俄、日方面支用,且难民不分中外,一律加以救助;再由沈敦和报告东北难民境遇之惨,亟待救援,而中方已有多人愿意捐助,希望各国人士能合力举办;最后会中提出预拟的董事及办事董事名单,获得通过后散会。② 二月一日新红十字会的办事董事首次集会,确定新红十字会的正式名称为"上海万国红十字会"。③

上海万国红十字会其实仍是借红十字会之名,以行救济之实。④ 征诸该会后来的工作内容,可知与庚子事变时期的救济

---

① 《普济众生》,《申报》(上海),光绪三十年一月二十五日 2 版;《电牍照登》(案此电为杨士琦发商部电),《申报》(上海),光绪三十年二月四日 2 版。

② 《施君肇基笔译上海创设万国红十字支会会议大旨》《中国红十字会历史资料选编(1904—1949)》,页 21—23。

③ 《二月初一日上海万国红十字会初次集议问答》《中国红十字会历史资料选编(1904—1949)》,页 24。

④ 当时与闻其事的商约大臣吕海寰、盛宣怀等人在发给外务部电文中便称:"臣海寰等当创会之初,原思以十字会之名,以实行救济之事。"恰好直隶总督袁世凯也正打算办理救济会,上海方面乃促成与袁氏合作,《外务部收商约大臣吕海寰、盛宣怀、电政大臣吴重熹、北洋大臣袁世凯、南洋大臣魏光焘》(光绪三十年四月二十五日),中研院近代史所藏,《外务部档案》,02—21—13(2)。

善会。没有多大的分别,都是以遣送、救济难民为主。该会较为不同的除了明确加上红十字会的名称,以及广泛的救援难民之外,应属由中外人士合办。

上海万国红十字会自始即为民间商人出面结合外籍人士主办,当时清廷方面刻意避免介入。在筹备时曾有德国商人提问中国政府是否合办? 李提摩太则明言中国政府为了避免违反局外中立,故"未便与闻"。[①] 此外可以发现如吕海寰、盛宣怀、杨士琦等具有官吏身份的人,虽然事前也曾与闻其事,并且提供若干协助,[②]但似刻意避免挂名甚至参与该会的成立和实际运作。

官方刻意避免出面的立场,亦可由外务部敦促北洋大臣袁世凯提倡红十字会的公文得到旁证。由于当时发现每日有千余名难民由东北乘火车入关,而传闻北洋大臣袁世凯已经设法办理红十字会,因此外务部乃发函给袁氏,希望他"力为提倡,详细熟筹(红十字会)"。外务部并且主动建议以商办的形式来办理此会:"官办恐有难行,若以商办为名,想无杆格,所需经费可由公家酌拨款项,其余广行劝募。并择好善勇往之人,按照公例与日俄两国商明,准其前往相机妥办。"[③]

上海万国红十字会中方办事总董为沈敦和、施则敬、任锡汾,外籍办事总董为英国按察使威金生、英法工部局总董李提摩

---

① 《施君肇基笔译上海创设万国红十字支会会议大旨》,《中国红十字会历史资料选编(1904—1949)》,页 21—23。

② 例如该会与各地分会往来电报,最初便获得电政大臣吴重熹同意照赈济电报优待,30 字内免费,《外务部收道员施则敬电报》(光绪三十年二月六日),中研院近代史所藏,《外务部档案》,02—21—13(1)。

③ 不过袁氏似未切实办理此事,甚至认为"俄人猜忌多端,未必肯允,敝处先拟照庚子救急会办法,先自辽西着手,或可无阻",《外务部发北洋大臣袁世凯函》(光绪三十年二月一日),中研院近代史所藏,《外务部档案》,02—21—13(1);《外务部收商约、电政大臣吕海寰、盛宣怀、吴重熹电报》(光绪三十年二月四日),中研院近代史所藏,《外务部档案》,02—21—13(1)。

太、同孚傅密生、福巴伦医生、高易、麦尼而等,不过中方沈、施、任等三人应为该会的重心。其中尤以沈敦和最为重要。

沈敦和,字仲礼,宁波人,出身茶商家庭,其父沈雄曾充崇厚文案,随之办理五口通商事宜,后始迁至上海。沈雄特别注意其子敦和的语文教育,特别延请英人作为家教,及长又使之游学美、英等国。沈敦和曾肄业于英国剑桥大学,后偶因办理江宁美教士租地建房案,得到两江总督刘坤一的赏识,乃从此进入仕途。沈敦和曾协助刘坤一办理军事学堂、督造炮台、练自强军等,后于戊戌政变后,遭朝臣参劾去职。沈氏曾经留学,又曾办理洋务多年,与外人交涉,具有丰富的经验,在官场也有相当名望,时人称之为"江南第一红道台"。其籍贯与家世的背景,使其易与宁波乃至浙江商人取得联系,①故不论资历、能力、人脉,中方三个总董中以沈氏最为重要。

中方除了沈氏等绅商参与外,实际上若干有官吏身份者如吕海寰、盛宣怀、吴重熹等人也列名劝捐,因此随即在短时间内便募到约5万余两。此外上海万国红十字会初步翻译草拟三条会章:"一、在战地设医院治受伤军士、误中流弹人民;二、置医车载受伤军士人民;三、拯被难人民离去战地,凭红十字旗在战地切实行其权利,战国不得侵欺。"②上海方面再请外务部向法国方面请求转告瑞士政府与红十字国际委员会,指此时营口已设医院,由上海运往医药器材,并有教会医生10人前往,兼办救济,俟日俄两国承认后再派中人前往。③

---

① 苦水外史,《沈敦和》(上海,集成图书公司,1911年),页4—5。

② 《外务部发驻日大臣杨枢电报》(光绪三十年二月五日)、《外务部发驻俄大臣胡惟德电报》(光绪三十年二月初五日),中研院近代史所藏,《外务部档案》,02—21—13(1)。

③ 《外务部收北洋大臣袁世凯电报》(光绪三十年二月十日),中研院近代史所藏,《外务部档案》,02—21—13(1)。

五、争取日俄双方的承认

上海万国红十字会由中、英、法、德、美五国人士合办,之所以合办,主要是因为当时中国尚未签署日内瓦公约,因此如果由中方人士自办则无法获得国际公约的保障,而主事者也不无借此引进各国政府干预的意图。[①]

连参与的西方人士也认为此会乃权宜之计,在外交程序上仍须由中国政府向日俄两国政府请求承认此会。[②] 部分中国官吏更认为除此之外,更须知会在瑞士的总会(案,即红十字国际委员会),交战国才能承认此会。[③] 外务部在接获上海方面的报告后,立即发电给驻日公使杨枢、驻俄公使胡惟德分别向日、俄两国协商,请求先予承认上海万国红十字会。[④]

俄国外交部初期向中国驻俄公使胡惟德表示,俄国红十字会工作员役已多,其他各国红十字会只允其捐款暨医伤物料,无需员役,但因胡氏坚持中国须间拯误伤及逃难中国人民,情形不同,俄外交部乃表示俟请示沙皇后再复。[⑤] 但稍后俄方仍表示

---

① 就是借各外籍人士的参与,请求各外国政府承认该会,如日、俄两国政府不承认该会时,或可再电请各外国政府转请,这其实又是中国以夷制夷思想的运用,《外务部收商约、电政大臣吕海寰、盛宣怀、吴重熹电报》(光绪三十年二月四日),中研院近代史所藏,《外务部档案》,02—21—13(1)。

② 《外务部收商约文》(光绪三十年二月三日),中研院近代史所藏,《外务部档案》,02—21—13(1)。

③ 《外务部收商约、电政大臣吕海寰、盛宣怀、吴重熹电报》(光绪三十年二月四日),中研院近代史所藏,《外务部档案》,02—21—13(1);《御史夏敦复奏请成立中国红十字会片》(光绪三十年二月十二日),《历史档案》,(北京),1984年2期,页41。

④ 《外务部发驻日大臣杨枢电报》(光绪三十年二月五日)、《外务部发驻俄大臣胡惟德电报》(光绪三十年二月五日),中研院近代史所藏,《外务部档案》,02—21—13(1)。

⑤ 《外务部收出使俄国大臣胡惟德电报》(光绪三十年二月八日),中研院近代史所藏,《外务部档案》,02—21—13(1)。

俄国红十字会已尽敷用,无须他国相助,故德法等国之会亦均辞复。① 同时间俄国公使雷萨尔向外务部提出照会,指俄国红十字会船只如有在中国口岸因补给或避难,请求中国政府遵照1899年海牙公约给予协助。②

日本外交部虽然表示对中国议设红十字会的宗旨表示本应体谅,未便承认:"惟该会在战地应行之事,或有与战事不能两立者,故未便承认。"但日军及日本赤十字社自当极力设法救助遭到兵祸中国官民。③ 稍后经驻日公使杨枢交涉,日方小村才表示"该会在战场外附近地方尚可商量但仍须请大本营核定"。④

对于日俄两国的拒绝,外务部与上海地区官绅都感到焦急,乃希望上海万国红十字会外籍董事能向其本国政府反映。经外籍董事表示俄、日两国拒绝系因误会所致,根据惯例,在战场范围内只有交战国红十字会可以有权活动,中立国红十字会可在战场外附近工作,上海万国红十字会目前只在战场外设立医院,如依此意向俄、日再商,应可获准。上海地区官绅据此先向日本驻上海领事小田切商议,小田切认为此事可行,并认为或可获得日本政府的承认。⑤

此时上海万国红十字会正好准备派遣中国籍工作人员前往

---

① 《外务部收出使俄国大臣胡惟德电报》(光绪三十年二月十五日),中研院近代史所藏,《外务部档案》,02—21—13(1)。

② 《外务部收俄国公使雷萨尔照会》(光绪三十年二月十一日),中研院近代史所藏,《外务部档案》,02—21—13(1)。

③ 《外务部收出使日本国大臣杨枢电报》(光绪三十年二月初十一日),中研院近代史所藏,《外务部档案》,02—21—13(1)。

④ 《外务部收驻日本大臣杨枢电报》(光绪三十年二月十七日),中研院近代史所藏,《外务部档案》,02—21—13(1)。

⑤ 《外务部发商约、电政大臣吕海寰、盛宣怀、吴重熹电报》(光绪三十年二月三十日);《外务部收商约、电政大臣吕海寰、盛宣怀、吴重熹电报》(光绪三十年三月七日),中研院近代史所藏,《外务部档案》,02—21—13(1)。

东北,外务部乃根据上述说辞,照会俄、日两国驻华公使,请求准予发给该批工作人员护照。[①] 日本驻华公使内田康哉借口俄兵在新民等地往来,即由日方签证仍属无济于事,内田且质疑上海万国红十字会办法不明,中国政府是否已经核准设立,是否有法律管理,主管机关为何? 故内田拒绝发给签证。[②]

俄国方面的回复较为正面,驻华公使雷萨尔覆照表示除该会工作人员需专用中国人外,可同意发给护照签证。[③] 外务部据此再向内田公使表示中国已经授予驻英公使全权补签日内瓦公约,即可获准入会,且俄国公使已同意发给签证,请日方"一体照允",于是内田公使才同意签证。[④] 结果在日俄双方驻华公使的同意下,上海万国红十字会才可以在东北开始进行各项战地救援工作。

六、朝野的响应和支持

在上海万国红十字会成立后,同时间国内外相继出现呼吁清廷提倡准许设立红十字会的声音。御史夏敦复奏请清廷保护、支持新成立的上海万国红十字会,并请饬下南、北洋大臣"躬为提倡,力予维持"。[⑤] 驻美公使梁诚也向清廷解释红十字会宗

---

① 《外务部发日本公使内田康哉、俄国公使雷萨尔照会》(光绪三十年三月十九日),中研院近代史所藏,《外务部档案》,02—21—13(1)。

② 《外务部收日本公使内田康哉照会》(光绪三十年三月二十三日),中研院近代史所藏,《外务部档案》,02—21—13(1)。

③ 《外务部收俄国公使雷萨尔照会》(光绪三十年三月二十六日),中研院近代史所藏,《外务部档案》,02—21—13(1)。

④ 《外务部发日本公使内田康哉照会》(光绪三十年三月二十八日),中研院近代史所藏,《外务部档案》,02—21—13(1);《外务部收日本公使内田康哉照会》(光绪三十年四月九日),中研院近代史所藏,《外务部档案》,02—21—13(2)。

⑤ 《御史夏敦复奏请成立中国红十字会片》(光绪三十年二月十二日),《历史档案》,(北京),1984年2期,页41。

旨:"略如内地善堂,以拯灾恤难为义务,而于国政宗教不相关
涉。"梁氏建议以各省善堂兼办红十字会,"平时施医赠药,兼办
军医学堂,战时防病疗伤,责令随营照料。遇有他国兵事,亦一
视同仁,派人前往。经理越多,收效越广"。梁氏甚至"觉红十字
会为练兵不可少之举"。梁氏并将日内瓦公约译文及各国加入
时间列表说明,又将美国红十字会章程翻译后提供给清廷
参考。①

　　上海万国红十字会创立以后虽然在当地绅商的支持下,短
期内筹得5万余两,但仍恐经费不足,上海地区官绅在获得商部
支持后,向各省督抚、驻外使节以及各省绅商广发捐册募捐,②
至四月时已募得约20万两。③

　　最重要的支持来自内廷,光绪三十年四月十日慈禧太后以
光绪帝名义颁发内帑10万两给上海万国红十字会。④ 外务部
官员也随即捐助银2,100两。⑤ 皇帝颁发经费,明显地增强了
政府部门支持该会的决心,外务部与商部等机关原先认为设立
该会"原不过为暂时救济之谋",至此才考虑由上海方面参酌外
国定章将此会规划成"中西咸宜,克恃长久",但此时清廷似仍倾
向由民间举办。在一封外务部、商部合发给在上海的商部参议

---

① 《外务部收出使美国大臣梁诚文》,(光绪三十年二月十日),中研院近代史所
藏,《外务部档案》,02—21—13(1)。

② 《外务部收商约大臣吕海寰等函》,(光绪三十年三月二十九日),中研院近代史
所藏,《外务部档案》,02—21—13(1)。

③ 《外务部收商约大臣吕海寰、盛宣怀、电政大臣吴重熹、北洋大臣袁世凯、南洋
大臣魏光焘》,(光绪三十年四月二十五日),中研院近代史所藏,《外务部档案》,02—
21—13(2)。

④ 《上谕》(光绪三十年四月十日),中研院近代史所藏,《外务部档案》,02—21—
13(2)。

⑤ 《外务部发上海道袁树勋电报》(光绪三十年四月二十日),中研院近代史所藏,
《外务部档案》,02—21—13(2)。

杨士琦的信中,两部建议应视募款难易决定每年经费需要的数目,"此事可大可小,西例本无定额,应以集款之难易为断"。不过政府的监督审核还是必要的,两部将保和会公约及日本、美国红十字会章程寄给杨氏,希望上海方面据以参考讨论,要求上海方面一俟议有定章后,须呈送两部核定会奏;此外,两部也提醒杨氏注意中外人体质、风俗不同,如西方护士在中国便无法仿效,故红十字会"虽在一视同仁之例,须有各得其所之宜"。[①]

上海方面创设上海万国红十字会,原意本是作为一临时救济机构,但在光绪皇帝颁发内帑10万两,中国又签署红十字会相关公约,加入保和会后,清廷至此始有意提倡成立一常设的中国红十字会,仍交由上海绅商规划办理。上海方面在得知此事后,部分官员如吕海寰态度较为积极,要求承办绅商将御赐10万两中拨出5万两作为开办中国红十字会的经费,但承办绅商如沈敦和、施则敬等考虑到当时中国尚未完成加入日内瓦公约的程序,也尚未获得红十字国际委员会的承认,因此态度较为消极。沈、施等人虽然拟定新会名为中国红十字会,总会设于上海,将来于各省设立分会,章程参考日本赤十字社,由官商合筹常年经费,但仍主张等到中国加入日内瓦公约后,再进行成立常设性质的中国红十字会。[②]

七、完成加入日内瓦公约的程序

世界各国红十字会成立的重要条件之一为该国政府加入日内瓦公约,而清廷早先因为战乱尚未完成加入的相关程序。等

---

① 《外务部收商部片》(光绪三十年四月十八日),中研院近代史所藏,《外务部档案》,02—21—13(2)。

② 《外务部收商部左丞唐文治右丞绍英函》,(光绪三十年五月二十三日),中研院近代史所藏,《外务部档案》,02—21—13(2)。

到日俄战争爆发,上海万国红十字会成立后,清廷才开始较为积极地希望参与日内瓦公约。总理衙门通过总税务司赫德,要求其驻英代表金登干向瑞士驻英国公使查询加入此公约所需的正式程序,并向瑞士方面表明中国加入的意愿。[①] 赫德在一封信中阐述了当时总理衙门迫切希望加入日内瓦公约的态度:"关于万国红十字会公约的事,因为中国在它自己的领土上正进行着战争,它希望得到文明对待伤病员等好处。……我们想加入公约,但手续要尽可能简便,我们距离如此遥远,而且在这个国家中,每项手续都牵涉到许多其他手续,所以我们当然要寻求办理这事的最简单的方法。"[②]

最大的问题焦点在于中国应如何完成加入日内瓦公约的程序。由于庚子事变的关系,部分外交档案失落,以至于此时外务部甚至找不到日内瓦公约的记录,也不了解加入公约所需程序。日内瓦的红十字国际委员会为此行文外务部,表示之前中国代表虽然签署了1899年海牙公约关于海军应行各款,但1864年日内瓦公约自应补行批准,并向瑞士政府声明此事。对此外务部表示同意,并向红十字国际委员会表示希望将中国承认此约照会作为入会补行画押之据。[③] 同时驻英金登干税务司在经过与瑞士驻英公使的交涉后,也发现在第一次保和会时中国代表杨儒虽然签署了日内瓦公约,但中国政府却仍未予以批准,故中国仍然不是日内瓦公约的缔约国。如今之计,金氏建议由外务

---

① 《赫德发金登干电报》(公元1904年3月26日),陈霞飞主编,《中国海关密档——赫德、金登干函电汇编(1874—1907)》,第9卷(北京,中华书局,1996年),页427—428。

② 《赫德发金登干函》(公元1904年4月10日),陈霞飞主编,《中国海关密档——赫德、金登干函电汇编(1874—1907)》,第7卷(北京,中华书局,1995年),页660—662。

③ 《外务部发总办摩尼业等函》(光绪三十年二月十八日),中研院近代史所藏,《外务部档案》,02—21—13(1)。

部将已奉批准的谕旨电交驻俄公使胡惟德,再由胡氏就近照会荷兰政府,表示前次杨儒签署的红十字会水战条款,中国业经批准,而瑞士驻英公使已将中国希望入会事,报告本国政府,金氏并请准许由驻英大臣全权办理此事。①

外务部深以金氏的建议为然,乃电告驻英公使,要其向瑞士驻英大使转达国际委员会,即以允认之文作为入会之据。② 不过此时瑞士方面要求中国驻英公使需要获得中国政府全权证书,以授权其向国际红十字委员会宣布中国加入日内瓦公约的意愿。③ 外务部急着要驻英公使向瑞士方面商量先行通融入会,但瑞士方面坚持中国须与其他国家一样完成相关程序。④ 五月驻英公使张德彝在获得清廷的授权后,⑤随即由金登干翻译成法文,备齐入会文件,交给瑞士驻英大使转呈瑞士政府。⑥ 随后外务部再向荷兰驻华公使馆借抄日内瓦公约法文本,奏请光绪皇帝加盖玉玺,以表示清廷批准公约的凭据,再将此约本送

---

① 《外务部收总税务司赫德致汪参议函》(光绪三十年二月十三日),中研院近代史所藏,《外务部档案》,02—21—13(1);《金登干发赫德电报》(公元1904年3月31日),陈霞飞主编,《中国海关密档—赫德、金登干函电汇编(1874—1907)》,第9卷,页428。

② 《外务部发驻英国大臣张德彝电报》(光绪三十年二月十四日),中研院近代史所藏,《外务部档案》,02—21—13(1)。

③ 《外务部收驻英大臣张德彝电报》(光绪三十年三月五日),中研院近代史所藏,《外务部档案》,02—21—13(1);《金登干发赫德信》(公元1904年4月1日),陈霞飞主编,《中国海关密档—赫德、金登干函电汇编(1874—1907)》,第7卷,页653—655。

④ 《外务部发驻英大臣张德彝电报》(光绪三十年三月十九日);《外务部收驻英大臣张德彝电报》(光绪三十年三月二十二日,中研院近代史所藏,《外务部档案》,02—21—13(1)。

⑤ 《外务部请颁驻英大臣补签瑞士红十字会原约全权敕谕奏折》(光绪三十年三月十日),《历史档案》,1984年2期,页41—42。

⑥ 《外务部收驻英大臣张德彝电报》(光绪三十年五月十九日),中研院近代史所藏,《外务部档案》,02—21—13(2);《金登干发赫德电报》(公元1904年7月1日),陈霞飞主编,《中国海关密档—赫德、金登干函电汇编(1874—1907)》,第7卷,页696—697。

往海牙存储。① 经过一番周折,七月间瑞士政府终于向各国宣告中国已经加入日内瓦公约。②

在此次有关日内瓦公约相关交涉,主要是由海关驻英代表金登干经手,故实际上属于非正式外交渠道。期间瑞士方面对此不无质疑,而总税务司赫德对金氏的指令仅限于必要时提供驻英公使若干提示,因此金氏虽然参与了其中交涉的过程,但其关注的焦点只是中国加入日内瓦公约的程序问题而已。至于当时上海万国红十字会是否能获得国际承认的地位问题,则未遑计及。

虽然瑞士政府向清廷表示中国已完成入会手续,但这仅表示中国完成加入日内瓦公约的程序,并不表示上海万国红十字会便已获得国际的承认。事实上国际红十字委员会曾经两度发函给外务部,表明如中国成立有红十字会,欲向该委员会注册列名者,必须将该会宗旨及经理人员知照该委员会,然后该委员会可以将红十字会相关章程及应办事宜详为奉告,新的红十字会如欲与其他国家红十字会联系者,亦应由该委员会介绍。③ 不过这两封信似并未引起外务部的重视,目前没有证据显示外务部或者上海万国红十字会曾经向日内瓦的红十字国际委员会进行进一步的联系或者完成注册。

如前所述,中国如欲设立一个常设的红十字会,该会须同意并遵守国际红十字委员会所定的若干宗旨,更须向日内瓦的国

---

① 《外务部为照缮保和会约请旨用宝事奏折》,(光绪三十年六月二十日),《历史档案》,1984 年 2 期,页 43。

② 《日内瓦红十字会会长为中国入会事覆函》(公元 1904 年 8 月 12 日),《历史档案》,1984 年 2 期,页 43。

③ 《日内瓦万国红十字会总理为中国入会事致外务部函》(公元 1904 年 6 月 3 日),《历史档案》,1984 年 2 期,页 42;《日内瓦红十字会会长为中国入会事覆函》(公元 1904 年 8 月 12 日),《历史档案》,1984 年 2 期,页 43。

际红十字委员会申报并征求承认。根据国际红十字委员会的要求，一个国家的领土内只能有一个红十字会，因此原为临时机构的上海红十字会势必要完成必要的改组，由地方慈善团体向全国性的红十字会过渡。

但上海万国红十字会在日俄战争结束后，逐渐结束其东北的各项救济工作，至光绪三十二年初，设于东北的各分会纷纷结束，总计经该会遣送返籍难民达 131,177 人，救济难民 225,138 人。① 往后除了曾拨出剩余经费救济美国旧金山震灾外，上海万国红十字会实际上已经停止活动。目前没有数据显示上海万国红十字会曾与国际红十字委员会取得联系，而由 1907 年的万国红十字大会中国并未获得邀请一事看来，②更足以证明直至当时中国仍未出现一个获得国际承认的红十字会。

八、清末筹备红十字会的过程与争议

在日俄战争期间，清廷原本有意筹设一常设的红十字会，当时为部分上海绅商所搁置，等到上海万国红十字会工作告一段落，民间再度出现提倡设立红十字会的意见。光绪三十三年五月，《申报》分 3 天刊载王熙普专文《创设红十字会之理由》，王氏悲叹中国人死于天灾人祸者不可胜数，但中国人不能自立医院，反而是外国传教士所办医院遍于中国，王氏不禁忧虑中国人的生命权与救济权操纵于外人之手："是不但吾人可羞可耻，更使一国国民群盛其崇拜外人之心，而为外人全力灌入之导线也。且生命权为外人所操，欲其生则生，欲其死则死之，吾国人亦大

---

① 《红十字会理事总长沈敦和报告》，《申报》(上海)，宣统三年九月二十九日第 2 张 4 版。

② 《万国红十字总会纪事》，译自日本明治 40 年 3 月外交时报，《外交报》(台北，广文书局重印，1964 年)，178 期，页 32—36。

危也哉。甲午庚子之役,吾国无红十字军,万国耻之,始托英人代办,不能自救其生命,已耻不可言,不能自救,反使救济权为外人所操,嘤嘤乞救于外人,耻莫甚焉。"王氏认为成立红十字会可有救灾、防疫卫生、禁烟等好处,更重要的是可以救人强种,最后他更将此事与收回利权运动相提并论:"救一个人,即培养一分元气,爱国诸公欲救吾国,必先自救吾国之人民始;热心诸公欲保权利,必自保吾民之生命始。"因此王氏以为成立红十字会是国家大计"诚吾国今日之要图,吾同胞当尽之义务,而不可一日缓者"。①

王熙普主张在上海创办红十字会,因为一则该地交通方便,消息传播较快,如办有成效,可推广至内地;二则由于热心公益的人较多,其实也就是指当地商人较多,募捐较易。王氏希望有热心人士发起创办,他甚至表示只要有人发起,他愿意立即捐款万两。王熙普甚至将办理红十字会的具体方式、步骤都拟定草案。在设立红十字会时,他主张先设立一红十字会事务所,其次则拟定、公布章程,召开会员组织会,推举职员,第三要向政府注册立案,以获得法律上的保护,与行政官员的提倡。至于红十字会应办事项,王氏寄予极大厚望,他认为红十字会应设立红十字医院、寄生院等,以提供医疗、接生服务;设立红十字军医学堂、收生学堂、看护妇学堂等,以训练卫生医疗人才;设立娼妓检查所筛检性病,设立卫生演说会,以推广卫生观念。此外对于禁烟,他认为红十字会应三管齐下,先与行政机关合作,检验市面发售含有吗啡等毒品的各类药品,并予以禁绝,再设立戒烟会,

---

① 王熙普,《创设红十字会之理由》,《申报》(上海),光绪三十三年五月二十三日第 20 版。

提供戒毒场所,然后设立劝诫洋烟会,以为宣传机关。①

　　或许是呼应民间鼓吹设立经政府立案、常设性质红十字会的意见,部分官员对此也有类似的看法。同时商约大臣吕海寰、盛宣怀在奏陈创办上海万国红十字会经过及请奖等之余,更借此机会希望筹办中国红十字会,请求光绪皇帝"敕部立案",但皇帝此时并未立刻批准,而是交由东三省总督徐世昌"查明具奏"。②·不过虽然徐世昌赞成政府准予立案,却未对如何办理红十字会提出具体的看法。③

　　宣统元年吕海寰会同盛宣怀再度上奏,这次两人准备更为充分,草拟了6条中国红十字会试办章程,其主要内容是:1. 总会设于上海,由中国总董仿照日本赤十字社酌拟规则,其中特别是集资入会章程,以捐款多寡订出不同会员的阶级;2. 请旨由礼部颁发中国红十字会关防,交由会长执掌使用;3. 制作红十字会会旗、会衣、勋章,发给在会人员使用;4. 于上海设立医院、医学堂,定额招考华童,另选送华童进入上海德医学堂、德医院就读实习,再于各省各埠推广分会;5. 遵照日内瓦公约精神,由总会仿制医车备用,有事时准备医船与战地医院;6. 一切未尽事宜由总董禀商会长妥酌办理。吕、盛两人更一再强调此时设立中国红十字会的必要:"惟念中国与友邦联合成会,得此基础,颇费艰难,似宜设法保全,俾无失坠。""中国既设此会,又值海军新立,陆军已有成效之时,允宜及早规划完备。"据此吕、盛两人请旨将

　　① 王熙普,《创设红十字会之理由》(续),《申报》(上海),光绪三十三年五月二十四日第 20 版;王熙普,《创设红十字会之理由》(续一),《申报》(上海),光绪三十三年五月二十五日第 20 版。

　　② 《沥陈创办红十字会情形并请立案奖叙折》(光绪三十三年五月商约大臣吕会奏),《愚斋存稿》,卷 13,页 26—32。

　　③ 《东三省总督徐昌片》(光绪三十三年十二月十八日),《宫中档光绪朝奏折》25 辑(台北,国立故宫博物院,1975 年),页 226。

此会立案,并请求特派大臣作为会长。①

　　细察吕、盛等人奏折,似有将未来中国红十字会作为官督商办之意,且欲使绅商在此会具有相当主导权。但这篇奏折主要反应的可能是吕海寰及部分上海绅商的观点。实际上盛宣怀对此事态度较为消极被动,虽然他列名会奏,却不止一次私下对吕海寰表示悲观的看法。盛氏认为最主要的困难在于经费的问题,这是因为过去上海万国红十字会剩余经费实际掌握在上海绅商施则敬手中,而当时各处民穷财尽,为此事募捐,恐无把握。因此在缺乏经费的情况下,奏折中提出要造医船,铸造关防交由会长办事等主张,盛氏以为都无法办理,因此盛氏主张不如将未来成立的中国红十字会纳入民政部,由政府办理。② 此外盛氏也不赞成中国红十字会的名称,他以为"近来对于各国皆书大清",言下之意名称以改为大清红十字会为是。③

　　尽管如此,北京方面对盛宣怀所忧虑的困难,并无了解。清廷在接到吕、盛等人的奏折后,随即予以采纳,并于宣统二年正月发布盛宣怀为中国红十字会会长。④ 此时朝野对吕、盛所提出的红十字会章程纷纷的表示不同的意见。政府方面军谘处借口日内瓦公约已有新定条款,进而反对吕、盛所提议的试办章程。其中关于总会所在地,军谘处主张设在北京"以便遇事与政府会商而召集亦易",其余有关红十字会设施均应以配合军方需

---

　　① 盛宣怀、吕海寰、吴重熹会奏,《酌拟中国红十字会试办章程请旨立案折》(宣统元年十二月),《愚斋存稿》,卷15,页1—7。

　　② 《致吕尚书函》(宣统元年二月二十九日);《寄吕尚书函》(宣统元年十二月二十一日),《盛宣怀未刊信稿》(台北,文海出版社重印),页209—210。

　　③ 《寄京吕尚书海寰》(宣统元年十二月十六日),《愚斋存稿》,卷100,页24。

　　④ 《谕军机大臣等》(宣统二年正月癸亥),《大清宣统政纪》收入《近代中国史料丛刊》3编18辑(台北,文海出版社),卷30,页9;《北京军机处来电》(宣统二年正月十八日),《愚斋存稿》,卷100,页25。

要并隶属军方指挥管理为主,如训练医学人才事可交由军医学校处理,应筹备成立制药厂以备军方购用;此外如有红十字标记器物战时一律由战地司令官发给,平时由总会谘商陆海军部门发给;至于计划制作勋章,军谘处认为不妥,应改为记章,由总会咨由有关部门核准请旨颁发;最后军谘处更建议在总会办有成效后,仿效各国在会长之上设总裁一职,预定由亲贵担任。①

上海方面的态度和军谘处正好相反,沈敦和向盛宣怀"力陈利害",表示如红十字会归军方筹办,如遇战事只随本国军队后方行动,与原红十字会中立宗旨不同。且原上海万国红十字会系募捐中外捐款所成,难以归并。②

军谘处与上海绅商对于办理中国红十字会观点的歧异,正是着眼于官办民办的分别,军谘处希望大大加强政府管理中国红十字会的权力,而上海方面则希望维持该会民间的色彩。正因朝野有不同意见,盛宣怀虽然号称为中国红十字会首任会长,且为此事专程赴京与军谘处商议此事,③一度传出盛氏请派亲贵为总裁,也有部分亲贵即将出任的消息,④但最后该会立案程序事实上并未完成,各项会务如分会、会员的推广等也无从推动,所谓大清红十字会等于形同虚设。⑤

---

①　《军谘处奏详核红十字会原奏敬陈管见折》,《政治官报》(台北,文海出版社重印),宣统二年五月五日,页4—6。

②　《沈仲礼观察自上海来电》(案应为宣统三年九月),《吕海寰往来电函录稿》(台北,文海重印),页605—606。

③　《吁恩陛见电奏》(宣统二年六月二十八日),《愚斋存稿》,卷23,页30。

④　起先传闻是溥伦,后又传是载振,《京师近事》,《申报》(上海),宣统二年五月二十日第1张6版;《京师近事》,《申报》(上海),宣统二年五月二十二日第1张6版。

⑤　虽然礼部曾经铸颁大清帝国红十字会关防,但该会并未完成立案程序,后来出任会长的吕海寰也认为当时"乃迁延搁置,迄未一议"。《礼部奏遵铸中国红十字会关防进呈印模折》(宣统二年二月二十五日),《政治官报》(台北,文海出版社重印),宣统三年三月二日,页14—15;《至上海沈仲礼观察电》,《吕海寰往来电函录稿》(台北,文海重印),页741—743。

相对于北京方面对于红十字会立案等工作止于纸上任命与空谈，同时间上海绅商沈敦和在上海逐渐推动红十字会所需相关设施的建设。沈敦和在上海万国红十字会告一段落后，一度参与创办华洋义赈会，但很快他就发现医疗卫生对于公众乃至主权的重要。光绪三十四年沈敦和在上海法租界及英租界创办施救急痧医院两处，聘请英国医生，免费治疗传染病患，[①]由于采用新式疗法，开办3个月中国共产党治愈570余人，证明成效显著。[②] 次年沈再度于英租界办理免费的时疫医院，在4个月中救治传染病患2,800余人。[③] 从此沈氏对推广医药卫生事业开始产生兴趣，也因成效卓著，逐渐获得上海商界的支持。此后每年夏季于上海办理时疫医院成为沈氏以及后来红十字会的惯例。同年因上海发生鼠疫，为了抵制公共租界工部局强制华人检疫，沈敦和及许多商人乃更深入的参与上海地区卫生防疫工作。

在创办施救急痧医院的同时，沈敦和以中国红十字会名义招考医学生，招收15至18岁以上中国青年，附读于同济德文医学堂，免费提供学费书籍饮食等费用，但约定学生毕业后须担任红十字会医生。[④] 为了弥补缺乏硬件设施的缺憾，宣统二年年底，沈氏等人动用以前上海万国红十字会剩余经费，购置土地，建筑校舍完工，从此正式以大清红十字会医学堂的名义招生。[⑤]

---

① 《沈仲礼观察发起施救急痧医院》，《申报》(上海)，光绪三十四年七月二十八日第4张2版；《推广施救急杀医院》，《申报》(上海)，光绪三十四年八月三日第3张3版。

② 《急痧医院宣布奇方》，《申报》(上海)，宣统元年六月八日第4张3版。

③ 《英界时疫医院停办广告》，《申报》(上海)，宣统元年九月二十八日第1张1版。

④ 《中国红十字会招考医学生广告》，《申报》(上海)，光绪三十四年八月三日第1张1版。

⑤ 《上海徐家汇路大清红十字会医学堂招生》，《申报》(上海)，宣统二年十二月二十三日第1张1版。

宣统三年三月二十日,中国红十字会医院于英租界天津路 80 号正式启用。① 医学堂与医院同时成立,在教学应用方面将可获得互补的作用,更重要的是这个医院的成立对于红十字会乃至整个上海城市往后的发展具有指标性的意义。

在逐步充实上海地区红十字会医疗资源的过程中,沈敦和逐渐发现医疗卫生事业的重要性远在其他事业之上。为了专注于此,在宣统三年年初,他甚至公开宣布辞退商会、华商保险公会董事等职位,并且表示从此不再挂名出任其他学堂、公益事业职务。② 沈敦和自参与医疗卫生事业以后,一方面与若干医界人士有所接触,同时也开始培养红十字会未来医疗人才,另一方面由于时疫医院等的成功,使得沈敦和个人的声望有所提升,上海商界人士对其医疗事业的支持逐渐加强。在清亡的前夕,沈敦和办理红十字会主客观各方面的条件逐渐成熟。

九、中国红十字会的成立

武昌起义不但直接导致民国的创建,也间接促成了中国红十字会的成立。武昌起义以后,由于当时仍未产生一个全国常设性质的红十字会,以至于先后出现了好几个赶赴战地救护伤兵、难民的红十字会团体。

最早筹组红十字会医疗队前往武汉战地进行救护的是女医生张竹君。张竹君,广东番禺人,清末女界健将。于日俄战争期间,原拟至上海请缨率队赴东北救护难民,不料因故无法成行,后留沪办理女子教育,随即创办上海南市医院。张氏政治理念倾向革命,在武昌起义后,张竹君立即倡导创办赤十字会,于九

---

① 这个医院与沈敦和同时办理的中国公立医院合办,同天启用,《西报盛称华医院》,《申报》(上海),宣统三年二月二十二日第 2 张 3 版。

② 《沈仲礼竭诚广告》,《申报》(上海),宣统三年元月五日第 1 张 1 版。

月三日率队前往武汉一带救护伤兵,张氏此行另一项使命则是以红十字标记掩护黄兴及若干革命党人前往武昌。[①]

上海方面沈敦和等人于九月三日征集中外绅商为会员,募集捐款,又以中国红十字会的名义,于次日派出救护队前往武汉等地。九月二十八日召开"中国红十字会进行大会"(以下简称进行大会),次日又开"特别大会",宣示该会乃中外绅商合办。[②]沈敦和等人的做法似仍沿袭前上海万国红十字会中外合办名义,或许是想要借此以免除北京方面的干预。

此外北京方面也着手组织红十字会。在武昌起义后,盛宣怀因路事被弹劾丢官,于卸任前夕,盛氏推荐吕海寰出任慈善救济会会长,在北京设立会所,请派沈敦和、福开森前往湖北办理救济事宜。盛氏意见不但获得清廷同意,隆裕皇太后更赏发慈善救济会内帑3万两"以资拯济"。[③]清廷起初似不打算采用红十字会的名义,而是希望借慈善救济会以进行湖北战地救护工作,[④]新会长吕海寰则有意借此统合上海沈敦和等人的力量,[⑤]后经沈敦和婉词拒绝,吕海寰只好一面请旨推广慈善救济会按照红十字会章程办理,并获得任命为中国红十字会会长,[⑥]以便先取得名义上的领导权,暂时将北京与上海之间的矛盾搁置一

━━━━━━━━━━━━

① 冯自由,《女医士张竹君》,氏着《革命逸史》(台北,台湾商务印书馆,1965年第二版),页41—45;徐天啸,《神州女子新史》(台北,稻乡出版社,1993年重印本),页73。

② 《红十字会进行会志盛》,《申报》(上海),宣统三年九月二十八日第2张3版;《红十字会理事总长沈敦和报告》,《申报》(上海),宣统三年九月二十九日第2张3版。

③ 《又谕》(宣统三年九月乙巳),《大清宣统政纪》,卷62,页19、21。

④ 《又谕》(宣统三年九月庚午),《大清宣统政纪》,卷62,页29;《探投袁宫保》、《上海新闻任》,《吕海寰往来电函录稿》,页721—723。

⑤ 《致上海沈仲礼观察电》,《吕海寰往来电函录稿》收入《近代中国史料丛刊》3编58辑(台北,文海出版社),页721。

⑥ 《又谕》(宣统三年九月癸未),《大清宣统政纪》,卷63,页38—39;《交旨》(宣统三年九月二十三日),《内阁官报》(文海出版社重印),宣统三年九月二十四日;《致上海任逢辛、沈仲礼观察电》,《吕海寰往来电函录稿》,页728—729。

旁,分别从事战地救护的工作。

等到清帝退位,民国成立,南北之间通过和谈,战事告一段落,上海、北京之间却因对于性质、隶属的看法不同而产生对立。北京方面认为红十字会为官办,应凡事征询各有关机关的意见,总会组织应仍以北京为主;上海方面则觉得红十字会自始即为民办民捐,且捐款来自中外绅商,故主张由沈敦和"独担责任"。[①] 后来两会矛盾愈益加深,最后"几成水火",民国元年北京方面由外籍顾问福开森前往上海,与沈敦和、江趋丹等人展开谈判,福氏劝以"慈善机关本无所用其竞争",最后双方终于达成共识,决定进行合并。[②]

民国元年9月29日,中国红十字会在上海租界工部局议事厅召开第一次全国代表大会。10月30日,为了结合国内各种红十字团体,乃于上海汇中旅馆召开中国红十字会统一大会。[③]从此中国红十字会宣告正式成立。

根据种种迹象显示,民国元年(1912)才是中国红十字会正式成立的关键,以下从三点分别加以论述:

一、政府立案

在南京临时政府时期,临时大总统孙中山根据副总统黎元洪的建议,乃命令内务部准予中国红十字会立案,[④]这是中国红十字会首次获得政府正式立案,从此成为正式合法的社团。袁世凯主政后,也同意保护该会,在中国红十字会召开全国代表大

---

① 《沈仲礼观察自上海来电》,《吕海寰往来电函录稿》,页 605—606。

② 《北京总会冯恩昆收福开森函》,不注时间(案:应为民国元年七、八月间),南京第二历史档案馆藏,《红十字会档案》,页 476—3224。

③ 《红十字会开会纪》,《申报》(上海),民国元年9月30日7版;《红十字会统一大会记事》,《申报》(上海),民国元年10月31日7版。

④ 《饬内务部准中国红十字会立案令》,民国元年2月29日,《国父全集》(台北,中国国民党中央委员会党史委员会,1973年),页30—31。

会选出正副会长后,袁氏一面表示同意,一面明令发表该项任命。① 从此中国红十字会在国内的合法地位获得确认和延续。

二、国际承认

清末中国红十字会虽然加入了日内瓦公约,但最初的上海万国红十字会仅为临时组织,后来吕海寰、盛宣怀所筹设的大清红十字会也胎死腹中,两者都从未与国际红十字委员会取得联系,故亦无从获得国际承认。民国元年上海总办事处负责人沈敦和与日本赤十字社取得联系,由赤十字社社长松方侯爵向红十字国际委员会介绍中国红十字会入会,获得该委员会的同意。同年万国红十字大会第9次会议于华盛顿举行,中国红十字会与中国政府首次获邀与会,这是中国红十字会首次参与的国际会议,代表了该会从此加入国际社会的开端。

三、制度确立

中国红十字会各项制度如组织、会员、分会等都是在民国元年通过《中国红十字会章程》确定下来。该章程确定会名为中国红十字会,总会设在北京,总办事处设于上海,另由全国代表大会选出常议员 36 人,组成常议会。② 会员部分在武昌起义后,上海方面即拟定名誉会员等办法,民国元年更确定捐款 25 元以上为会员,独捐 200 元以上或经募 1,000 元以上为特别会员,独捐 1,000 元以上或经募 5,000 元以上为名誉会员。③ 全国各地如有会员 30 人以上即可申请设立分会。

---

① 《中国红十字会征求会员大会特刊》,页 43—44。
② 《中国红十字会章程》,民国元年,《中国红十字会历史资料选编》,页 224—228。
③ 《中国红十字会事务所启事》,《申报》(上海),民国元年 8 月 10 日 4 版。

第二节　官办与民办之争——与政府关系的演变

中国红十字会在一开始便须面对官办与民办的矛盾,这个矛盾最早源自清末。如上节所述,清末上海万国红十字会既为中外合办,又兼具官民合办的性质,以至于在一开始的立场便有几分暧昧。军谘处在议奏吕海寰请设中国红十字会的奏折时,官民之间的矛盾首次彰显出来。清政府希望加强对红十字会的管理,甚至主张总会设在北京,另派亲贵为总裁,以军方的需要为优先等;上海方面绅商沈敦和则坚持民捐民办的立场,反对归并官办。由于当时经费掌握在上海绅商手中,清廷又不打算为此特别编列预算,这项歧见于是暂时搁置下来,暂未处理。

不过沈敦和所谓民捐民办,实质上是有疑问的说法。一方面上海万国红十字会大部分经费来自内廷及各省督抚,故称为民捐并不恰当;[①]另一方面承办 3 总董沈敦和、施则敬、任锡汾兼具绅、商身份,都具备官衔,又与盛宣怀、吕海寰等官员保持一定的联系,同时轮船招商局、电报局、京奉铁路局在战争期间也都给予该会免费优待,因此上海万国红十字会也并非纯粹的民办团体。

一、京沪对立

此外以民办为号召,沈敦和等人所办理的红十字会,实际上

---

① 总计在全部约 64 万两中,慈禧太后与(光绪皇帝颁赐恩帑银 10 万两,各省督抚将军等官吏共捐银约 30 万两,盛宣怀、吕海寰,《沥陈创办红十字会情形并请立案奖叙折》,《愚斋存稿》卷 13,页 26—31;关于各地方官捐款,参见《光绪三十年二—六月上海万国红十字会捐款清单》,《申报》(上海),光绪三十年三月二十四日、四月十三日、四月二十二日、五月十五日、七月十八日、八月七日附张。

也曾受到若干民间人士的质疑。其中最主要的是由于上海万国红十字会结束后,经费收支概况始终没有公布,因此使得承办人受到部分上海社会人士的非议。

张竹君是明显的例子。武昌起义以后,由于战地救护的迫切需要,各方纷纷起而设立红十字会,其中女医生张竹君所办的赤十字会,正是以批判挑战沈敦和及其所办红十字会而起,张竹君在出发前往武汉之前,在报纸发表给沈敦和的公开信,批评沈氏欺世盗名利:"公窃慈善二字,欺世盗名利久矣。今又欲将牛头马面之红十字会以混世人耳目,公之罪尚可数乎?"张竹君指责沈氏在日俄战争时期借万国红十字会名义搜刮资财,却至今仍未报告收支情形,而上海万国红十字会后来历经几次变动,全是为了吞没捐款:"乃未几而万国红十字会变为大清红十字会,及川鄂事起,公又未尝一遣所谓红十字会者往救同胞,鄙人不忍坐视,爰约同人发起中国赤十字会,将急赴战地,而公又将大清红十字会变为绅办红十字会。始之变也,殆欲掩外人之资也,继之变也,又欲掩全国官民之资,而貌为公等数人之事也。公虽善变,亦知天下人不可以尽欺乎?"①

从张竹君的说辞可以得知,原来她对沈敦和的不满源自于光绪三十年间,当时广东官绅曾捐款约两万两,且派张氏前往上海,等候沈氏调遣至东北进行救护工作,但沈氏却并未派给张氏任务,这使得张氏耿耿于怀,认为沈氏只是借此敛财。张氏甚至要求沈氏将全部账目公诸于世,否则"当以吾粤所捐二万金,还诸吾粤,吾粤人必能自为之"。②

面对张竹君的批评,沈敦和立刻也以公开信予以回应。首先他回顾自上海红十字会以来的经过,说明该会本为绅办:"为

---

① 《张竹君致沈仲礼书》,《民立报》(上海),宣统三年九月五日5版。

② 同上

总董者鄙人与任逢辛、施子英两观察，皆绅也。中国之有红十字会，于今八年，国家承认，全球承认，而始终不离乎绅办，本无所掩，更何所谓变乎?"其次沈氏说明其从未经手财务，乃施则敬负责，之所以尚未公布收支账目，主要是因为一直等到本年医院开幕，才着手办理报销。沈氏更表示自武昌起义后一直在募款、聘人、筹备物资，九月五日已经派救护队出发，沈氏"自问可告无罪"，对于武昌起义的救护工作，沈氏一面解释筹备需时，一面暗示怀疑张氏所率救护队工作成效"以女士之宏亮，当知此事非咄嗟可办，而顾言之轻易若是，岂以数十女生，数千经费，即可尽战地救护之能事乎"? 对于张竹君未能参加日俄战争救护工作的遗憾，沈氏也有所解释："俄日之役，女士顾念同胞，报冰而至，适值两国将次议和，鄙人在事言事，婉言谢之，初非有区别省界之心。"[①]

　　沈敦和之所以要立即公开对张竹君的指责作出回应，除了保全名誉的考量外，最主要应是担心外界尤其是上海商界对红十字会的支持有所减退。不过事实证明张竹君的批评并未造成太大的影响。[②]

　　更为严重的考验则是来自北京。盛宣怀在被劾去职前，奏请设立慈善救济会，派任吕海寰为会长，此时清廷似不打算使用红十字会名义，只希望以此会办理湖北战地救护工作。[③] 吕氏

　　① 《沈仲礼驳张竹君女士书》，《申报》(上海)，宣统三年九月七日第2张2版。

　　② 上海地区有59位绅商应邀担任该会的名誉经理员，协助筹款，另外国内如苏州、芜湖、南京、扬州、安庆、青岛、奉天，国外如日本、朝鲜、荷属东印度群岛、菲律宾、新加坡、澳州、美国、加拿大、墨西哥等地也都设有名誉经理员，参见《中国红十字会战地写真》(上海，中国红十字会事务所，1911年)，不着页码。

　　③ 《又谕》(宣统三年九月乙巳)，《大清宣统政纪》，卷62，页19、21；《又谕》(宣统三年九月庚午)，《大清宣统政纪》，卷62，页29；《探投袁宫保》、《上海新闻任》，《吕海寰往来电函录稿》(台北，文海出版社重印)，页721—723。

就任后,立即去电给上海的沈敦和,有意将沈氏等所办红十字会,归并入慈善救济会。① 吕氏以为过去在上海曾与沈敦和等绅商有所交往,沈氏等办理上海万国红十字会时,有事也会知会吕海寰、盛宣怀等官员,故这时吕氏既然出任慈善救济会会长,料想沈氏必定会与其合作。

不料沈敦和竟然回电表示上海所成立的红十字会,属于民捐民办,与过去清廷筹设的大清红十字会宗旨不同,且该会由中外捐款而成,故"殊难归并",沈氏说明此会由他"独担责任",建议吕氏所办的慈善救济会在北京、天津一带建立组织,另在北军所在信阳、聂口一带救护军民,以补红十字会的不足,"以期周密而助红会之不逮"。②

沈敦和的回应可能令吕海寰感到意外,原先的计划无法推动。此时另一个上海商人任锡汾建议吕海寰"或顺舆情,以裨大局",也就是放弃以慈善救济会并吞红十字会的计划,将计就计,沿用红十字会的名义,任氏的理由是反正以慈善救济会的名义恐怕无法在革命军占领区活动,不如仍用红十字会的招牌,这么做另外一个好处就是可以将沈敦和所办的红十字会联合起来,也就是以相同的名义,透过朝廷的任命,取得法理上的地位,以夺取整个中国地区红十字会的领导权。另一方面吕氏仍可保持慈善救济会的头衔"沈亦不敢过问",如此可灵活运用,不受沈氏牵制。③

任锡汾的建议得到采纳,吕海寰据此上奏。清廷很快的同意将推广慈善救济会,按照红十字会章程办理,并准其另举红十

① 《致上海沈仲礼观察电》,《吕海寰往来电函录稿》,页721。
② 《沈仲礼观察自上海来电》,《吕海寰往来电函录稿》,页605—607。
③ 《上海任逢辛观察来电》、《任逢辛致任振采电》,《吕海寰往来电函录稿》,页602—604。

字会会长。^①吕氏在得到清廷的支持后,认为"得此名义,京沪可联一气",于是致电沈敦和、任锡汾,希望沈、任二人"竭力襄助,担任分会义务",一面拨发经费,一面要求二人报告其工作情形。^②稍后清廷任命吕海寰为中国红十字会会长,仍兼办慈善救济会,于是吕氏终于如愿确立其名义上的领导地位,他为了保证该项地位的屹立不摇,做了两项布置,一是企图提升任锡汾在红十字会的地位,使其可以就近牵制沈敦和,二是以筹募经费为饵,加强上海与北京方面的联系。^③

不过革命力量的蔓延,使得吕海寰新确立的地位遭到削弱,九月十三日上海起义,十六日沪军都督府正式成立。虽然沈敦和没有公开参加起义活动,也没有在新成立的沪军都督府任职,但有消息指出沈氏已经"别有肺肠"。^④而吕海寰准备倚重的任锡汾也因独立起事而暂时消声匿迹,不便出面,任氏更以上海租屋困难为由暗示吕海寰暂缓来沪,于是吕氏乃取消原定的上海之行。^⑤

在革命局势的催化之下,沈敦和决定趁此时机与北京方面划清界限。在上海宣布独立以后不久,沈敦和以武汉战场有许多尸体需要派人前往掩埋为由,随即于九月二十六日召开"进行大会"。这次大会据报载出席者计千人,会中选出英国驻沪按察

① 《大清宣统政纪》卷 613,页 38—39。

② 《致上海任逢辛、沈仲礼观察电》,《吕海寰往来电函录稿》,页 728—729。

③ 《致任逢辛、沈仲礼观察电》、《致任道逢辛、沈道仲礼两观察电》、《至沈仲理观察电》,《吕海寰往来电函录稿》,页 729—731、733。

④ 这是任凤苞向吕海寰幕僚冯恩昆传递的讯息,原文是:"所谓南北情事大异者,上海独立诸公,皆别有肺肠,仲礼亦是一流人物。"《任凤苞发冯伯岩函》(宣统三年九月二十六日),南京第二历史档案馆藏《红十字会档案》,页 476—3224。

⑤ 《上海任道锡汾来电》两通,《致任逢辛、王纯翁观察电》,《吕海寰往来电函录稿》,页 616—617、734—735。

使苏玛利为议长,中外名誉董事数十人,办事董事 6 人。①

这次进行大会最重要的有两个意义,首先是以中外合办的形式取代了清廷官派会长的权力,其次则是确立了沈敦和的领导权。强调中外合办可能是从过去上海万国红十字会的经验中得到的灵感。如前所述,沈敦和一度曾以中外捐款为由婉拒慈善救济会归并的要求,后来北京方面产生官派的中国红十字会会长,上海方面感到有遭到接管归并的趋势和压力,援引中外合办的前例,也是很自然的事。实际上从吕海寰并未被邀请与会,以及此次进行大会中,沈敦和的发言或其他会议过程报导从未提及作为官派会长的吕氏看来,摆脱北京方面的影响,应是此次大会的目的之一。

而沈敦和的领导权也在会中获得确认,早先沈敦和对外自称为理事总长,多少存在缺乏正当性的疑虑。于是前述有张竹君另立赤十字会,后来清廷官派吕海寰为会长,使得沈氏不得不亟思解决之道。最直接的做法可能正是诉诸上海社会的支持,沈敦和希望扩大声势的想法,可由其开会广告得到印证,该项广告特别注明邀请绅商医学界士女,不用入场券,也不临时募捐,其目的正是要尽量吸引与会者。在会中由宁波会馆代表沈洪赍出面质疑过去上海万国红十字会的收支账目未曾公布,并主动提议以后捐款收支由沈敦和负责,据报载此议一发"台下掌声如雷"。② 这次的鼓掌通过实际上等于宣告了上海社会对沈敦和在往后 9 年间始终不渝的支持,也是沈氏在红十字会地位最重要的保证。

支持吕海寰的任锡汾、任凤苞父子对于沈敦和的企图早有了解,但在形势比人强的情况下,不得不劝北京方面隐忍接受这

个结果，①后来任锡汾在上海方面地位逐渐遭到架空，吕海寰也只有默认沈敦和在上海红会的独特地位。②就算吕氏对沈氏的作为有不同意之处，实际上也无可奈何，例如沈氏主张聘请日人有贺长雄代为拟定会章，并请日本赤十字社代为向国际红十字委员会介绍入会，虽然吕氏对此表示反对，但结果终归无效。③

这次双方的歧见，明白的揭示了官办与民办相互矛盾的立场，吕海寰作为清廷官派的会长，倾向凡事请示相关部门特别是陆军部，他认为："本会各事均须与陆军部接洽，不能独断独行也。"④但沈敦和则不愿接受陆军部的管辖，故不理会吕氏的意见，径自拟定会章，并托日本赤十字社代为向国际红十字委员会注册。对此沈敦和方面事后的解释是："盖上海之会既因境遇所迫，为北京总会所不能兼顾，故不能不自谋存在也。"所谓境遇所迫，一部分指的是清政府管辖的威胁，一部分则是经费缺乏的恐慌。⑤

不论如何，在这次进行会后，南北两会逐渐趋向各行其是，各自进行救护工作，各自发展分会、会员，京、沪一时之间暂时相安无事。

----

①　任凤苞明白地说："南北情势大异，非此无以曲全。"《任凤苞发冯伯岩函》（宣统三年九月二十六日），南京第二历史档案馆藏，《红十字会档案》，页 476—3224；《上海任锡汾来电》，《吕海寰往来电函录稿》，页 618—619。

②　任锡汾自己承认"现处地位为难"，吕海寰后来也只好放弃以任制沈的打算，直接与沈敦和联系各事，《上海任道锡汾、王道钰孙来电》，《吕海寰往来电函录稿》，页 624；《至沈仲翁观察电》，《吕海寰往来电函录稿》，页 737。

③　吕海寰认为中国已经入会，无须再经介绍，亦无须托人联合，至于有贺代定的章程，则应送北京陆军部核覆，《上海沈敦和来电》、《致上海沈仲礼观察电》，《吕海寰往来电函录稿》，页 627、741—742。

④　《致上海沈仲礼观察电》，《吕海寰往来电函录稿》，页 741—742。

⑤　这是沈敦和所委派赴华盛顿国际红十字大会的代表黄鼎向大会所作的报告，实际上可以代表沈敦和当时的想法，《中国红十字会中央部赴会报告》，《吕海寰往来电函录稿》，页 890—891。

二、正统地位的竞争

等到清帝逊位,民国成立以后,战事逐渐趋于平息。此时国际红十字委员会已经承认上海的红十字会作为中国地区的代表,并通告各国红十字会。[①] 在获得国际承认后,沈敦和更积极的争取新成立的中华民国临时政府予以承认。他通过副总统黎元洪转致大总统孙中山,最后也获得孙氏同意准予立案。虽然孙氏在位时间不久,便让位给袁世凯,但沈敦和也随即获得袁世凯同意继续保护上海的红十字会。[②]

可以知道沈敦和及其在上海的红十字会,由于较为了解国际红十字运动的相关原则,并因其工作地点大部分属于革命军占领区域,与新成立的民国临时政府关系较为密切,于是在沈敦和积极的联系下,上海的红十字会逐渐获得国内外的承认。而吕海寰的任命资格原本来自清廷,在民国成立初期,特别是在南京临时政府时期,多少显得有些尴尬,因此活动方面暂时较为低调。

此时由于参加国际会议的问题,使得京沪之间矛盾逐渐浮出台面。最初的导火线是由参加华盛顿国际红十字会议所引起。民国元年恰好国际红十字会议将于美国首都华盛顿举行,外交部在接获通知后随即转告上海的红十字会,要该会自行筹款办理,一开始沈敦和无意参加,乃转告北京总会此事。不料总会方面为了借此机会对外联络,决定函请总统袁世凯派驻美参赞容揆代表会长吕海寰出席,因恐容氏对红十字会了解不深,又

---

① 《日本赤十字社来电》(民国元年1月12日),《中国红十字会历史资料选编》,页58。

② 《武昌黎副总统致南京孙大总统电》、《武昌黎副总统转孙大总统致总会的电文》、《北京袁大总统来电》,《中国红十字会历史资料选编》,页57—58。

派美人福开森（John Calvin Ferguson）为总会顾问赴美陪同出席。在得知总会决定参加的意愿后，在上海的沈敦和改变态度，决定委托留美学生监督黄鼎代表上海方面出席。①

此时北京方面派遣顾问福开森南下上海，在准备赴美之余，福氏似也负有与沈敦和等人谈判的使命。福氏出身教会，与上海社会素有渊源，曾和沈敦和合办华洋义赈总会，两人有共事经验，可能因此使得福氏能很快与沈氏取得妥协。根据有限的资料显示，福开森与沈敦和之间达成若干协议（以下简称福沈协议），内容至少包括以下两点：一、两会日后合并；二、合并后总裁由吕海寰出任，总董由沈敦和出任，北京则同意承认黄鼎参加华盛顿大会。② 北京方面虽然明知沈敦和派黄鼎一事"是独树一帜之意"，但因福沈协议已成，只好追认。③

果然如北京总会所料，在华盛顿会议时，中国红十字会的代表权问题曾一度造成一些困扰。原来在开会期间，沈敦和以中国红十字会会长名义由上海寄发一函给红十字国际委员会会长，强调上海红十字会的合法地位，委员会会长将此信发给中国代表团观看，④中国代表团在讨论后认为本国各会如有竞争，应在国内开会解决，不可在国际场合讨论，以免有伤国体，于是决定不对此函作出任何评论，并由全体4人署名发表书面声明，表示中国红十字会总会及办事员均在北京，总会会长为吕海寰，凡

---

① 《致吕会长电》、《致上海沈仲礼电》、《上海沈仲礼来电》、《吕海寰往来电函录稿》，页715—716、835—836、839—840。

② 沈敦和曾致电吕海寰说明此次协议成果："福在沪时，成约在前，大局定后，京沪两会本须合并也。"《上海沈仲礼来电》、《致吕会长电》、《吕海寰往来电函录稿》，页715—716、844。

③ 《青岛来电》、《致吕会长电》、《吕海寰往来电函录稿》，页717、844。

④ 包括作为政府代表的驻美公使张荫棠、红十字会代表驻美使馆参赞容揆、留美学生监督黄鼎、顾问福开森等4人。

有关会务函件应寄送吕氏核办。红十字国际委员会会长也决定不正式处理沈氏函件。①

由于中国代表团的决定,使得北京总会在这次国际会议中扳回一城,但京、沪两会的争端仍未结束,主要的战场仍在国内。民国元年 8 月 17 日有报纸刊登了相同主题,内容不同的消息和启事。来自北京的译电宣布中国红十字会将于秋季在北京开会,以联合中国各处性质相同之会成一总会;上海的红十字会则刊登启事,宣布中国红十字会将于 9 月 15 日在上海召开第一次全体会员大会,目的是选举常议员,再从常议员中选出会长、理事等。② 上述消息显示京、沪双方都希望借召开全国大会,争夺主导权。

三、南北的统一

此时北京政府选择转向支持吕海寰主持的总会,8 月初,总统袁世凯批准北京总会立案以及秋季开会的申请。③ 北京总会立即请求内务部转饬各省地方政府查报各地红十字会分会相关资料,以便召开大会。④ 可能是受到政府态度转变的影响,抑或者是感受到北京总会竞争的压力,上海方面将预定召开全国代表大会的时间延迟了半个月。⑤ 此时京、沪情势一时之间为之

---

① 福开森,《参加万国红十字会第九次大会报告》、《沈敦和致美京万国红十字会第九次大会会长函》,《吕海寰往来电函录稿》,页 847—875、877—881。

② 《译电》,《申报》(上海),民国元年 8 月 7 日 2 版;《中国红十字会第一次会员大会广告》,《申报》(上海),民国元年 8 月 7 日 3 版。

③ 袁世凯批示交外交部、内务部立案,《中国红十字会会长吕海寰呈请于秋冬间在北京开会召集会员核定永久统一办法文》,民国元年 8 月,《政府公报》(台北,文海出版社),民国元年 8 月 4 日;《内务部来电》,《申报》(上海),民国元年 9 月 6 日 2 版。

④ 《红十字会会长吕海寰呈大总统召集支会已咨由内务部电知各都督转饬查明造册咨送请鉴核办案文》,民国元年 9 月,《政府公报》民国元年 9 月 13 日。

⑤ 《中国红十字会大会改期广告》,《申报》(上海),民国元年 9 月 12 日 1 版。

僵持,却也逐渐趋于明朗,沈敦和一方获得许多上海商人的声援,但缺乏政府的承认,而办理红十字会在许多时候须要政府部门的配合;吕海寰一方虽有政府的支持,但在募款、医疗、救济等实际工作方面,则缺乏必要的能力和基础,因此京、沪双方势必要在过去福沈协议的基础上,再度进行合并的协商。

于是福开森再度代表北京总会南下谈判,根据福开森自己的说法,福、沈二人这次会谈并不顺利,虽然福氏得到沈氏并无成见的印象,但由于沈氏表示其后拥有各中西董事、会员、分会、捐户的支持,以至于"京沪两会几成水火",态度较前次谈判更为强硬,使得福氏感到"调停之术为之棘手",谈判随即因福氏生病,乃为之暂停4天。在此期间武汉方面有红十字会会员呈请黎元洪转电袁世凯,要求取消北京总会,袁世凯将此案发交外交部处理,消息传来,福开森不得不抱病二度与沈敦和、江趋丹进行谈判,最后福氏终于以"慈善事业本无所用其竞争"为由,获得沈氏的认同,双方在同意若干条件后,乃达成合并的协议。①

此次京、沪双方合并的条件大致延续福沈协议的共识,但内容更为丰富详细,共计有10项:一、总会设于首都亦即北京;二、聘请正副总统为(名誉)总裁;三、吕海寰为会长,福开森为顾问;四、总会除与政府各部会接洽外兼办外交;五、沈敦和为副会长,常驻上海管理会务;六、上海红十字会定名为中国红十字会总会总办事处,举江趋丹为理事长;七、总办事处管理全国各分会事务、医务、募捐、筹赈、防疫,执掌会中财产等事;八、全国代表大会定于9月29日在上海举行;九、各省统一大会之后亦于上海召开;十、京沪两会合并后,将合并情形由正副会长以公函向各

① 《冯恩昆收福开森函》,不着时间,应为民国元年9月,南京第二历史档案馆藏,《红十字会档案》,页476—3224。

国宣布;最后双方同意以上条件须经政府方面核准后生效。①

这项协议实际上是妥协的结果,双方对此多少都感到有些委屈,沈敦和自认此举是"不被虚名,力求实际,宁人薄我,勿我薄人",他的说词是若再争执下去,受战乱波及的同胞如何得了?吕海寰则是以头衔太多为由,婉拒出席稍后将在上海举行的两次大会。②

但不论如何,合并已经势在必行。根据合并的协议,上海方面9月29日召开了全国代表大会,当天据报载出席者有1千余人,充分的显示了上海社会对沈敦和及其红十字会的支持。③10月6日上海召开第1次常议会,会中选出袁世凯、黎元洪为名誉正副总裁,吕海寰为会长,沈敦和为副会长兼常议会议长,江趋丹为理事长,同时电请政府明令公布正副会长。④10月18日北京政府终于明令公布正副会长人选,以表示政府对总会新人事的承认。⑤10月30日上海召开全国统一大会,北京政府外交、内务、海军和陆军等部,以及副总统黎元洪及奉天都督赵尔巽、江苏都督程德全等官员都派代表出席,显示政府对红十字会合并的承认与支持。此次全国统一大会至少有两个重要的意义:一、借此统合京、沪以及其他各红十字会团体,实现中国红十

---

① 《上海红十字会来电》,民国元年9月21日到,易国干编,《黎副总统政书》(台北,文星书店,1962年),卷14,页7。

② 《上海红十字会来电》,民国元年9月21日到,易国干编,《黎副总统政书》,卷14,页7;《吕海寰发沈敦和信》,不着时间(案:应为民国元年9月中),南京第二历史档案馆藏《红十字会档案》,页476—3224。

③ 《红十字会开会纪》,《申报》(上海),民国元年9月30日7版。

④ 《红十字会之公电》,《申报》(上海),民国元年10月18日6版;《中国红十字会征求会员大会特刊》(上海,中国红十字会,1934年),页44。

⑤ 《临时大总统令》,民国元年10月18日,《政府公报》,民国元年10月19日;《红十字会开会忙》,《申报》(上海),民国元年10月16日7版;《十月十八日临时大总统命令》,《申报》(上海),民国元年10月20日2版。

字会的合并,事前京、沪双方人事既已确定,政府方面也已承认,此次大会的召开,只是在形式上宣告完成了合并协议所规定的各项条件,实现了中国红十字会内部的统一;二、讨论通过中国红十字会章程,确立中国红十字会内部的制度,[①]落实前述合并协议的共识。

京、沪双方固然按照合并协议完成了此次统一,但值得注意的是上海方面在协议之外,设计了一项重要的机制,此即常议会。根据章程的规定,常议会握有对红十字会资产的管理和监督权,对分会章程的审核权,又可以召集临时全国大会,更重要的是掌握修改章程的权力,这使得常议会在实质上成为总会决策机关。而上海方面从一开始便主导了常议员的选拔,虽然后来可能通过礼让的方式,加入几名北京方面代表,但实际上不足以影响常议会的决策。巧合的是,如同当时国民党寄望于掌握多数国会,以牵制袁世凯,上海方面似有意借着赋予常议会监督、决策的权力,以加强上海方面在合并以后的优势。

不论如何,透过统一大会的召开与总会章程的通过,中国红十字会内部形成了独特的二元结构。总会在北京,由会长率领秘书长、顾问等,负责处理与中央政府各部门与外交交涉事宜,每年将会务汇报政府备案;总办事处设在上海,由副会长、理事长处理会务及各项救援行动,另由 36 名常议员组成常议会,由常议会推举常议员负责各项动产、不动产、账目等的管理和监督。京沪双方各司其职,北京的总会虽然取得正统的名义,但上海方面借着常议会对于资产的控制,以及对章程的修改权,可以取得绝对的主导优势。

---

① 《红十字会统一大会记事》,《申报》(上海),民国元年 10 月 31 日 7 版。

四、政府的干预

对于总会所通过的章程,北京政府似乎并不满意,于是有意直接制定法律对总会有所规范。民国元年 11 月 20 日大总统袁世凯向参议院提交中国红十字会草案,顺利完成一读,交付法制委员会审查。[①] 后来可能因为政争的缘故,使得该项条例似未完成三读,至民国 3 年袁世凯以大总统的权力径行宣布《中国红十字会条例》11 条,[②]这个条例是中国最早针对管理红十字会所制定的法令,其特点是强调政府部门对红十字会实行监督、管理的权力,另一方面则完全不提及上海的总办事处与常议会,似有意以行政命令取代总会章程所赋予总办事处、常议会的合理性,也就是借此否定上海方面在总会的主导地位。

在前述条例的基础上,民国 4 年 10 月 5 日北京政府发布由陆军、海军、内务三部拟定的施行细则。在细则中称呼上海的总办事处为总会驻沪办事处,同时大为削减常议会的权力。例如规定常议会开会由会长召集,每次开会需有三分之二以上的人出席;有紧急事件时会长得自行裁决施行,事后再送常议会追认;战时会长得将常议会改组为临时议会,除常议员继续担任议员外,其余人数、议员由会长决定;总会资产的管理、监督人员虽仍由常议会选举,但不必要是常议员才有被选权,同时选出后即作为总会职员;除了常议员外,会长得自行召集临时全国大会;原属常议会的修改章程权,增列内务等三部可以呈请总统修改等。施行细则最为重要的条文是规定总会从前所定经部立案的

---

① 《参议院 11 月 20 日议事日程》,《政府公报》,民国元年 11 月 20 日;《参议院二十日议事情形》,《申报》(上海),民国元年 11 月 26 日 2、3 版。

② 《大总统申令》、《中国红十字会条例》,民国 3 年 9 月 24 日,《政府公报》,民国 3 年 9 月 25 日。

章程与施行细则抵触或重复者不适用。①

　　北京政府的政策明显的是要裁抑上海方面借由总会章程所获得的权力，矮化总办事处与常议会的地位，贯彻政府对整个中国红十字会的管辖权。上海方面对此企图了然于胸，虽然曾派代表与政府方面会商，但不得要领，②暂时只能消极的不予理会。而北京政府由于当时政局动荡，一时之间也无从贯彻其所颁布的命令。

　　延至民国8年，北京政府终于决定进一步地采取行动。陆军部联合海军部、内务部，以美国红十字会对中国红十字会有所批评为由，派遣代表赴沪调查上海总办事处账目，北京总会正是感受到政府方面的压力，乃主张主动在会内发表前述政府公布的条例与施行细则，但副会长沈敦和仍表反对，甚至打算针对前述条例草拟修改意见，经常议会审议，最后由全国代表大会通过，据此陈请政府做出修改。③沈氏的计划实际上就是继续反对政府加强管理总办事处的企图。北京政府对此自然不能接受，于是就此决定采取激烈的手段。④

　　4月29日北京政府直接发布派蔡廷干为中国红十字会副会长，实际上也就是取消了原副会长沈敦和的职务。⑤这对沈氏来说显然极为难堪，故沈氏立即致书常议会，宣布即日解职，

---

　　① 《陆军、内务、海军部呈拟定中国红十字会条例施行细则呈请训示文并批令》、《中国红十字会条例施行规则》（民国4年10月5日），《政府公报》，民国4年10月8日。

　　② 《中国红十字会二十年大事纲目》，页16。

　　③ 《总会发沈副会长函》（民国8年2月19日），南京第二历史档案馆藏，《红十字会档案》，476—3239；《总会发沈副会长函》（民国8年2月22日），南京第二历史档案馆藏，《红十字会档案》，476—3241；《总会收沈副会长函》（民国8年3月31日），南京第二历史档案馆藏，《红十字会档案》，476—3239。

　　④ 事前北京总会已经得到消息，判定政府"大约有干涉取缔主义也"。《总会发吴敬仲函》（民国8年4月16日），南京第二历史档案馆藏，《红十字会档案》，476—3239。

　　⑤ 《大总统令》（民国8年4月29日），《政府公报》，民国8年4月30日。

另一方面电请北京总会转催蔡廷干尽速来沪办理移交。在新旧任交接之前,常议会决议由常议员江趋丹暂时维持会务。① 北京总会对于沈敦和的去职,反应较为平淡,秘书长冯恩昆甚至私下批评沈氏的辞职之举"目下尚非其时,恐近于负气也"。冯氏认为北京政府此次改派的命令合乎民国3年所公布的红十字会条例,于法有据。冯氏并且在命令发布的第二天就与新任副会长蔡廷干会面,商讨会务。②

蔡廷干,字耀堂,原籍广东香山。于清同治12年(1873)以幼童派赴美留学,后回国入大沽水雷学堂,甲午战争时曾率鱼雷艇作战,宣统三年(1911)任海军部军制司司长。辛亥革命期间曾受袁世凯之命赴武昌与黎元洪谈判,民国元年为高等军事参谋,海军中将,民国2年任税务处会办,后兼任总统府礼官,一说其任袁世凯英文秘书长,民国7年任关税改订委员会委员。③蔡廷干从清末起便在北京任职,以其外文与交涉专长受到自北京政府袁世凯以来历任总统的重用,此时北京政府选择派蔡氏担任中国红十字会副会长,可能与此不无关系。

蔡廷干在获得任命后,一面立即约见北京总会秘书长冯恩昆,表明打算切实整顿上海总办事处,但以"和平对待为主旨";一面致电上海沈敦和,表示由于在京公务未了,请其与常议会暂时维持现状。④ 此时北京爆发五四学生爱国运动,前后持续了1

---

① 《红十字会常议会纪事》,《申报》(上海),民国8年5月5日10版;《总会收沈副会长来电》(民国8年5月21日),南京第二历史档案馆藏,《红十字会档案》,476—3239;《红会副会长急待交替》,《申报》(上海),民国8年7月6日10版。

② 《总会冯恩昆发吕会长函》(民国8年5月1日),南京第二历史档案馆藏,《红十字会档案》,476—3239。

③ 徐有春主编,《民国人物大辞典》(石家庄,河北人民出版社,1991年),页1363;陈玉堂编,《中国近现代人物名号大辞典》(杭州,浙江人民出版社,1993年),页930。

④ 《总会冯恩昆发吕会长函》(民国8年5月1日),南京第二历史档案馆藏,《红十字会档案》,476—3239;《红十字会常议会纪事》,《申报》(上海),民国8年5月5日10版。

个多月,可能影响了蔡氏来沪接收的行程,期间虽然常议会派代表前往北京欢迎,但蔡氏仍然无法南来。最后国务院正式以公函敦促蔡廷干先派代表前往接收,总会会长吕海寰也持相同的看法。① 7月13日蔡廷干派遣的6名代表抵达上海,随即从沈敦和、江趋丹手中接收总办事处各项财产账册等,沈氏也同时宣布辞去常议会议长职务。由于这6名代表实际上是税务处、内务部、陆军部、海军部等机关的官员或职员,故可能引起常议会方面的疑虑,认为红十字会将改为官办,蔡廷干为此曾特别致电沈敦和,说明有关官办传闻"实属误会",并希望沈氏代向常议会解释、安慰。②

沈敦和借此机会向蔡廷干抱怨自6名代表接收后,会务主持无人,表示常议会对此感到焦急,希望蔡氏尽快派人负责办事,否则常议会不能负责。③ 面对上海方面的压力,蔡廷干非亲自前往解决不可。7月28日蔡氏抵达上海,30日新旧副会长举行交接,耐人寻味的是交接的双方蔡廷干、沈敦和本人都不出席,分别由唐元湛、江趋丹代表,完成交接的程序。④

虽然蔡廷干曾向上海方面表示红十字会不会改为官办,但实际上其来沪接收整顿总办事处的工作,很有可能已经得到北

　　① 《红会副会长急待交替》,《申报》(上海),民国8年7月6日10版;《中国红十字会副会长蔡廷干呈》,《政府公报》民国8年9月9日。

　　② 其中文博亭是税务处股长,邵厚夫是内务部秘书,吴励科是海军部咨议,谭其廉是海军部科员,王行甫是陆军部科员,黄友柏则是前财政部科长,《红会新副会长派员来沪接收》,《申报》(上海),民国8年7月16日11版;《中国红十字会卸事副会长沈敦和启事》,《申报》(上海),民国8年7月20日2版;《蔡廷干致沈仲礼电》,《申报》(上海),民国8年7月25日10版。

　　③ 《沈仲礼复蔡廷干电》,《申报》(上海),民国8年7月26日10版。

　　④ 《新任红十字会副会长抵沪》,《申报》(上海),民国8年7月29日11版;《红会新旧副会长之交替》,《申报》(上海),民国8年7月31日11版。

京政府的授权。① 故蔡氏在宣布就职以后,先聘请具备常议员身份,又是广东同乡的唐元湛出任总办事处理事长,声明总办事处由唐氏照过去既成模式继续运作,然后积极筹划扩充常议员名额,显然有大幅改组常议会的用意。② 而在进行整顿、改组的同时,蔡氏仍有必要争取沈敦和及其他常议员的支持,可能经过一些斡旋,在交接场合避不见面的蔡、沈二人,终于由总办事处全体职员作东,以宴请新旧副会长名义,邀请二人公开会面。席间卸任副会长沈敦和致辞,总结中国红十字会的历史与成绩,并感谢诸同事襄助的辛劳;新任副会长蔡廷干则是发表扩充红十字会的意见,并敦请沈氏"遇事维持,俾红会事业发展",最后并讨论下次常议会开会事宜。③ 此次宴会具有重要的象征意义,它代表了官派的副会长与代表常议会的议长之间达成了和解,也奠定了改组常议会的基础。

8月12日常议会召开改组后的首次会议,出席常议员34人,这次常议会是蔡廷干主导改组下的结果,除了有6人是留任常议员外,其余28人全部是新任。此次常议会中全体常议员起立赞成挽留沈敦和仍任常议会议长;而副会长蔡廷干再度宣示除了将开办学生会员外,"一切概照向章,并无更张"。在常议会后的谈话会中,常议员金邦平提议组织常议员委员会,分赈务、庶务、卫生、财政、灾赈等5组,获得通过。④ 所谓常议员委员会其实也是蔡廷干改革的腹案之一,⑤其用意似在赋予常议员更

---

① 因此在蔡廷干接收、查账告一段落后,须向北京的国务院报告,《北京电》,《申报》(上海),民国8年8月8日4版。

② 《红会扩充常议员额数》,《申报》(上海),民国8年8月5日10版;《中国红十字会副会长蔡廷干就职启事》,《申报》(上海),民国8年8月6日2版。

③ 《红会办事员公燕新旧副会长》,《申报》(上海),民国8年8月11日11版。

④ 《红十字会常议员会纪事》,《申报》(上海),民国8年8月13日10版。

⑤ 《红会扩充常议员额数》,《申报》(上海),民国8年8月5日10版。

多参与会务的职权。

蔡廷干接任副会长,对于总会原有结构影响不大,较大的改变为上海原设副会长,往后改驻北京,总办事处、常议会仍然留在上海。北京政府对此结果显然不甚满意,故亟思在法令上加强管理。次年5月陆军部会同海军、内务两部针对民国3、4年公布的中国红十字会条例及施行规则进行修订,6月3日该项修订条例及施行规则公布,最大的变更应属取消总会驻沪办事处(案即总办事处),此外规定会长、副会长任期为3年,增加常议员名额为48名,增列基金为总会资产之一,但明定非经陆军等3部核准不得动用。[①]

同时间总会在人事上有较大的变动。民国9年7月常议会议长沈敦和逝世,由杨晟继任;9月会长吕海寰辞职,北京政府指派汪大燮继任;民国10年副会长蔡廷干任命的总办事处理事长唐元湛因中风逝世,常议会立即选出庄篆继任。[②]

可能正是由于法令与人事的变迁,催化了总会内部的矛盾。从蔡廷干任副会长以后,上海方面以常议会为中心,持续保持相对独立于北京总会方面的决策权力。此时导火线亦由常议会而起。民国9年8月28日所举行的常议会由经费、常议员名额问题的讨论,进而决议修改章程。会中常议员盛竹书先提议增设常议员名额,钱新之则主张检视政府颁布的法令,王芝卿认为此问题已有明文规定,会长依法于必要时亦可增聘常议员。盛竹书提出会章(政府法令)颇多不适用,主张由常议会加以修改。此时议长杨晟提醒该法令已由政府公布,常议会是否有权修改,

---

① 《内务总长田文列、陆军总长期云鹏、海军总长萨镇冰呈》,《政府公报》,民国9年6月3日。

② 《中国红十字会二十年大事纲目》,《中国红十字会二十周年纪念册》(上海,中国红十字会总办事处,1924年),页29—33。

还须斟酌。钱新之建议先制定常议员规则，盛竹书认为会章为母，规则为子，若舍母而言子，未必有益。眼见双方僵持不下，议长杨晟建议采用折中的办法，两案同时并行，先由盛、钱两人为规则起草人，再由常议员选出数人，研究会章，此提议获得附议，盛、钱二人先推辞请由金邦平代理，议长乃推举盛、钱、金3人会同起草，获得议会赞成通过。①

此次常议会由于对政府法令的看法、立场不同而发生争论，有人主张遵守政府颁布法令，有人则主张由常议会修订该项法令。此关于守法与否争论表明原为常议会乃至总会内部组织问题，其实已经开始逐渐延伸到是否承认北京政府法统的政治立场问题了。从此，官办与民办的矛盾将愈形尖锐。

也许是想要诉诸民众团体的基层民意，来对抗来自官方的压力，由常议会主导，以常议员任期届满为由，于民国11年召开全国代表大会，把上述矛盾台面化。会长汪大燮对于这次大会持反对态度，事先通电各分会，阻止派遣代表来沪开会。汪氏更主张常议会改选后，应改设于总会所在地即北京。汪氏的意见等于是要将常议会与上海的渊源切断，明显符合北京政府一贯希望加强管理的政策，这引起了常议会的极大反感，遂决定与汪氏乃至北洋政府摊牌。

无视于北京总会的反对与可能发生的争议，6月25日全国代表大会于上海召开。当天出席各地分会代表160多处，地方政府代表及其他会员共500余人，但总会正副会长均回避出席，同时北洋政府也没有派代表前来。在全国代表大会召开的当天，常议会公开致电给汪大燮，首先表明该议会认为北洋政府于民国9年公布的条例、规则，未经常议会通过，故不受承认，而常

---

① 《红十字会开常议会纪》，《申报》（上海），民国9年8月29日10版。

议会设于上海,是经过民国元年全国统一大会决议通过,不容变更;常议会认为中国红十字会为全国人民公共慈善机关,外关国家之体面,内系国民之人格,中外注目,不容紊乱;因此常议会质问汪氏:"是否蓄意变更本会性质,推翻向来办法,不复募捐,纯以官款收回官办,应请克日明白示复,俾便布告中外,请求公论。"①

这封公电虽然表面上发给会长汪大燮,其实也是向北京政府表态。这是常议会自创立以来首次明白表示反对政府颁布法令,坚持常议会留在上海,质疑政府收回官办的用心。值得留意的是,常议会试图将此民间社团与政府之间的争议,套上国体、国民人格、全国公共慈善团体等公共议题的帽子,以诉诸舆论来对抗政府收回官办的政策。同时该议会也暗示如果收回官办,须以官款收回,停止募捐,也就是以常议员的募款能力为筹码,提醒政府收回官办所要付出的代价。

会议开始首先由常议会议长杨晟宣布议事日程,然后公推本次大会主席。众人先推杨晟为主席,杨氏固辞不就,乃改推常议员盛竹书为主席。在主席致词后,由理事长庄篆宣读总会及副会长蔡廷干来函,说明正副会长不能出席缘由。此时宁波分会代表认为正副会长均未出席,恐在法律上有疑问,提议改为恳亲会,但沪北、常州分会代表则认为此次大会经常议会决议,当然合法。主席乃将此次大会合法与否一案,进行表决,多数出席者认为合法,并决议修改章程。②

首日会议最后由常议会议长杨晟发表演说,这篇演说,等于是对北京总会与北洋政府法统的正式宣战,可说是中国红十字会重要历史文献之一。演说首先回顾清光绪年间上海万国红十

---

① 《红十字会今日开全国大会》,《申报》(上海),民国 11 年 6 月 25 日 14 版。
② 《中国红十字会全国大会纪》,《申报》(上海),民国 11 年 6 月 26 日 14 版。

字会是由绅商捐助而成,演变延续至今,故杨氏认为中国红十字会乃"公共组织之慈善团体",而非"国家组织之慈善团体"。既然如此,照杨氏的说法"自非洵谋佥同,即无可为施行之准则",换言之如果没有经过会员大众同意,任何规则皆属无效。杨氏由此谈到北洋政府在民国3、9年公布的条例和施行规则。他认为中国红十字会在民国元年统一大会所通过的章程,是"本诸公共意思所编辑者",而北洋政府公布的法律,必先经过国会通过才能生效,但民国3年时国会已经解散,民国9年虽有新国会,但该法案并未提交讨论决议,故杨氏以为北洋政府所公布的红十字会相关条例"是则不成为法律,更绝无效力之可言"。他强调中国红十字会仍当"以公共意思为根据",民国元年所通过的章程有不尽适用之处,必当由常议会参酌通例进行修正。其次杨氏又提出设立基金与征求会员两项努力的目标,并指出上海方面的募款能力远胜于北京总会,暗示上海绅商实为红十字会最重要的经济支柱。在演说的最后,杨氏揭示常议员的重要地位:"常议员为本会主体,常议会议员则为本会之骨干。"并提醒会员重视常议员的选举,以"来者得人,庶几弥去者之憾"。所谓去者之憾,显然隐指已经去世的前副会长沈敦和遭到撤换的遗憾。①

　　上海方面的强硬态度无疑使得北京总会高层感受到相当大的压力。6月27日全国代表大会第二次会议,副会长蔡廷干终于出席,并说明因其任期已满,早已向北京方面辞职,希望各会员不要误会。蔡氏随即以公务在身为由,提早退席。但蔡氏的出席与表态,等于承认了此次全国代表大会的正当性。而这天会议最重要的是讨论经常议会代表拟定的章程修正草案,虽然

---

① 《中国红十字会全国大会纪》,《申报》(上海),民国11年6月27日14版。

略有一些反对的声音，如汉口分会代表声明退席，并表示如通过与政府条例抵触的条文，不予同意，但最后大会仍在做出部分更动后，决议通过修正章程。①

与旧章程相比，这个修正章程内容处处可见其对抗北洋政府干预的苦心。如开宗明义第一条："本会依民主国社团之习惯以本会会员组织之。"根本不理会法律规定；又如虽然明定该章程须陈请政府备案，但也声明在会员大会通过后即生效；又如总办事处仍在上海，而总会则设于"中央政府所在地"，根本不提北京。② 此外厘清总会、总办事处所在地、职权。总会负责的是接洽政府与外交方面事件，总办事处负责的则是：1.战时对军事长官及战地司令官；2.平时对地方政府；3.对各商埠外交事项；4.对红十字会万国联合会交涉；5 对各分会及其他一切会务。由上可知总会工作所余有限，实际上主要的工作均由总办事处执行。关于人事部分，会长、副会长改为由常议会选举，陈请政府任命，任期一年，但得连选连任。会长改为"完全之名誉职"，驻于总会所在地。副会长增为两名，一名驻于总会，一名驻于总办事处所在地。会长副会长的职权依其所在地配合前述关于总会、总办事处的规定。此外总办事处又设理事长一名，由常议会选举之。每3年于上海举行全国会员大会。③

而最引起争议，也是最重要的部分就是关于常议会的条文。新章程明定常议会设于上海，常议员名额增为48名，由会员大会选举，任期3年，得连选连任。常议会设议长副议长，由常议员中互选。常议会的职权除了延续旧有管理财产、查核账目、拟

① 《红会全国大会修改会章再志》，《申报》（上海），民国11年6月28日13版。

② 在民国元年旧章程中，总会设于北京，此次更动是否表示上海方面特别是常议会对于北洋政府法统的质疑，颇为耐人寻味。

③ 《中国红十字会修正章程》（民国11年6月25日会员大会修正），《九十纪要》（台北，台湾红十字会组织，1994年），页29—33。

定细则外,更可选举会长、副会长、理事长,审核议决会员入会资格及其除名事项,审查许可分会的成立。常议会认为有必要时得开临时会员大会。战时常议会得以延长任期,且可改组临时议会,增选临时议员。①

6月29日全国代表大会第3次会议,进行常议员选举,在完成投票程序后结束了此次大会的议程。② 由于参与这次选举全部有效票数为597票,而各地分会代表仅有165人,可知会员尤其是上海地区的会员极可能握有多数的优势,而选举的结果充分的显示了这种优势。7月初开票完毕,共选出常议员48人,候补常议员13人,值得注意的是原会长汪大燮竟因得票较低,被选为候补常议员,原副会长蔡廷干也仅在当选常议员中排行第8,其余常议员大多为上海地区绅商或地方官吏。③ 7月7日新当选常议员召开第一次会议,会中选出王一亭为常议会议长,盛竹书为副议长。7月8日第二次会议又选出汪大燮为会长,蔡廷干为驻京副会长、杨晟为驻沪副会长。8月17日北洋政府承认这项选举结果,宣布了正副会长的人事任命。④

此次全国代表大会可说是上海常议会也就是上海绅商大获全胜,不但通过了修正章程,确保了常议会成为中国红十字会的权力核心,原由政府任命的会长成为名誉职,且改由常议会选举产生。增设驻沪副会长,等于排除了驻京副会长对上海总办事处的支配权。而新选出的常议会,更充分反映了上海色彩。最

---

① 《红会全国大会修改会章》,《申报》(上海),民国11年6月27日13版;《中国红十字会修正章程》(民国11年6月25日会员大会修正),《九十纪要》,页29—33。

② 《红会开大会续纪》,《申报》(上海),民国11年6月30日14版。

③ 《红会开大会续纪》,《申报》(上海),民国11年6月30日14版;《红十字会选举常议会议员揭晓》,《申报》(上海),民国11年7月4日15版。

④ 《中国红十字会二十年大事纲目》,《中国红十字会二十周年纪念册》,页37—38。

后由常议会选出的正副会长,北洋政府也只有被动的予以承认。在这整个过程中,政府过去公布的法律等于完全失去作用,上海常议会的主张获得贯彻,从前述沈敦和以后希望坚持民办的立场,终于获胜,北洋政府致力于官办的企图则遭到失败。

因此在往后的北洋政府统治期间,乃至国民政府统治初期,中国红十字会始终保持民间社团的地位,部分上海绅商主导的常议会也始终维持领导的地位。民国 13 年由于正副会长任期已满,常议会乃于 3 月 23 日开会,改选颜惠庆为会长,蔡廷干、杨晟仍为副会长,4 月 29 日北洋政府援例照准。[①] 同时间应举行的全国代表大会却并未举行,故常议会也并未改选。颜惠庆的获选,一说与其外交资历有关,但其上海的出身背景可能也是原因之一,不论如何,由于会长一职已经改为名誉职,实际上颜惠庆对于会务参与相当有限。[②] 虽然民国 17 年改选时,颜惠庆获得连任,使其任期一直持续到民国 23 年总会改组以前,但在这段期间当中,由部分上海绅商组成的常议会始终是中国红十字会的权力核心,民国成立以后关于红十字会官办或民办的争论,也暂时告一段落。

第三节　会务的开展

中国红十字会在民国元年正式成立前后,由于种种因素的缘故,导致总会的组织产生极为特殊的现象,这种现象本书称之

---

① 《红十字会改选正副会长》,《申报》(上海),民国 13 年 4 月 17 日 14 版;《中国红十字会二十年大事纲目》,《中国红十字会二十周年纪念册》,页 52。

② 由目前翻译出版的颜惠庆日记可以发现,颜氏除了偶尔阅看上海总办事处寄来的会务报告外,并未积极的参与决策,参见《颜惠庆日记》第二卷,页 105—789;按这部分日记涵括了颜惠庆会长任期,从民国 13 年到 23 年,其中缺民国 16、21 年份。

为二元结构。所谓二元结构指的是红十字会内部组织南北分立,北京的总会与上海的总办事处、常议会之间长期处于紧张关系。观察这种分立的现象,以及在此关系下运作的模式,一方面可以了解政府与民间争夺社团领导权的角力过程;另一方面也可以有助于说明世界普设的红十字会,如何适应中国特殊的文化、政治乃至社会背景,突破传统慈善团体的区域局限,最后发展成为中国第一个常设性质的全国慈善团体。

民国以后,总会所在地设在首都北京,另在上海设立总办事处。会长于总会办公,副会长则于总办事处办公。此外上海又有常议会,由若干名常议员组成,设有议长。从此直到国民政府成立以前,总会组织长期分立于北京、上海。在北京的总会主要负责与政府协商,会长则作为中国红十字会正式对外的领袖,不过此种领袖地位多半象征的成分居多。在上海的总办事处,则主要是各项会务与相关活动的实际执行者,也是大部分捐款的去处。此种组织结构使得中国红十字会与任何其他社团组织有很大的分别,它既非由会长领导的首长制,亦非纯粹民主的社团。极为特殊的是,往往副会长,尤其是在上海的副会长,才是总会推动会务的中心,但有时也有例外的情况。此外常议会则是平时总会最高权力机构。本节希望从各项人事的分析入手,进而了解此二元结构的实质,而在此特殊的二元结构下,中国红十字会的各项会务又如何推动?

一、人事变迁

从民国元年到民国16年,中国红十字会共经历了3任会长。首任会长吕海寰,任期从民国元年至9年。吕海寰字镜如,山东掖县人,清举人出身。曾任驻德公使、工部尚书、外务部尚书、会办税务大臣、督办津浦铁路大臣。吕氏曾在上海与各国代表谈判商约，日俄战争期间也曾与闻上海万国红十字会各项工作，其后积极联合盛宣怀奏请清廷设立红十字会。在清亡前夕，吕氏被任命为红十字会会长。原本吕氏寄望可以获得沈敦和的合作，但不料沈氏无意俯首听命，以至于必须经过民国元年京沪双方谈判，才能实现中国红十字会内部表面上的统一。而根据双方谈判的结果，使得会长、副会长分别管理北京总会与上海总办事处。而这种二元领导的形式往后延续了很长的时间，产生了深远的影响。吕氏对于红十字会的看法是红十字会应服从政府的指挥，任何行动须征求政府部门的认可，而其对发展分会的态度也较为消极。吕氏在任期间虽有北京政府两次颁布法律，企图钳制上海总办事处的权力，但可能出于经济或主观意愿，他却仍不能或无法提高会长在会内的权威，最后吕氏因年老向北京政府辞职。

第二任会长汪大燮，任期自民国9年至13年。汪大燮字伯唐，浙江钱塘人，清举人出身。清末曾任驻日学生监督、驻英公使、外务部右侍郎、考察宪政大臣、邮传部左侍郎、驻日公使，民国以后曾任北京政府教育总长、平政院院长、参政院副院长、交通总长、外交总长、外交委员会委员长、财政总长、国务总理等要职。汪大燮出任总会会长，是直接由北京政府任命，事先并未经过上海的常议会选举，故使得汪氏与常议会之间在一开始的关系便有些尴尬。再加上汪氏反对常议会决定在民国11年召开全国代表大会，使得他在此次大会的常议员选举中，仅被选为候补，处境难堪。而新选出的常议会虽然仍选出汪氏为会长，但借着修正章程在大会的通过，使会长的地位和权力大为削弱，从此中国红十字会的权力核心转为常议会，可能正是由于不受常议会欢迎，汪氏也成为中国红十字会任期最短的会长。

第三任会长颜惠庆，任期自民国13年至23年。颜惠庆字骏人，上海人，上海同文馆毕业，美国维吉尼亚州立大学毕业。
清末曾任外务部参议、游美学务处总办、外务部左丞，民国以后
曾任北京政府外交部次长、驻德兼驻丹麦瑞典公使、外交总长、
国务总理等要职。颜惠庆是由常议会直接推选出任，其上海出
身及其外交背景，可能是其获选的原因。颜氏对于中国红十字
会的会务似采无为而治的态度，他也不像前任汪大燮般与常议
会为难，故颜氏任期可以一直延续到民国23年全国代表大会改
选为止。

　　综观本时期内3任会长，其共同处是都担任过驻外使节，具
有外交经验，与北京政府渊源深厚。而他们与一般社团领袖最
大的不同，在于缺乏名实相符的权力，虽然有北京政府的支持，
但他们对会务的支配，大多仅限于北京总会相关工作而已。

　　其次在副会长部分，本时期内有3位副会长。首任副会长
是沈敦和，任期自民国元年至民国8年。沈氏为宁波人，出身自
茶商家庭，曾留学英、美，曾协助张之洞、刘坤一办理交涉、练兵
各项洋务，曾被视为"江南第一红道台"，日俄战争期间又曾因盛
宣怀的举荐，出任沪宁铁路总办。[①] 而沈氏生涯最重要的转折，
莫过于在日俄战争期间筹办上海万国红十字会，当时由于官方
须保持中立，不便出面，沈氏以其交涉经验、外文特长与商人家
世等个人背景，脱颖而出，在其间扮演了关键的角色。

　　在上海万国红十字会工作告一段落后，沈敦和又因缘际会
参与上海防疫的工作，由此对医疗卫生产生了兴趣，在英、法租
界分别筹办医院。同时沈氏开始在培养医疗人才方面下功夫，
宣统二年在筹办红十字会总医院同时，又开办红十字会医学堂。
武昌起义后沈氏积极筹划，与外人合办红十字会，派遣救护队前

---

　　① 《寄江宁魏午帅端午帅》（光绪三十年五月十五日），《愚斋存稿》，卷97，页38。

往武汉、南京各地。民国成立后,由吕海寰为首的北京红十字会,与沈敦和为首的上海红十字会,逐渐开始争夺领导权。沈氏有部分上海绅商的支持,吕氏则获得北京政府与国际红十字委员会的承认,双方在经过协商后,完成合并统一,中国红十字会于焉诞生。根据协议,沈敦和出任副会长,此外在全国大会通过的中国红十字会章程中,规定设立常议会,沈氏同时也担任常议会议长。沈敦和具备副会长、常议会议长的双重身份,率领总办事处继续在上海管理会务,北京总会实际上无可奈何,甚至在需要经费时还要向总办事处求援。这种情况一直维持到民国8年北京政府径自宣布蔡廷干为副会长,虽然沈氏仍保有议长的职位,但这对沈氏个人而言是极大的难堪,次年沈氏病死。

沈敦和是缔造中国红十字会初期京(北京总会)、沪(上海总办事处)对立、正副会长各司其职这种二元结构的关键人物,也是红十字运动在中国推展的开创者。他凭借个人能力、声望、人脉,凝聚海内外民间资源,奠定了中国红十字会的基础。

第2位副会长是蔡廷干,任期从民国8年到17年。蔡廷干,广东香山人,早年参加幼童留美行列,回国后成为清海军军官。曾参与甲午战争,曾任海军部军制司司长,辛亥革命时曾受袁世凯之命赴武昌与黎元洪谈判,民国以后曾任政府税务处会办、总统府礼官,输入关税改订委员会委员长、税务处督办、外交总长等要职。蔡廷干以其交涉特长,深受历任北京当局重用,或许这导致民国8年北京政府会任命他为中国红十字会副会长。蔡氏就任后,虽有官方的支持,但他也不得不向常议会示好,表示红十字会绝不收回官办。蔡氏有意推动若干改革,如改组常议会、加收学生会员、与美国红十字会加强合作等,最后常议会虽然由他经手改组,学生会员也如愿加收,但与美国红十字会合作案则遭到他改组的常议会反对,使得他所推动的改革功败垂成。①

第 3 位副会长是杨晟,任期是民国 11 年至 17 年,杨晟,字少川,广东东莞人。北京同文馆毕业,德国莱比锡大学硕士。清末曾任京师大学堂德文正教习、工部郎中、驻奥地利公使、驻德公使、南洋交涉使,民国以后曾任山东巡警道、山东省内务司司长、北京政府外交部特派江苏交涉员、沪海道尹,民国 4 年从公职卸任后,曾组织国货维持会、工商业讨论会,出任会长,民国 10 年北京政府再派其为考察南洋华侨专使,晚年杨氏为上海广东同乡会会长。杨晟是蔡廷干于民国 8 年改组常议会时新聘的常议员,民国 9 年常议会议长沈敦和病死,常议会选举杨晟继任。民国 11 年全国代表大会时,杨晟发表演说,质疑北京政府命令无效,坚持红十字会当以公意为根据,强调常议会的地位。杨氏的立场受到此次大会的肯定,稍后以第二高票获选为常议员,在新任常议会中杨氏又获选为驻沪副会长。② 同年杨氏以副会长身份代表中国红十字会出席在曼谷举行的国际红十字会议。杨晟在红十字会崭露头角,可能与部分常议会希望借以制衡蔡廷干与北京政府的压力有关,特别是他在全国代表大会的演说,直接否定了北京政府的权威,有助于确定中国红十字会继续维持京沪分立的二元结构。

二、常议会的改组

在沈敦和与其上海红十字会主导下,民国元年在上海召开

────────────

① Karen Lynn Brewer, From Philanthropy to Reform: The American Red Cross in China, 1906—1930. (Case Western Reserve University P. H. D. Dissertation, 1983), 页 308—309,332.

② 另一名驻京副会长即蔡廷干。

的全国代表大会中选出 30 名常议员,但由于当时北京总会与上海红十字会正在谈判合并统一,故这份常议员名单,至少有三度做出局部修正,充分反映妥协的色彩。① 总计前后曾获聘为常议员者共有 38 人(参见表 1—1),其中何守仁、何亮标、刘崇惠、徐华清、林志道等 5 人可能是北京总会属意人选,②金世和为湖北官吏,可能是作为副总统黎元洪的代表,其余几乎全部常议员都是以上海为活动中心的社会各界精英为主。

在全部 38 人中,共查得 29 人资料,在籍贯方面江苏省(含上海)有 13 人,浙江省有 7 人,广东省有 5 人,安徽 2 人,河北 1 人,江西 1 人,可知江、浙两省占了将近 7 成。在学历方面,目前资料有限,但曾有留学或受新式教育者,已知仅有 7 人,有清功名者有 3 人,不少商人可能仍是学徒出身。在职业方面则呈现多元化,具备商人身份的共有 18 人,其中在金融业如钱庄、票号、银行者有 4 人,身为买办者至少有 4 人;具备交通事业如铁路、电报等任职身份或经历者有 5 人;在文化界,当时上海主要中文报纸如《申报》《时报》《新闻报》等的负责人或主笔也囊括其中,此外还有商务印书馆总经理夏瑞芳;曾有任官经验的有 6 人,其中施肇曾、钟文耀曾任驻外领事;具备医学背景的有 2 人;

---

① 9 月 29 日全国代表大会选出常议员据报载最初只有 30 人,10 月中旬第一次常议会开会,公布名单却增至 34 名,而在民国 2 年《中国红十字会杂志》上公布的名单变为 37 名,最后在档案数据中保存的名单仍为 34 名,首次 30 人名单目前不完整,其后 3 次名单调整,在部分人选有所出入,至于出入的原因猜想一方面是加入北京总会属意人选,另一方面有可能是少数被选者无意出任,《红十字会开会纪》,《申报》(上海),民国元年 9 月 30 日 7 版;《中国红十字会第一次会员大会记》,《中国红十字会历史资料选编(1904—1949)》,页 257;《红十字会常议会名单》,时间不详,南京第二历史档案馆藏,《红十字会档案》,476—3170。

② 在吕海寰个人函电资料中,这 5 人与其有密切的联系,其中何亮标为北京总会驻武汉代表,何守仁、徐华清属于北洋军医系统,刘崇惠在山东筹办分会。参见《吕海寰往来函电稿》。

律师有 1 人。在年龄方面,50 岁以下者有 17 人。

表 1—1　　　　　　　　民国元年常议员表

姓　名	籍　贯	年龄	学　　历	职　业　经　历	备注
施则敬	江苏吴江			震昌丝号股东、中国通商银行总董、丝业公所总董	*
洪毓麟					*
朱佩珍	浙江定海	64	学徒	慎裕号、英商平和洋行买办、上海总商会会长	*
席裕福	江苏清浦	46		申报总经理	
唐元湛	广东香山	50	清幼童留美	电报局上海分局总办	*
汪汉溪	安徽婺源	38	清秀才	新闻报总经理	*
陈作霖	江西清江	72		天顺祥票号、宝善斋、南洋官书局股东,江西会馆董事	*
狄楚青	江苏溧阳	39	清举人	时报创办人	*
钟文耀	广东香山	53	美国耶鲁大学肄业	驻小吕宋总领事、沪宁铁路总办	
张蕴和	上海	40		申报副总主笔	*
周晋镳	浙江慈溪	61		电报局总办、华兴保险公司、大有榨油厂、宁波通久源纱厂股东、上海总商会会长	*
童　熙					*
李厚佑	浙江镇海	46		奉锦天一垦务公司股东	*
金世和	江苏江宁	40		曾任粤汉铁路总局提调、宜昌知府、湖北都督府秘书	*
蒋　辉	江苏江莆	44		镒昌颜料号店主	*
何守仁	广东东莞	45	天津医学堂毕业	陆军部咨议	*

续表

姓 名	籍 贯	年龄	学 历	职 业 经 历	备注
哈少甫	南京	55		回族,幼习儒业,青年经商,曾任清真董事会、回教学会、中国回教公会、进德会、尚贤堂等团体	
	董事	*			
何亮标					*
谢纶辉	浙江余姚	63		承裕钱庄经理	*
丁 榕	浙江山阴	32	英国林肯法学院硕士	律师	*
施肇曾	浙江杭县	46		清知县、江西道员、驻纽约领事、湖北汉阳铁厂提调、沪宁铁路总办兼招商局董事、沪杭甬铁路总办、京汉铁路南段会办	*
郁怀智	上海	60		屏记洋布号店主、老公茂洋行买办	*
叶韶奎	江苏吴县	46		龙华制革厂股东、振华纱厂董事、日商横滨正金银行买办	*
刘崇惠	河北大兴	39	北京同文馆俄文科毕业	曾任山东劝业道	
桂运熙					*
徐华清	广东长乐	55	天津医学堂毕业	北洋军医学堂总办	*
袁嘉熙					*
贝仁元	江苏吴县	40	学徒	瑞康颜料号、谦和公司股东兼经理	
叶德鑫					*
邵廷松	江苏长洲	46		大丰洋布号店主	
贝致祥					*
夏瑞芳	江苏青浦	41	商务印书馆总经理		
王 勋	广东东莞	40	香港皇仁学院毕业	沪宁铁路局局长	*

续表

姓　名	籍　贯	年龄	学　　历	职　业　经　历	备注
林志道					＊
朱礼琦					＊
余芝芹	安徽徽州	65	学徒	万昌、协昌、晋元当铺店主	＊
洪肇基	浙江定海	52		华安保险公司股东	＊
江趋丹	上海				＊

备　注：有＊号者为民国元年10月17日首次常议会开会名单。

资料来源：日本外务省情报部编，《现代中华民国满洲帝国人名鉴》(东京，东亚同文会，1937)；陈玉堂编著，《中国近现代人物名号大辞典》(杭州，浙江古籍出版社，1993)；徐有春编，《民国人物大辞典》(石家庄，河北人民出版社，1991)；《上海工商人名录》(上海，中国征信所，1936)；《东北人物大辞典》(沈阳，辽宁人民出版社，1992)；王桧林、朱汉国主编，《中国报刊辞典(1815—1949)》(太原，书海出版社，1992)；徐鼎新、钱小明著，《上海总商会研究》；《旧上海的外商与买办》，《上海文史资料》56辑；《红十字会之公电》，《申报》(上海)，民国元年10月18日6版；《中国红十字会第一次会员大会记》，《中国红十字会历史资料选编(1904—1949)》，页257；《红十字会常议会名单》，时间不详，南京第二历史档案馆藏《红十字会档案》，476—3170。

　　由上述分析可知这批常议员主要是以上海地区江、浙商人为主，兼容各领域精英分子，除了部分人选可能是考虑作为北京总会代表外，其余主要可能以其专业背景与红十字会工作关连作为考量重点。例如商人有利于募款，金融业者有利于各种形式货币捐款的汇兑，报纸有利于对外宣传，有驻外经验者有助于向海外募款，交通事业有助于在出发外地救援时，提供各种交通便利，医师有助于诸如医疗卫生、战地救护等工作的推展，而律师则可有助于保障法律上的权益。

　　民国8年新任副会长蔡廷干上任后，积极筹划改组常议会，经其在上海多方接触，①终于组成新的常议会。在这届常议会中仅有 6 人留任，其余全是新聘。在全部 34 人中(参见表 1—2)，共可查得 28 人资料，在籍贯方面，浙江有 12 人，江苏(含上海)有 4 人，广东有 6 人，此外安徽、湖南、福建各 1 人。在学历方面所知依然有限，曾有留学或受新式教育者至少有 11 人，②其中胡宣明有博士学位，杨晟、邝富灼、牛惠霖有硕士学位，有清功名者有 5 人，整体看来教育程度可能较前为高。在职业经历方面，具备商人身份的有 12 人，其中有银行背景的 7 人，有买办身份的有 7 人；有任官经历的有 5 位；有交通事业背景的有 4 位；有医学背景的有 5 人；有报业背景的 1 人。在年龄方面，50岁以下的有 13 位。

此次改组很显著的特征是商人的比例降低，尤其是江苏籍商人，具医学背景者数量也有所增加，整体的教育程度有提高的迹象。此外部分常议员具有担任其他社团干部的经历，如上海青年会、环球中国学生会、上海总商会、全国报馆俱进会等。

表 1—2　　　　　　　　民国 8 年常议员表

姓　名	籍　贯	年龄	学　　历	职　业　经　历	备注
杨　晟	广东东莞	52	德国莱比锡大学硕士	曾任驻奥地利、德国公使、山东巡警道、外交部江苏交涉员、沪海道尹、国货维持会长	
宋汉章	浙江余姚	47	上海中西书院	中国银行上海分行经理	

① 《红会扩充常议员额数》，《申报》(上海)，民国 8 年 8 月 5 日 10 版。
② 其中唐乃安、徐生棠为医生，虽尚不知其详细学历，但应可列入新式教育部分。

姓 名	籍 贯	年龄	学 历	职 业 经 历	备注
傅筱庵	浙江镇海	47	私塾、夜校	华兴保险公司总经理、祥源五金号总经理、美商美兴洋行及英商长利洋行买办	
朱佩珍	浙江定海	71	学徒	慎裕号、英商平和洋行买办、上海总商会会长	*
王一亭	浙江吴兴	52	学徒、广方言馆习外文	天余号经理、日清汽船株式会社分社买办、上海总商会协理、世界佛教居士林林长、中国商业储蓄银行董事长	
钟文耀	广东香山	60	美国耶鲁大学肄业	驻小吕宋总领事、沪宁铁路总办	*
盛竹书	浙江镇海			曾任汉口浙江兴业银行分行经理、汉口商务总会协理	
姚 煜	浙江海宁	51	北京国子监毕业	江海关监督	
倪远甫	江苏丹徒	59		盐业银行股东	
郑观应	广东香山	77	私塾、学徒	英商宝顺、泰古洋行买办、上海机器织布局、上海电报局、轮船招商局、粤汉铁路等处总办	
周晋镳	浙江慈溪	68		电报局总办、华兴保险公司、大有榨油厂、宁波通久源纱厂股东、上海总商会会长、沪海道尹	*
刘燕翼	浙江仁和	47	清进士	曾任上海道、总统府内史、上大夫	

续表

姓　名	籍　贯	年龄	学　　历	职　业　经　历	备注
谢蘅窗	浙江鄞县	36		裕昌煤号店主、顺昌商轮公司股东	
金邦平	安徽黟县	40	清进士	曾任农商总长	
袁嘉熙					*
朱少屏	上海	38	南洋公学毕业	曾任上海民于报发行人、大陆报董事、临时政府总统府秘书、全国报馆俱进会会长、环球中国学生会总干事	
哈少甫	南京	63		回族,幼习儒业,青年经商,曾任清真董事会、回教学会、中国回教公会、进德会、尚贤堂等团体董事	*
沈鼎臣	江苏江都				
劳敬修	广东鹤山	57		英商莱斯洋行买办、广东银行总经理先施公司董事	
袁思亮	湖南湘潭	38	清举人	曾任国务院秘书、印铸局局长	
江趋丹	上海				*
唐乃安					
侯逸如					
曹锡赓					
邝富灼	广东新宁	50	美国哥伦比亚大学上海硕士	曾任中国公学教务长、上海青年会会长、商务印书馆编译所英文部主编	
胡宣明	福建漳州	32	美国约翰霍普金斯大学医学博士	卫生教育会议助理秘书	

续表

姓　名	籍　贯	年龄	学　　历	职　业　经　历	备注
刘武荪					
徐生棠	浙江鄞县				
姚虞琴	浙江杭县	58		上海中国画院画师	
谭海秋	广东开平	39		上海营业公司总经理、汇丰银行经理、广东银行行长	
牛惠霖	上海	31	剑桥大学医学硕士	上海中国红十字会总医生及名誉外科医生、仁济医院医生、圣约翰大学医科教授	
李铭	浙江绍兴	32	日本山口商业学校毕业	浙江省实业银行上海分行经理	
毛经畴	上海	37	秀才	上海南市区救火联合会副会长	
黄泽卿					

备　　注：有＊号者为上届留任常议员。

资料来源：Who's Who in China Volume3；日本外务省情报部编，《现代中华民国满洲帝国人名鉴》；陈玉堂编着，《中国近现代人物名号大辞典》；徐有春编，《民国人物大辞典》；《上海工商人名录》。

　　民国 11 年召开全国代表大会，选出常议员 48 人，候补常议员 13 人，共计 61 人，其中仅有 11 人是上次蔡廷干新聘，有 6 人原本是民国元年常议员，再次回锅当选，可见此次人事改组幅度之大。在全部 61 人中，可查得 40 人资料（参见表 1—3），在籍贯方面，江苏 16 人，浙江 15 人，广东 8 人，安徽 2 人，湖南、湖北各 1 人。在学历方面，有 15 人曾留学或受新式教育，其中博士有刁信德，硕士有杨晟、余日章、丁榕、穆藕初、牛惠霖等；有清功名者 5 人。在职业经历方面,商人有 23 名,其中与银行、钱庄业有关者有 12 人,买办 6 人;有任官经历者 11 人,绝大部分都以上海为中心,如刘燕翼在清末曾任上海道,杨晟、周晋镳、沈宝昌曾任沪海道尹,许秋飘曾任外交部江苏交涉员兼浚浦局长,姚煜是江海关监督,任传榜、钟文耀曾任沪宁沪杭甬铁路局长;具备医学背景者有王培元、唐乃安、牛惠霖、俞凤宾、刁信德、萧智吉等 6 人;律师有丁榕、张骧英;时报、新闻报负责人汪汉溪、狄楚青再度入选。在年龄方面,50 岁以下有 21 人,51—60 岁有 9 人。

表 1—3　　　　　　　　**民国 11 年常议员名单**

姓　名	籍　贯	年龄	学　　历	职　业　经　历	备注
庄　箓	江苏武进	53		上海商业储蓄银行、中国旅行社、中国第一信用保险公司董事长	
杨　晟	广东东莞	55	德国莱比锡大学硕士	曾任驻奥地利、德国公使、山东巡警道、外交部江苏交涉员、沪海道尹、国货维持会会长	
王一亭	浙江吴兴	55	学徒、广方言馆习外文	天余号经理、日清汽船株式会社分社买办、上海总商会协理、世界佛教居士林林长、中国商业储蓄银行董事长	
朱佩珍	浙江定海	74	学徒	慎裕号、英商平和洋行买办、上海总商会会长	
盛竹书	浙江镇海			曾任汉口浙江兴业银行分行经理、汉口商务总会协理	

续表

姓　名	籍　贯	年龄	学　　历	职　业　经　历	备注
宋汉章	浙江余姚	50	上海中西书院	中国银行上海分行经理	
余日章	湖北蒲圻	40	美国哈佛大学硕士	湖北交涉员兼黎元洪英文秘书、中国基督教青年会秘书长、华盛顿会议代表	
蔡廷干	广东香山	61	清幼童留美中学毕业、大沽水雷学堂	海军部军制司长、海军中将、税务处会办、总统府礼官、输入关税委员会委员长	
劳敬修	广东鹤山	60		英商莱斯洋行买办、广东银行总经理先施公司董事	
贝仁元	江苏吴县	50	学徒	瑞康颜料号、谦和公司股东兼经理	
许秋飙	江苏丹徒	48	金陵大学毕业	浙江、山西、江苏等省洋务局提调、河南交涉局长、外交部江苏交涉员兼浚浦局长	
陈光甫	江苏镇江	41	美国宾州大学商学士	上海商业储蓄银行总经理	
王培元	上海	36	北洋医学堂毕业	民强医院院长、中国红十字会总医院医师	
江趋丹	上海				
任传榜	江苏吴江	44	美国伊利诺大学商学士	京绥铁路局长、沪宁沪杭甬铁路局长	
丁　榕	浙江山阴	42	英国林肯法学院硕士	律师	
顾履桂	上海	53		申大面粉公司总经理、上海杂粮交易所理事长	
袁嘉熙					
朱　煜					
汪汉溪	安徽	48	清秀才	新闻报总经理	

姓 名	籍 贯	年龄	学 历	职 业 经 历	备注
沈联芳	浙江吴兴	52	私塾、学徒	振纶洽记缫丝厂经理、恒丰丝号、缫丝厂店主中国丝业银行董事长、上海总商会副会长	
唐乃安					
金邦平	安徽黟县	43	清进士	曾任农商总长	
张骥英	广东宝安			律师	
哈少甫	南京	66		回族,幼习儒业,青年经商,曾任清真董事会、回教学会、中国回教公会、进德会、尚贤堂等团体董事	
穆藕初	上海	46	美国得克萨斯农工专校硕士	德大纱厂经理、厚生纱厂总经理、上海华商纱布交易所理事长	
李敏斋					
沈鼎臣	江苏江都				
沈宝昌	浙江绍兴	44	清举人、日本明治大学毕业	曾任检察官、上海县知事、沪海道	
钟文耀	广东香山	63	美国耶鲁大学肄业	驻小吕宋总领事、沪宁铁路总办、沪宁沪杭甬铁路局长、财政部参事	
傅筱庵	浙江镇海	50	私塾、夜校	华兴保险公司总经理、祥源五金号总经理、美商美兴洋行及英商长利洋行买办	
姚 煜	浙江海宁	54	北京国子监毕业	江海关监督	
刘燕翼	浙江仁和	50	清进士	曾任上海道、总统府内史、上大夫	
蒋 辉	江苏江莆	54		镒昌颜料号店主	

姓 名	籍 贯	年龄	学 历	职 业 经 历	备注
荣宗敬	江苏无锡	49	私塾、学徒	茂新、福新、申新总公司总经理	
狄楚青	江苏溧阳	49	清举人	时报创办人	
郭亮甫	广东潮阳	31		鸿祥裕记钱庄、鸿胜福记钱庄股东	
倪远甫					
杨叔英					
李 铭	浙江绍兴	35	日本山口商业学校毕业	浙江省实业银行上海分行经理	
姚虞琴	浙江杭县	61		上海中国画院画师	
周晋镳	浙江慈溪	71		电报局总办、华兴保险公司、大有榨油厂、宁波通久源纱厂股东、上海总商会会长、沪海道尹	
牛惠霖	上海	34	英国剑桥大学医学硕士	上海中国红十字会总医生及名誉外科医生、仁济医院医生、圣约翰大学医科教授	
邵子愉					
叶韶奎	江苏吴县	56		龙华制革厂股东、振华纱厂董事、日商横滨正金银行买办	
蔡倪培					
俞凤宾	江苏太仓	38	上海圣约翰大学医学博士	中华医学会发起人	
聂其杰	湖南衡山	42	清秀才	恒丰纺织新局总理、大华纱厂总经理兼董事长、上海总商会会长	
刁信德	广东兴宁	39	美国宾夕凡尼亚大学医学博士	上海同仁医院主任医师	*
萧智吉					*

续表

姓　名	籍　贯	年龄	学　　历	职　业　经　历	备注
张天锡					*
王芝卿					*
邓愚山					*
简照南	广东南海	52	学徒	南洋兄弟烟草公司总经理、上海东亚银行董事	*
鲍康宁					*
汪大燮	浙江钱塘	63	清举人	驻英、驻日公使、教育总长、平政院院长、交通部长、外交总长、财政总长、国务总理	*
赵芹波					*
于近农					*
余伯平					*
唐沛然					*
虞洽卿	浙江镇海	55	私塾、学徒	德商鲁麟洋行、华俄道胜银行、荷兰银行买办、宁绍、三北轮船公司总经理、上海证券物品交易所理事长、全国工商协会会长	*

备　注:有 * 号者为候补常议员。

资料来源:《中国近代名人图鉴》,1925 年上海初版,台北,天一出版社,1977;日本外务省情报部编,《现代中华民国满洲帝国人名鉴》;陈玉堂编著,《中国近现代人物名号大辞典》;徐有春编,《民国人物大辞典》;《上海工商人名录》。

　　这次常议会的改组,再度反映以上海为中心的特色,除了正副会长汪大燮、蔡廷干外,其他已知的常议员都是来自当时以上海为活动重心的各行各业的人士,其中自然江、浙商人仍是主干,特别是前次衰减的江苏籍商人也卷土重来。官吏仍占相当分量,但以当时或曾在上海担任公职者为主。而专业人士如医师、律师,新闻媒体负责人也都有当选。此外较前不同的是有分会代表获选,如张天锡、于近农,这或许是为了争取分会对常议会的向心力所致。[①]

如果综合归纳前述常议会人事的变迁,可以发现代表中国红十字会决策中心的常议会,基本上是以上海地方精英为主的团体,籍贯集中在江苏、浙江、广东等3省,其事业、住家也大多以上海为主。而常议员虽以商人最多,但官吏、医师也占相当比例。出任常议员者往往也是其他社团的领导者,如上海总商会自清末至民国共有11位会长,其中有9位曾经出任常议员。在这样的常议员结构下,不难理解何以常议会经常与北京总会唱反调,反对北京政府加强管理的政策,而蔡廷干改组常议会的结果,仍然不能有助于增强他对常议会的影响力,使得他对常议会啧有怨言。也正是这样的常议会结构,使得北京政府虽然直接任命正副会长,也无法改变中国红十字会内部京沪对立的现象。

三、会务的推展

中国红十字会在组织上大致可分为北京的总会与上海的总办事处、常议会,其中北京总会与上海总办事处分别执行推动会务,北京总会负责的主要有:1.北京政府的联系;2.与国际红十字委员会的交往。上海总办事处负责的则是:1.会员的征募;2.分会的管理;3.募款与宣传;4.医疗人才的培育;5.国际会议的参与。

---

① 《红会开大会续纪》,《申报》(上海),民国11年6月30日14版。

（一）北京总会的职责

辛亥革命时期北京总会便因工作需要，经常与清政府交涉，其中如红十字标记的认可，通行证、电报、铁路、轮船等免费凭证的请领等。为了使红十字标记得以在清军辖区获得保护，预备使用的红十字旗帜与袖章，需要盖用陆军部的关防，[①]北京总会派往战地人员需要颁发通行证，[②]因交通需要取得各项电报、铁路、轮船的免费凭证，[③]凡此都由北京总会向清政府请领，此种联系方式在民国以后的北京政府时期延续下来。[④]此外民国以后，对于部分热心募捐的绅商，经上海总办事处转呈，由总会向北京政府请求颁发勋章以资奖励。[⑤]

其次由于从民国元年在华盛顿举行的第九次国际红十字大会中，国际红十字委员会认同北京总会具有中国会籍的代表权，因此，往后北京总会便与国际红十字委员会持续保持联系。例如国际红十字委员会不时与北京总会交换各种资讯如通告、[⑥]

---

①《总会发陆军部军医司函》（宣统三年九月二十二日），南京第二历史档案馆藏，《红十字会档案》，476—3271。

②《总会发军谘府、陆军部咨文》（宣统三年九月十二日），南京第二历史档案馆藏，《红十字会档案》，476—3225。

③当时称为免票，《总会发邮传部咨文》（宣统三年九月十四日），南京第二历史档案馆藏《红十字会档案》，476—3225。

④凡是红十字会所需各种免费凭证都是由北京总会向北京政府申请，以民国7—8年为例，参见《总会发交通部函》（民国7年11月30日），南京第二历史档案馆藏，《红十字会档案》，476—3226；《总会发上海江趋丹函》（民国7年12月15日），南京第二历史档案馆藏，《红十字会档案》，476—3226；《总会收沈副会长函》（民国8年3月20日），南京第二历史档案馆藏，《红十字会档案》，476—3228。

⑤例如民国8年林义顺、陈嘉庚、林文庆等侨胞捐助京直水灾在一万元以上，经上海总办事处转呈，由北京总会向北京政府申请颁发勋章，最后三人奉颁三等嘉禾章，《总会发直隶督军函》（民国7年12月5日），南京第二历史档案馆藏，《红十字会档案》，476—3236；《总会发沈副会长函》（民国8年2月19日），南京第二历史档案馆藏，《红十字会档案》，476—3239。

⑥《照译万国红十字会致中国中央总会会长会员第190号通知书》（民国9年），南京第二历史档案馆藏，《红十字会档案》，476—2196。

问卷调查,[①]或者各国红十字会的动态等,或者请求北京总会代为寻访失踪的外国人。[②] 大致说来北京总会等于是与国际红十字运动联系的窗口,除了缴纳会费外,[③]主要工作在于资讯的交换,至于实际救援工作或各项国际会议的参与,则往往主要是上海总办事处在负责执行。

(二)上海总办事处的职责

日俄战争时期,上海万国红十字会成立,当时所谓会员,[④]其实等于一般机关团体所称"委员",指的是临时调派执行职务的人,而非社团成员。这种用法一直到清末吕海寰在北京成立红十字会时仍旧沿袭下来。[⑤]

中国红十字会最早开始征募会员,始自宣统三年武昌起义

---

① 这些问卷主要是调查中国红十字会相关的资料,例如民国 9 年有关救护问题问卷,又如民国 15 年有关救护队问卷,《总会收万国红十字会联合会救护部公函》(民国 9 年 6 月 16 日),南京第二历史档案馆藏,《红十字会档案》,476—1941;《总会收万国红十字会关于义勇卫生队之询问书》(民国 15 年 8 月 11 日),南京第二历史档案馆藏,《红十字会档案》,476—1941。

② 这种例子不多,例如民国 13 年国际红十委员会请求北京总会寻访一位名为 Alexandu Petroviteh Melnikoff 的俄国人,最后出现地点为满洲里,同年又请托代寻一位曾送往北京的奥地利俘房 M. Franz Brien,但经北京总会向北京政府查询后,两人仍然下落不明,《总会收日来弗万国红十字会总办事处函》(民国 13 年 2 月 28 日);《总会收日来弗万国红十字会总办事处函》(民国 13 年 12 月 19 日);《总会收陆军部公函》(民国 14 年 1 月 10 日),南京第二历史档案馆藏,《红十字会档案》,476—1943。

③ 国际红十字委员会原来没有会费的规定,但到了民国 10 年由于经费困难,乃要求各国红十字会按年自由捐款若干作为会费,这项费用似由北京总会支付,已知民国 10 年缴纳 2,000 法郎给国际红十字委员会,《总会发万国红十字会函》(民国 10 年 8 月 2 日),南京第二历史档案馆藏,《红十字会档案》,476—1942。·

④ 刘芬,《红十字会日记摘存》,《中国红十字会历史资料选编(1904—1949)》,页 48。

⑤ 故当吕氏奉派为红十字会会长,其所委任的文案冯恩昆便开始收到许多求职信,这些求职信大多声称"愿为会员",其实是希望应征工作,而非成为社团成员。而吕海寰的认知也是如此,在吕氏发给一位山东官员电文中,甚至表示对于"会员"可发薪水:"敝处劝募会员,无论谁荐,均系各尽义务;邵通判如尊处用其办公,发给薪水,未尝不可。"《冯恩昆收章稌信》,不着时间,应为宣统三年九月间,南京第二历史档案馆藏,《红十字会档案》,476—3224;《吕海寰发刘荔孙观察电》,《吕海寰往来函电录稿》,页 777—778。

之后,当时沈敦和等人决定成立一"绅办红十字会",乃决定开始公开招收会员,最初拟定会员种类分名誉会员、特别会员、正会员等3种,有意入会者,须经绅商或会员介绍,凡缴纳200元以上者为特别会员,缴纳25元以上者为正会员,名誉会员入会费用初未规定。[①]

　　沈敦和所成立的红十字会(以下简称上海红十字会)对外宣称配戴会员徽章者,可以出入战地,享受红会人员应得之保护。随着战争的推演,上海红十字会逐渐与清军、革命军双方取得联系,并获得双方同意对该会人员采取相当的优待。特别在上海光复,成立军政府后,上海红十字会会员据称获得交通上的方便,如行经战地、深夜入城、乘坐大车等均可凭会员配章验放,且可免验行李。[②] 沈敦和形容这是"不特赞襄义举,抑且保卫己身,一举而两善备焉"。[③] 这种做法实际上是配合当时社会希望在战乱时以红十字会员作为护符的心态。[④]

　　不过这种征集会员的方式,到底还是引发一些疑虑。这是因为虽然新会员需有介绍人,但仍有可能有不法之徒,或者清军、北军的特务通过缴费入会,以便于从事不可告人之犯罪或其他行为。例如在开始征集新会员约一个星期左右,上海法租界便发生上海红十字会会员住宅发生炸弹爆炸事件,引起舆论的

---

　　①　《红十字会征集会员广告》,《申报》(上海),宣统三年九月十一日1张6版;《红十字会之进行》,《申报》(上海),宣统三年九月十二日2张2版。

　　②　《红十字会征集会员广告》,《申报》(上海),宣统三年九月十一日1张6版;《红十字会会员公鉴》,《申报》(上海),宣统三年九月二十六日1张5版。

　　③　《急募红十字会捐款启》,《申报》(上海),宣统三年九月二十二日1张后幅5版。

　　④　就连没有建立会员制度的北京地区,也有人甚至愿意加入红十字会工作以求保护自身安全,《冯恩昆收卓民检函》,南京第二历史档案馆藏《红十字会档案》,476—3224。

关注。① 而入会程序的简化更加深了前述疑虑,上海红十字会为了便利上海以外各埠人士入会,简化入会程序,使得各地有意入会人士得凭当地商会或学堂印章,及其主管介绍,经邮局投递会费即可申请入会。② 这清楚的表示募款才是上海红十字会当时最主要的目标,对于新会员审核的程序已成具文,有人便据此在报纸上以公开信质问上海红十字会负责人沈敦和,并劝其"瞻顾大局,别谋生财之道"。③

　　民国元年9月上海红十字会在召开中国红十字会全国第一次会员大会时,可能为了增加声势,规定只要曾经捐款或经募捐款者,一概承认为会员,其中独捐千元以上或募捐5千元以上者得推赠为名誉会员,独捐200元以上,募捐千元以上者,得推赠为特别会员,④但即便如此,在开会时据称全部会员仅有约两千人,以当时收得捐款总数而言,这个会员数字并不算多。⑤ 10月间的中国红十字会统一大会通过了章程,其中关于会员部分,规定会员分名誉、特别、正会员等3种,除缴纳一次会费如前述规定者外,如义务办事异常出力者,得推赠为名誉会员,义务办事一年以上者,得推赠为特别会员,或者每年纳捐5元满6年者,得成为正会员。凡3种会员均为终身会员。民国8年副会长蔡廷干开始推动增设学生会员,⑥当时可能未得常议会支持,故直到民国11年全国代表大会通过修正章程,始增列普通会员、学生会员两种,普通会员须一次缴纳会费10元以上,有效期限为

---

① 《红十字会员住宅失火》,《申报》(上海),宣统三年九月十八日2张3版。

② 《外埠入会诸君鉴》,《申报》(上海),宣统三年十月六日1张后幅5版。

③ 《姚紫忱君致沈仲礼函》,《申报》(上海),民国元年1月25日7版。

④ 《中国红十字会第一次会员大会广告》,《申报》(上海),民国元年8月7日3版。

⑤ 当时捐款收入有155,270元左右,《红十字会开会纪》,《申报》(上海),民国元年9月30日7版。

⑥ 《红十字会常议员会纪事》,《申报》(上海),民国8年8月13日10版。

10 年,学生会员则须缴纳一元,有效期限为修业期间。[①]

中国红十字会会员在民国元年起仅有约两千人,[②]直到民国 8 年底为止,中国红十字会的全部会员共有 22,234 人,其中名誉会员 183 人,特别会员 1,281 人,正会员 20,770 人。[③] 至民国 10 年止共有会员 26,000 人,民国 12 年累积会员共有约 40,000 人。[④] 其后会员成长情况无从细考,但已知至民国 18 年止共有会员 94,870 人,[⑤]其中以民国 12 年前后成长最为快速。民国 8 年前全部会员不过 2 万余人,平均每年征集会员不到 3 千人,但民国 12 年较民国 10 年便增加了 14,000 人,平均一年增加了约 7 千人,至民国 18 年前成长幅度更为扩大。猜测成长的一部分原因应是普通、学生会员的会费较低,使得一般大众较有意愿加入成为会员。

分会是总会在各地活动的基础,分会的名称虽然在清光绪三十年间上海万国红十字会时期便已出现,但实际上当时所谓分会是由上海方面派人前往设立,其功能在于办理各项救济业务,等于驻当地的办事处,与现在所理解的分会含义大不相同。如前所述,当时会员制度尚未出现,也并无具体分会组织,故当时分会不能当作是中国红十字会分会制度的起源。

武昌起义以后,南北各地纷纷起而组织红十字会,上海红十字会最初有吴淞、长沙、镇江、江阴、清江、淮安、扬州、苏州、常

① 《中国红十字会修正章程》(民国 11 年 6 月 25 日修正),《中国红十字会历史资料选编(1904—1949)》,页 230。
② 《红十字会开会纪》,《申报》(上海),民国元年 9 月 30 日 7 版。
③ 王培元,《日内瓦大会报告》(民国 9 年 3 月),南京第二历史档案馆藏,《红十字会档案》,476—2196。
④ 《中国红十字会二十年大事纲目》,《中国红十字会二十年纪念册》,页 34。
⑤ 《中国红十字会筹备第三届会员大会通告》,《申报》(上海),民国 18 年 9 月 19 日 5 版。

熟、无锡、安庆、庐州、芜湖、南昌、九江、宜昌、沙市、重庆、杭州、嘉兴、宁波、绍兴、福州、厦门、广东、香港、梧州、烟台、莱州、登州、青州、济宁、牛庄、黄县、潍县、吉林等共 36 个分会。[①] 北方则由于北京总会的态度较为保守,甚至有人申请成立分会时,也以节省经费或保护不易为由婉拒,[②]仅有部分地区譬如保定、天津、吉林等分会,在获得地方官支持后,才向北京总会完成登记立案的程序。[③] 此外也有不属北京、上海节制的赤十字会。[④] 在民国元年第一次全国代表大会时,中国红十字会已有约 60 几个分会。[⑤] 这些分会可说是中国红十字会分会发展的起点。

民国元年通过的中国红十字会章程,确立了分会制度的基础。其中规定分会章程由常议会核定;分会得按总会规定征收会员,但所收会费半数须缴交总会;分会得选举职员如理事长、理事、秘书、会计等职员,任期以一年为限;亦可选举议事部,协助办理会务;每年开年会一次,但须有会员 20 人出席,方可议事;分会须按季将所办事宜及会员名册,向总办事处报告,再转呈会长查核,每年将会务向会员大会报告。[⑥] 对于新分会的成立程序,再由上海总办事处公布《中国红十字会组织分会申愿书》,规定只要有会员 30 人列名,表示愿意遵照中国红十字会章

---

① 《中国红十字会总分会一览表》,《中国红十字会战地写真》,不着页码。

② 《冯恩昆发某人信》,时间不详,应为宣统三年九—十月间,南京第二历史档案馆藏《红十字会档案》,476—3224;《盛京卢学台、熊运台来电》、《致沈阳卢学台、熊运台电》、《济南刘道崇惠来电》、《致济南刘荔孙电》,《吕海寰往来电函录稿》,页 609、666、724—725、789—791。

③ 《致李师彦电》、《致天津徐静翁观察电》、《至刘荔孙观察电》,《吕海寰往来函电录稿》,页 769—770、776—778。

④ 《补录中国红十字会统一大会汇刊》,《中国红十字会历史资料选编(1904—1949)》,页 262。

⑤ 《红十字会开会纪》,《申报》(上海),民国元年 9 月 30 日 7 版。

⑥ 《中国红十字会章程》、《中国红十字会分会章程》,《中国红十字会历史资料选编(1904—1949)》,页 226—227。

程,便可申请成立分会。①

从民国元年的 60 多个分会,到了民国 8 年,中国红十字会共有 169 个分会,7 年中增加了约 100 个分会,之后在民国 9、12、14 年分别有较大的成长(参见表 1—4)。至于成长的原因,除了上海总办事处的宣传之外,战乱的频仍可能才是导致各地士绅纷纷起而组织分会的原因。②

表 1—4　　　　分会分布数量(民国 8 年至 14 年)

	民国 8 年	民国 9 年	民国 10 年	民国 11 年	民国 12 年	民国 13 年	民国 14 年
江苏	14	21	24	26	30	30	
浙江	6	6	6	6	6	10	
安徽	11	14	16	19	21	22	
福建	9	9	9	12	13	13	
河南	25	27	27	32	41	45	
湖北	10	12	16	16	18	20	
湖南	18	19	22	22	23	23	
江西	9	10	10	12	13	13	
广东	8	9	9	9	9	9	
广西	3	3	3	3	3	3	
陕西	4	7	7	7	7	7	
云南	1	1	1	1	2	2	
四川	33	39	39	40	43	47	
山西	1	2	2	2	2	2	
贵州	0	0	2	2	3	3	
山东	4	5	5	6	8	8	

① 《中国红十字会组织分会申愿书》,《中国红十字会历史资料选编(1904—1949)》,页 227—228。

② 《红会之分会统计》,《申报》(上海),民国 13 年 2 月 17 日 15 版。

	民国 8 年	民国 9 年	民国 10 年	民国 11 年	民国 12 年	民国 13 年	民国 14 年
河北	3	6	6	6	6	7	
奉天	1	1	1	2	3	3	
吉林	5	8	8	8	11	11	
热河	6	6	6	7	7	7	
黑龙江	1	1	1	1	1	1	
总 数	172	206	220	239	270	286	339

备 注:民国 14 年数字缺乏细目,仅知总数。

资料来源:《中国红十字会全国总分会总数表》、《中国红十字会各省分会一览表》、《中国
红十字会二十周年纪念册》、《中国红十字会征求会员大会特刊》。

对于慈善团体而言,最重要的问题便是募款,尤其是向社会大众募款。这就牵涉到宣传的方式,如何透过各种方式传播救济的宗旨,直接影响到该慈善团体募款的多寡,与实际工作的能力。清末日俄战争期间,上海万国红十字会所收捐款虽有数十万两之多(其中大半为官款),但由于其后并未持续劝募,以至于到了辛亥革命期间已经消耗殆尽,①仍须重新对外募款。

上海总办事处募款的方式大约有以下几种,即私人请托、透过报刊捐募和电车广告。

私人请托即通过个人人际关系网络进行募款,例如辛亥革命期间上海红十字会的对外募款,主要便是通过在上海及海内外各地聘请"名誉经理员",以这些人为中心,吸纳捐款,辗转缴纳给上海红十字会。这些名誉经理员实质上便是各种人际关系的动员结果。正是用这种方式,乃使得上海红十字会可以将募

---

① 从上海万国红十字会时期一直到宣统三年为止,收支相抵,仍透支 1,558.638 两,由负责掌管捐款的施则敬垫付,后由常议会拨还,施氏又将此款捐出,《中国红十字会沈敦和启事》,《申报》(上海),民国元年 10 月 8 日 1 版。

款的范围扩大到美、加、日以及东南亚各地。① 又如民国2年经过沈敦和、陈作霖、蒋辉等人的劝募，上海四岸公所同意每年捐1万元给红十字会医院。②

其次透过报刊，登报捐募是中国红十字会经常使用的募款管道。自新式报纸从清末在中国出现以后，这项普及城市大众的传播媒体，也逐渐开始受到慈善团体的运用，③除了刊登募捐启事外，也须将所得捐款刊登"征信录"，以昭公信。④ 中国红十字会也承袭这种做法。⑤ 除了前述方式外，民国元年上海总办事处曾得到上海的电车公司赞助，免费在电车上悬挂募捐牌。⑥

中国红十字会募款的理念，也有不同的变化，起初似希望以鼓吹人道主义，唤醒国人的爱心、善心，这可以沈敦和的思想为代表。沈氏在《人道指南》的发刊词中阐述人道主义的精神："世无不尊重人道之国，亦无不尊重人道之人，人道云者，人类之保障也。人类无保障，芸芸众生，将不旋踵而有灭绝之患。是以上古圣人，假神道设教以辅佐人群之进化，而巩固人类之保障。若儒释耶回，其大彰明较著者也。儒者之言，曰己所不欲，勿施于人。又曰恻隐之心，人皆有之。释家曰发慈悲度一切苦厄。耶

---

① 《中国红十字会总分会一览表》，《中国红十字会战地写真》，不着页码。

② 江趋丹，《上常议会议长议员挽救本会大局前途意见书》（民国2年3月16日），南京第二历史档案馆藏，《红十字会档案》，476—3228。

③ 最早有慈善团体利用报纸募捐，仍待进一步考证，但这些慈善团体除了以恻隐之心劝人为善外，更有以积功德相激劝者，此处仅举上海仁乐善堂、同仁济善堂为例，《万家生佛》，《申报》（上海），光绪三十年二月一日2版；《善与人同》，《申报》（上海），光绪三十年十月一日2版。

④ 例如上海仁济善堂刊登的征信录，《上海六马路仁济善堂筹赈公所施子英经收山东等各处赈捐十二月初一至卅日第一百十三次清单》，《申报》（上海），光绪三十年一月二十七日附张。

⑤ 《急募红十字会捐款》，《申报》（上海），宣统三年九月二十二日1张后幅5版；《中国红十字会第一届捐款汇总志谢》，《申报》（上海），民国元年1月5日3张1版。

⑥ 《中国红十字会二十年大事纲目》，《中国红十字会二十年纪念册》，页7。

氏则曰爱人如己,是敌如友。而回教哥兰经之首篇亦曰深仁至爱。纵此以观,一言贯之,仁爱而已矣。夫仁爱者,及人道主义之大纲也。"①沈氏亟欲高举人道主义为中国红十字会的原则,故定其宗旨为博爱恤兵,将首本中国红十字会期刊刊名定为《人道指南》。在沈氏崇尚人道主义的理念下,中国红十字会也对外宣传红十字会性质与一般社团不同,是"不涉宗教,不涉党派"。②

不过这种理念对当时中国社会来说,可能仍是陈义过高。国人素来有为善积功德的心理,以至于有人在捐款同时,习惯许下愿望。辛亥革命期间中国红十字会对外募捐,在公布捐款时便有人注明"求病速愈",③民国元年又有人将婚礼酒席费用节省下来捐给红十字会,注明"助移红十字会经费而为诸公造福"。④ 初期这种情况不多,至少上海总办事处可能还能谨守沈敦和的理念,民国元年时对外募捐广告,仍然以人道主义相号召。⑤ 但到了民国2年,随着经费日益困难,总办事处在为了直隶、浙江水灾募捐时,首次以积功德可实现愿望。作为诉求之一:"仁人君子,乐助随缘,救人性命,种我福田,求病病愈,身体健全,求子得子,儿孙满前,奉劝诸公,快快输捐。"⑥同时间理事长江趋丹向常议会倡议增设宝塔捐,每塔7层,共有50格,以之排印捐册或附印于该会所办刊物上,再配合灾民图、红十字会掩

---

① 沈敦和,《发刊词》,《人道指南》,页1。
② 《敬告非会员》,《人道指南》,页3。
③ 《中国红十字会第一届捐款汇总志谢》,《申报》(上海),民国元年1月5日3张1版。
④ 《中国红十字会谨谢李庆祥君喜筵移助洋一百元》,《申报》(上海),民国元年1月23日1版。
⑤ 《筹募水灾棉衣救疫粮食掩埋捐款》,《申报》(上海),民国元年10月12日1版。
⑥ 《中国红十字会总会总办事处启事》,《申报》(上海),民国2年1月3日1版。

埋成绩等内容,以吸引一般人民捐献。① 这项建议被采纳,民国2年4月,以宝塔捐为核心,编印的捐册《救人一命》,印刷3万册,免费分送各界。② 这种募捐方式一出,果然反应热烈,③至7月《救人一命》已经分送一空。④ 正是由于这种诉诸功德的理念如此有效,使得次年总办事处再印类似的捐册《好生之德》10万册效果仍然不错。⑤ 从此"为善积功德"便成为中国红十字会经常使用的募款诉求,甚至连公开征文也以此为题。⑥

　　另外一个新的募款理念,便是诉诸同胞爱,也就是民族主义,传统慈善团体多半以救助乡亲为主,但在民国初年,中国红十字会为了替直隶、浙江水灾募捐时,也首次提出拯救同胞的诉求:"顺直温处人民,九死一生,如沦地狱,尚亦垂念同胞,而一为援手乎?"⑦这种诉求在为二次革命受战乱同胞募款时再次使用,⑧总办事处且以东南旱灾、兵灾,导致"数百万同胞日处水深火热之中,雪地冰天,饥寒交迫,诚有求生不能,求死不得之苦"来募求捐款。⑨ 不过这种诉求,在民国初年的效果似乎不如"为善积功德"来的显著。

　　沈敦和在清末筹办红十字会医院时,便已开始注意培养中

---

① 江趋丹,《上常议会议长议员挽救本会大局前途意见书》(民国2年3月16日),南京第二历史档案馆藏,《红十字会档案》,476—3228。

② 《中国红十字会印送救人一命》,《申报》(上海),民国2年4月1日1版。

③ 参看民国2年4至7月份《申报》。

④ 《中国红十字会总办事处沈敦和启事》,《申报》(上海),民国2年7月26日1版。

⑤ 《中国红十字会二十年大事纲目》,《中国红十字会二十周年纪念册》,页13。

⑥ 有一征文题目是"天道福善祸淫,古语作善降祥,试历举数事以证其说",《中国红十字会南京征文社第二次征文题》,《申报》(上海),民国2年11月25日1版。

⑦ 《中国红十字会总会总办事处启事》,《申报》(上海),民国2年1月3日1版。

⑧ 《中国红十字会沈敦和启事》,《申报》(上海),民国2年7月29日4版。

⑨ 《中国红十字会谨告海内慈善家本会会员》,《申报》(上海),民国2年12月23日1版。

国自己的医疗人才。最初采用招生借读的方式,清宣统元年与同济医院德医学堂合作,先后保送两班约 20 名学生。① 清宣统二年,位于徐家汇的总医院完工,沈敦和以上海红十字会医学堂名义,开始招收医学生。原先预备招收 20 名学生,限定在 20 岁以下,能直接听讲英文,国文亦精通者为合格,一旦录取后学费、书籍费等免费,只须交半年 24 元膳宿费即可,预定 5 年毕业,但考生需觅保人,如中途退学,须补缴费用。② 可能是条件不低,首次招生仅招得 12 名学生。③ 于是该医学堂立刻再度招生,此次条件放宽,不需保人,年龄规定改为 20 岁以上均可,国文能力要求也取消。④ 上述借读与招收的学生,总数大约有 40 人,这些医学生,往后成为中国红十字会医疗卫生工作的骨干。如宣统二年参加防疫医队前往皖北,⑤宣统三年,辛亥革命爆发,当时共有曹洁卿、朱恒璧等 22 名医学生参与前往武汉战地,进行战地救护工作。⑥

　　这种培育人才的做法,虽然有远见,却也须付出不少代价,如前述同济借读生 20 人,每年须花费 6,000 元,在当时来说是很大的数目。民国元年中国红十字会成立后,由于上海总办事处经费日益困难,理事长江趋丹乃建议与哈佛医学堂⑦签约,从

---

　　①　盛宣怀、吕海寰、吴重熹会奏,《酌拟中国红十字会试办章程请旨立案折》,宣统元年十二月,《愚斋存稿》,卷 15,页 1—5。

　　②　《上海中国红十字会创办医学堂招生宗旨》,《申报》(上海),宣统二年一月二十四日 2 张 1 版。

　　③　《上海中国红十字会医学堂告白》,《申报》(上海),宣统二年三月二十九日 1 张 1 版。

　　④　《上海中国红十字会医学堂添招新生》,《申报》(上海),宣统二年四月四日 1 张 1 版。

　　⑤　《中国红十字会二十年大事纲目》,《中国红十字会二十年纪念册》,页 3—4。

　　⑥　《中国红十字会总分会一览表》,《中国红十字会战地写真》,不着页码。

　　⑦　此处所谓哈佛医学堂是否为哈佛大学医学院在上海设立学校,有待进一步考证。

民国 2 年起将总医院与医学堂交给哈佛医学堂包办 5 年,保留红十字会总医院名义,全部收支由哈佛医学堂负责,原有医学生加入哈佛医学堂就读。[①] 这项合作到了民国 5 年,由于哈佛医学堂停办,乃将尚未毕业的学生送往国内外其他学校继续修读,总计前述招收的医学生除中途辍学者外,共有 4 人毕业,其余未毕业 10 人分别送往美国、北京协和医学校、福州医学校、上海圣约翰大学;原先在同济德医学堂借读的学生,除中途辍学者外,共有 9 人毕业,5 人在学。[②] 至此上海总办事处培育医学人才的计划告一段落。

虽然北京总会获得国际承认,但自从民国元年以后,大致上参与国际会议便成为上海总办事处负责执行的工作。民国 3 年巴拿马国际会议,上海总办事处虽未派员出席,但寄发各种资料如照片、出版物等提供展示。民国 8 年国际红十字会联盟在日内瓦召开第一次大会,上海总办事处派王培元出席。民国 9 年日内瓦召开第十次国际红十字大会,上海总办事处派王培元再次前往出席,并作报告。民国 12 年国际红十字大会于曼谷召开,上海总办事处派副会长杨晟与王培元代表出席。民国 13 年国际红十字会联盟于巴黎召开第 3 次大会,上海经常议会决定由中国驻法公使代表出席。民国 15 年国际红十字会远东第 2 次大会于日本召开,常议会推由金邦平,偕同理事长庄箓、牛惠霖、王培元、伍哲英等人出席。

从民国元年到 16 年,中国红十字会参与国际会议的意愿甚为积极,除了少数特殊因素外,都尽量派员出席或书面参展,这对该会与国际社会互动,或者是国民外交来说,都有正面的效应。

---

　　① 　江趋丹,《上常议会议长常议员挽救本会大局前途意见书》,南京第二历史档案馆藏,《红十字会档案》,476—3228。

　　② 　《中国红十字会二十年大事纲目》,《中国红十字会二十年纪念册》,页 15。

从民国 15 年日内瓦红十字大会,因国际红十字委员会与国际红十字会联盟产生纠纷,上海总办事处乃决定缺席开始。[①]此后中国红十字会参与国际会议的态度转趋消极。

第四节 救援工作的推展

中国红十字会作为慈善团体,必要时自然必须出面从事各种救援工作,以下分别从灾难救济、卫生防疫、战地救护、国际救援等四项加以叙述。

一、灾难救济

所谓灾难救济包含水、旱等自然灾害,或者因战争导致伤亡、疾病、饥荒等等的救助,属于临时性质,以解决灾民生存所需为目的。中国红十字会的上海总办事处,历年在这方面持续投入了可观的人力、物力(参见表 1—5)。

表 1—5　　　　　　　　　　　　灾难救济

时　间	救　济　概　况
光绪三十年	日俄战争造成东北地区难民众多,上海万国红十字会派队前往东北各地,从事救护灾民、资遣回籍,并于战后施放急赈,总计从光绪三十至三十一年共救约 46 万 7 千余人
宣统二年	七月安徽北部发生旱灾,随后传染病流行,上海红十字会组织 4 个救护队前往灾区,先后在安徽临淮、寿州、凤阳、正阳、凤台、怀远、宿州、蚌埠,及江苏清江、海州、桃源等处救灾,总计救治灾民 6 万 7 千 5 百余人

───────────

① 《总会收总办事处函》(民国 15 年 9 月 22 日),南京第二历史档案馆藏,《红十字会档案》,476—1941。

时　间	救　济　概　况
民国元年	10月浙江水灾,青田、瑞安、永嘉、诸县受灾尤重,总办事处当即派出放赈、掩埋、防疫等3队,携带现金、粮食、衣物、药品等,前往灾区,总计救济灾民2万余人,救治伤病数千人,掩埋尸体数百具
民国2年	因二次革命战争产生大量难民,其中部分逃来上海,总办事处自7月至12月共资遣难民17,812人,且派队前往南京、徐州救济。同年山东韩庄、江苏徐州等地旱灾,总办事处派员前往救济
民国3年	安徽、河南发生白狼匪乱,总办事处募得银1万两,派员前往放赈,救济数万人。山东高密等县水灾,派员携款15,000元,棉衣18,000余套,前往灾区散放
民国4年	6月浙江衢州水灾,灾民6万余人,总办事处派员携款24,000余元前往救济;7月上海风灾,江西万安、泰和、吉安南昌等县水灾,总办事处分别予以救济
民国6年	因安徽、河北水灾,安徽北部受灾达数十县,总办事处与安徽士绅组织安徽义赈会,筹募款项,派员至灾区散放急赈,救济灾民约10万人;河北灾区多达百余县,天津受灾尤重,总办事处募款后,派员会同天津分会,先放急赈于天津杨柳青等处,指定徐水、文安、东光、沧县、石家庄等处,由急赈再继以冬赈,总计共散放赈款112,000余元,棉衣104,000余件
民国7年	湖南省兵灾继以水灾,总办事处派遣救护队前往,总计在湖南散放赈款21,000余元,棉衣24,665件
民国8年	江苏、浙江、安徽、湖北等四省水灾,总办事处与上海各慈善团体合力筹募款项、救济品运往救济;救济吴淞火灾,发给极贫者棉衣一套、米8升,次贫者米6升,商人不愿受米者,每人借以10、20元不等
民国9年	河南、河北、山东、山西、陕西、湖南、福建、浙江等八省发生水旱灾,后又因直皖战争、粤桂战争等影响,导致天津以及四川、湖南、广东、广西等四省兵灾严重,总办事处为了支应各项灾情,总共支出赈款84,150元,棉衣裤8,000件,又在北通州、保定、大名设立临时诊疗所
民国10年	湖南、湖北、江苏、浙江、安徽、广西等省水旱兵灾,总办事处拨交各地分会共赈款10,300元,棉衣200件;12月12日上海闸北火灾,总办事处散发急赈

时　间	救　济　概　况
民国11年	1月上海虹口分水庙及胡家木桥火灾,因受灾户皆为贫苦工人,总办事处乃拨发赈款2,000余元,给分水庙77户,341人,胡家木桥103户,477人;广东潮汕风、水灾,总办事处除派遣医疗队前往医护外,并电请政府拨汕头海关附税100,000元获准;浙江温处等区风灾,总办事处亦派医队前往
民国12年	5月6日山东临城土匪劫车,人质遭劫持达5星期,总办事处为此派医疗队前往援助
民国13年	因江浙战争,总办事处派救护队前往苏州、常州、无锡等地设立临时治疗所、妇孺收容所,救治受伤兵民,收容无家可归妇孺;湖南、湖北、广东、福建等省水灾,总办事处分别筹款散放
民国14年	因直奉战争,总办事处除补助各分会款项、药品、棉衣外,所有各地遣回拉夫,亦由总办事处随时出资遣送回籍;四川、云南震灾,贵州旱灾,上海闸北孔家桥、太阳庙火灾,以及上海五卅惨案受难者,总办事处都分别捐款救济,总计当年总办事处共拨发捐款2,200余元,棉衣4,000余件

资料来源:《中国红十字会红十字会征求会员大会特刊》,页39—72;《中国红十字会癸丑成绩撮要》,《中国红十字会历史资料选编(1904—1949)》,页299—300。

二、医疗卫生

中国红十字会从民国建立以后,以上海为中心,开始致力于医疗卫生工作。回溯起源则与沈敦和有密切的关系。光绪三十四年秋上海爆发名为"瘰螺痧"的传染病,死伤惨重,租界当局虽设立医院,但华人不愿前往治疗。沈敦和有鉴于此,听说有英国医生发明新的治疗方法,乃在英、法租界各设一处施救急痧医院,[①]凡病患一律免费,当年救治病人570余人。[②] 这是沈氏参

---

① 《沈仲礼观察发起施救急痧医院》,《申报》(上海),光绪三十四年七月二十八日4张2版;《施救急痧医院志谢》,《申报》(上海),光绪三十四年八月二十七日1张1版;菩水外史,《沈敦和》,页27—28。

② 《急痧医院宣布奇方》,《申报》(上海),宣统元年六月八日4张3版。

与医疗卫生事业的开端，可能由于成效不错，次年沈氏又于英租界设立时疫医院，从六月初到九月底，共救治病患 2,678 人，这个成绩是沈氏始料所未及的。[1] 于是时疫医院在宣统二、三年仍持续举办，也都取得不错的成果，甚至有外国人也曾得到救治，或称时疫医院"是为中国自立医院之导源"。[2]

沈敦和办理时疫医院，由于卓有成效，逐渐获得各方面的信任，使得他参与上海的医疗卫生事业的程度日益加深。宣统二年上海流行鼠疫，英租界工部局派医生逐户检验，再加上疫情流言四起，使得租界华人感到不安，广东、宁波商人都有人想要由华人自立一个常设性的医院，乃与沈敦和商议。沈氏旋与绅商代表前往与工部局谈判，经过 5 个小时的交涉，终于获得工部局同意，但条件是必须于 4 天内成立该医院。沈敦和为此公开演说募款，力言"治安不可扰，主权不可损，医院成立不可缓"。获得热烈的回响。十月二十二日，中国公立医院在英租界成立，派出男女医生 5 人，分 10 天检验完毕 2,400 户华人，此后疫情大减。沈敦和创办的中国公立医院从此获得各方的信任，据称华人患病者不论鼠疫非鼠疫都踊跃前往该院诊治。英租界工部局宣布往后华人传染病的检验、隔离、治疗等事，概由华人医院办理。法国总领事也请沈敦和于法租界内设立医院，后来沈氏在得到中国地方官支持后，在法租界福开森路设立中国防疫医院。[3]

---

① 《英界时疫医院停办广告》，《申报》（上海），宣统元年九月二十八日 1 张 1 版；《时疫医院开办广告》，《申报》（上海），宣统二年五月二十五日 1 张 1 版。

② 宣统二年救治病患 2,912 人，宣统三年病患较少，在一个多月中谨救治 533 人，《上海时疫医院治愈二千九百一十二人之广告》，《申报》（上海），宣统二年八月二十二日 1 张 1 版；《时疫医院敬告病人千万不可挑痧》，《申报》（上海），宣统三年闰六月十二日 2 张后幅 1 版。

③ 苕水外史，《沈敦和》，页 27—29。

　　就在沈敦和办理上海医疗卫生事业逐渐获得成绩与各方的信任的同时，他也着手建设红十字会医学堂及医院。宣统二年，在徐家汇路的红十字会总医院成立。① 不过起初这个医院由于地点在当时来说较为偏僻，交通不便，以至于前来就医的病患若非附近邻近乡村的居民，每天门诊最多不过20人，有时甚至连一个人都没有，全年门诊才3,000余人，且以小病居多，而住院病人一年不到2,000人，八、九成是外国人。② 可能是为了弥补这项缺点，以及彰显红十字会名义，同时又在南市十六铺成立南市医院，与中国公立医院合设分医院于天津路，这就是红十字会北市医院的由来。③

　　民国元年，中国红十字会完成统一，上海常设的3所医院，以及每年暑期例行办理的时疫医院，均由上海总办事处负责办理。其中总医院加上医学堂，每年总办事处须开支约4万元，这对当时缺乏经费的总办事处来说是很大的经济负担，再则由于总医院病患人数仍然过少，所收住院病患又以外人为多，难免引发浪费的批评。④ 于是在民国2年总办事处与哈佛医学堂签约，将总医院归哈佛包办5年，保留红十字会医院名义，对穷人仍然免费，总医院设施免费提供哈佛使用，所得归医疗酬劳尽归哈佛。到了民国5年，合约尚未届满，哈佛医学堂停办，暂时由博医会代办。民国7年由安息会接办，签订3年合约。等到了民国9年，合约期满，常议会决议收回自办，先由常议员牛惠霖

---

　　① 《上海中国红十字会医学堂添招新生》，《申报》(上海)，宣统二年四月四日1张1版。

　　② 江趋丹，《上常议会议长议员挽救本会大局前途意见书》(民国2年3月16日)，南京第二历史档案馆藏，《红十字会档案》，476—3228。

　　③ 《西报盛称华医院》，《申报》(上海)，宣统三年二月二十二日2张3版。

　　④ 江趋丹，《上常议会议长议员挽救本会大局前途意见书》(民国2年3月16日)，南京第二历史档案馆藏，《红十字会档案》，476—3228。

调查筹备,但因经费问题仍然无从解决,迁延两年,最后在民国11年决定由牛惠霖、牛惠生、周仲衡、徐逸洲、古思康、陆锦文、萧智吉、刁信德、黄琼仙、俞凤宾等医生合组医务团,以牛惠霖为主任,实行收回自办。但此处所谓收回自办,实际上等于是总办事处与牛惠霖合办,就是由总办事处负担每年相当经费,如有不足再由牛惠霖负责。① 这种合作形式一直保持到民国17年为止。至于南、北市医院则一直保持是总办事处办理,北市医院先是租屋,民国11年总办事处购得新闸路21号修筑医院,12月18日开诊。②

由于总医院曾交由其他团体包办,期间医疗成绩不得而知,但由民国11年收回自办后,其门诊病人1,902人、住院689人看来,③与清末宣统二年至民国元年的数字相当接近,可见其地理位置偏僻、交通不便的问题,仍然没有改善。南市、北市医院诊疗成绩也很稳定,北市医院平均每年门诊约4万多名病患,南市医院到后期亦有3万多名病患。④

至于时疫医院则是延续自沈敦和在清末开始的每年夏秋开办,针对防治传染病而设,对病患一律免费的原则。民国初年诊疗成绩目前缺乏资料加以说明,从民国8年以后诊疗成绩(参见表1—6)来看,大致说来时疫医院的工作成效,主要视当年疫情严重与否以及募款数目多寡而定。

----

① 《中国红十字会二十年大事纲目》,《中国红十字会二十周年纪念册》,页15、18、29、41。

② 《中国红十字会二十年大事纲目》,《中国红十字会二十周年纪念册》,页40。

③ 《中国红十字会二十年大事纲目》,《中国红十字会二十周年纪念册》,页41。

④ 江趋丹,《上常议会议长议员挽救本会大局前途意见书》(民国2年3月16日),南京第二历史档案馆藏,《红十字会档案》,476—3228;《中国红十字会第三医院之概况》,南京第二历史档案馆藏,《红十字会档案》,476—1946。

表 1—6　　　　　　　　　时疫医院成绩表

时　　　间	就医人数	住院人数	手术人数
民国 8 年	4,916		
民国 9 年	3,576		
民国 10 年	3,105	641	270
民国 11 年	4,979	816	
民国 12 年	2,016		
民国 13 年	1,333	398	42
民国 15 年	9,507	3,630	

备　注:民国 8 年数字为治愈人数。

资料来源:《中国红十字会时疫医院院长沈敦和启事》,《申报》(上海)民国 8 年 8 月 25
　　　　日 15 版;《红会时疫医院之结束报告》,《申报》(上海)民国 13 年 12 月 23 日
　　　　15 版;《上海时疫医院昨日闭幕》,《申报》(上海)民国 15 年 10 月 1 日 10 版;
　　　　《中国红十字会二十年大事纲目》,《中国红十字会二十周年纪念册》,页 25、
　　　　42、51。

三、战地救护

　　战地救护原是红十字会最重要的职责,当战争发生时,红十字会有义务派遣救护队前往战地附近,治疗伤兵或受伤民众。中国红十字会最早参加战地救护工作可以远溯自辛亥革命期间,当时上海红十字会除了派遣救护队前往之外,也与各地中外教会人士合作,此外也有许多留日医学生及日本赤十字社人员,加入救护的行列。[①] 总计武汉三镇战区治愈兵民 3,434 人,南京战区救治伤兵约 500 余人。等到战事向北发展,上海红十字会更派留日医药团编队前往,加上各地传教士,从皖北到津浦铁路沿线,设立许多临时医院,总计前后全部救治伤病兵民约 1 万

――――――――

① 《中国红十字会战地写真》,不着页码。

余人。掩埋尸体在武汉有 2,200 多具,在南京有 700 多具。[①]

除了上海红十字会外,当时北京总会也与协和医学堂合作,由该医学堂派出教习 12 人,医师 8 人,医学生 34 人,分成 4 队,前往北军辖区救护,涉及范围东到青岛、济南,西到潼关,南到武昌、汉口,北约到宣化、大同,总计治愈军民约 1 千余人。[②]

民国 2 年 7 月 12 日二次革命在江西爆发,15 日黄兴在南京宣布独立,16 日陈其美在上海就任讨袁军总司令,后率众攻上海制造局。[③] 总办事处随即组织救护队,由王培元担任队长,在沪南地区战争中,抢救伤兵,经急救 9 百余人,同时改组原有总医院、北市医院、时疫医院为伤兵医院,总计救治受伤兵民 947 人,仅不治死亡 14 人,完成截肢手术者 14 人,且都得配义肢。稍后江湾等地战役中又救出伤兵、妇孺约数百人,掩埋尸体 371 具。在上海局势平定后,由于南京战事惨烈,难民困处危城,有断粮之虞,总办事处乃一面调救护队前往南京,抢救伤兵,一面向太古洋行租得大通商轮,作为红十字医船,冒险驶往南京,引渡难民出险,总计救出难民约 3,800 人,此外用民船、铁路等交通工具共救出 1,000 余人。在战争期间总办事处与部分常议员在上海设立留养院 3 所,共收容妇孺 3,300 余人。又办平粜局 3 所 50 天,发放粮食给难民,共计发放米 5,213 石。战争平息后,总办事处又出资或向招商局等船商求助,以协助难民返乡,从 7 月至 11 月共资遣难民 7,411 人,甚至有远至四川、广西、云南、湖南等地者,这些难民除了船票外,总办事处更加给棉衣以及下乡路费。12 月起,因经费困难,遣送范围限制在长江

---

①　《理事长江趋丹报告》,《中国红十字会历史资料选编(1904—1949)》,页 275—276。

②　《谢隽甫医博士报告》,《中国红十字会历史资料选编(1904—1949)》,页 272—273。

③　张玉法,《中国现代史》(台北,东华书局,1982 年 4 版),页 116—119。

流域,也取消棉衣、路费,总计 12 月共资遣难民 10,401 人。[①]

在民国 16 年以前,总办事处实际派出救护队参与战地救护工作的例子不多(参见表 1—7)。民国 5 年是重要的关键。当时由于哈佛医学堂停办,总办事处原招医学生有不少人转送海内外继续深造,这可能直接影响到救护队的组成。最明显的例子就是同年因袁世凯称帝,各省独立,战乱再起,但总办事处仅能委托四川、湖南、广西、广东等各省分会及传教士,设立临时医院或救护队,花费达 10 余万元。[②]

表 1—7　　　　　　　总办事处参与战地救护工作表

宣统三年	辛亥革命武汉、南京等地
民国 2 年	二次革命上海、南京等地
民国 3 年	蒙古军队攻击张家口;一次大战日军攻击青岛

四、国际救援

红十字会对于国际间重大灾难,也有协助的义务,中国红十字会总办事处曾经以捐款、捐助物资、派遣医疗队等形式,援助美、俄、日等国的华侨乃至当地人民(参见表 1—8)。

表 1—8　　　　　　　国际救援成绩表

时　间	救　援　概　况
光绪三十二年	美国旧金山地震,上海红十字会捐助白银 2 万两

---

① 《中国红十字会二十年大事纲目》,《中国红十字会二十周年纪念册》,页 9—10;《中国红十字会癸丑成绩撮要》,《中国红十字会历史资料选编(1904—1949)》,页 294—305。

② 《中国红十字会二十年大事纲目》,《中国红十字会二十周年纪念册》,页 15—16。

续表

时　间	救　援　概　况
民国 3 年	日本鹿儿岛地震,总办事处捐助国币 2,000 元;后因欧战爆发,应红十字国际委员会请求,总办事处捐助国币 8,000 元
民国 7 年	由上海派医疗队前往海参威,设立临时医院,停留时间长达 8 个月,共计花费 26,000 余元
民国 8 年	俄国革命,遍地难民,总办事处除募得旧军衣 1,500 套,赈款 2,700 元外,另拨款 5,000 元,交由美国红十字会驻上海办事处运往救济①为救援德、奥华侨返国,垫款 20,000 元
民国 9 年	派员租船救济载运俄属庙街华侨 2,000 余人返国,前后历时两个多月,总计支出 56,000 余元
民国 11 年	总办事处捐助土耳其红十字会 2,000 法郎
民国 12 年	救助来沪俄国白党难民,遣送出境;日本大地震,总办事处派医疗队前往东京

资料来源:《中国红十字会征求会员大会特刊》,页 40、41、46、50、52、54。

---

① 《中国红十字会征求会员大会特刊》页 50。

第二章　从民间团体到官商共治

（1928—1936）

第一节　组织运作与政府介入

由清末至民初,中国红十字会总会一直设于上海。从民国11年起,虽然总会设于中央政府所在地的北京,但仍设总办事处于上海。根据当时章程规定,总会的职权为对政府与外交方面事件的处理,而总办事处则是处理实际会务的机构。[①]可知总办事处才是当时红十字会实际执行机构,由理事长代表行使职权,总会以及会长充其量不过是红会的驻京代表罢了。

当时红十字会规定每3年须召开一次会员大会,由会员大会选举会长、副会长、顾问、秘书长、理事长等,任期均以3年为限。此外又有常议会的设置,由会员大会选举会员若干人为常议会议员,再由议员互推议长、副议长。而常议会即为当时红十字会权力的核心,除了负责拟定《办理会务细则》外,更须查核收支账目,管理各项经费、产业,甚至红十字会章程的修订亦须由常议会起草。[②]

国民政府完成统一后,初期总会仍因循旧制,但随着时局的

---

① 《中国红十字会章程》;《中国红十字会修正章程》,《中国红十字会历史资料选编》,页 224—226、228—234。

② 《中国红十字会修正章程》,《中国红十字会历史资料选编》,页 228—234。

演变,红十字会的组织架构不得不进行改组。民国 17 年 9 月国府内政部致函红十字会,要求尽快改选,红十字会常议会当即票选颜惠庆为会长,王正廷、虞洽卿为副会长,并由常议会函请内政部转请国民政府任命,同时函送红十字会章程呈请备案。此外由于当时部分常议会议员因病故或离开上海,以致于常议会开会发生困难,于是乃添聘虞洽卿等 10 人为常议员。①

　　民国 18 年 1 月理事长庄箓辞职,由王培元代理,并推常议员江趋丹、姚虞琴为常议会驻办员,与理事长遇事互相商办,共同负责。由于上年添聘虞洽卿等 10 名常议员未能就职,乃又添聘闻兰亭、刘鸿生等 18 人为常议员。5 月颜惠庆、王正廷、虞洽卿等正式就会长、副会长职。6 月常议会议决设立临时执行委员会,以辅助副会长执行会务,并公推闻兰亭等 11 人为临时执行委员,且由常议会修正通过临时执行委员会临时执行委员会办事细则 13 条。

　　由于自民国 11 年以来,红十字会不曾召开会员大会,而常议员的缺额又日益增加,其间常议员的添聘似皆由常议会便宜行事,一般会务似有由少数人把持的情形,至此红十字会必须进行改组整理,否则不但其合法性遭到质疑,同时也无法获得上海地区绅商的支持。前述临时执行委员会的设立,其实即含有改组的深意,而更改章程,并尽速召开会员大会,也成为当时红十字会改组的首要之务。

　　总会在国民政府统一全国后,同时进行改组,不过此时由于政府力量逐渐以各种方式开始进行干预,总会内部的组织、经费、人事与各项社会功能也随之开始转变。

---

　　① 这 10 人为虞洽卿、王晓籁、林康侯、冯少山、袁履登、赵晋卿、叶海田、关炯之、黄涵之、陈炳谦。《中国红十字会征求会员大会特刊》(上海,中国红十字会,1934 年),页 59—60。

一、因改组而起的争议

如前所述，总会人事自民国13年改选后，原本至16年任期届满，但因北伐战争，故延长任期，等到民国17年国民政府定都南京后，便由内政部致函总会，要求尽快进行改选。[①] 民国17年9月21日总会常议会开会，出席者十余人，当场票选，由颜惠庆当选会长，王正廷为驻京副会长，虞洽卿为驻沪副会长，并将选举结果及红十字会章程电呈内政部备案。[②] 红十字会依照惯例都会将选举结果呈请政府任命，但此次国民政府却不准备发布此项任命，仅同意将章程核准备案。[③] 此时国民政府对红十字会的态度显然并不友善，除了拒绝任命外，更取消了红十字会传统固有的部分优惠。[④]

国民政府的拒绝任命无疑对红十字会是一大打击，在此同时，红十字会总会内部开始出现争执，甚至以传单、黑函互相攻击，[⑤]此项争执内情，并不清楚，但很可能与此次改选有关。可能因为无法获得国民政府的任命，加上内部攻讦频传，总会理事长庄箓乃于民国18年1月辞职，理事长一职由王培元代理，常议会并推由常议员江趋丹、姚虞琴担任常议会驻办员，与王氏遇事共同商办，共同负责。[⑥]

---

① 《中国红十字会征求会员大会特刊》，页60。

② 《红十字会改选正副会长》，《申报》（上海），民国17年9月22日14版。

③ 国民政府的理由是："该正副会长既属投票选出，毋庸再由本府任命。"《红十字会呈国民政府文》，转引自《申报》（上海），民国19年10月16日14版。

④ 如过去红十字会拍发电报可获免费待遇，但自民国18年2月起，却遭到国民政府交通部予以取消。《红会免费电照被取消》，《申报》（上海），民国18年2月5日14版。

⑤ 曾有传单寄给外交部江苏特派员，《红会通知外部维护之函件》，《申报》（上海），民国18年1月21日5版。

⑥ 《中国红十字会征求会员大会特刊》，页60。

18 年 3 月,豫、陕、甘等 7 省发生饥荒,由于总会正、副会长尚未就职,而负责财政的常议会财产委员也未产生,因此无法动支总会基金赈灾。于是代理事长王培元倡议另组筹募赈务处,经常议会通过,公推江趋丹出任筹赈处主任,并议决所募赈款,无论多少,悉数为散放赈灾之需,不得移作他用。[①]

红十字会久候国民政府任命不至,经过 7 个多月,终于决定放弃,迳自于民国 18 年 5 月 10 日举行正、副会长就职典礼。[②]这次就职典礼可说是十分冷清,不但没有任何政府代表出席,也不见有其他社团代表到场祝贺,甚至连会长当选人颜惠庆本人都没有亲自参加,而出席的常议会议员也不过 14 人。

正、副会长就职后,不但不能消弭内部的争执,反因组织与财物的问题,冲突愈演愈烈。如前所述,会长颜惠庆人并不在上海,驻京副会长王正廷平时对会务亦不太过问,因此驻沪副会长虞洽卿便成为总会重要的领袖。然而总会内部对于虞氏本就评价不一,如王培元希望虞氏可以大刀阔斧整顿会务,进而"昌大会誉"。但也有人持相反的立场,筹赈处主任江趋丹便曾在虞氏就任后不久的一次常议会上,不客气地指出国民政府并未任命正、副会长,并且宣读总会章程中有关驻沪副会长权限的规定,借以说明总会总办事处的职权,是由理事长会同驻沪副会长共同行使。[③]换句话说,江趋丹认为虞氏的副会长职位,一方面未经国民政府任命,资格认定上还有问题;另一方面,就算虞氏的资格没有问题,也没有独断的权力。

于是,江趋丹主张另外成立筹赈委员会,并积极运作,于 18

---

① 《中国红十字会征求会员大会特刊》,页 61;江绍墀,《为国际善业悲鸣被灾同胞请命》,《申报》(上海),民国 19 年 2 月 21 日 2 版。

② 《红会昨日欢迎正副会长就职》,《申报》(上海),民国 18 年 5 月 11 日 2 版。

③ 《红会常议会记》,《申报》(上海),民国 18 年 6 月 23 日 6 版;《中国红十字会历史资料选编(1904—1949)》,页 229、232。

年 6 月 15 日正式成立,由李国杰担任委员长,林康侯、杜月笙等
18 人担任委员,且在成立后才向常议会报告备案。① 虞氏对此
立即做出反击,提案主张另行组织执行委员会,以辅助副会长执
行会务,②包括赵锡恩等 11 人的执行委员会随后成立。③ 值得
注意的是,筹赈委员会与执行委员会的成员除了陈雪佳一人外,
完全没有重复。这是否意味着两派人马的对立,颇为耐人寻味,
同时这也是杜月笙首次介入红十字会事务。江趋丹则于 7 月 8
日在《申报》上撰写长文,以红十字会创始者建塔立碑的名义,叙
述红十字会自创立以来的历史,以及江氏追随沈仲礼等四人筚
路蓝缕的经过,文中特别提到民国 6 年时北洋政府"欲攫本会为
国有",将沈仲礼停职,派蔡廷干接任的往事。江氏在文中征求
愿具名发起者、为创会四位元老建立纪念塔、纪念碑,并编译四
公事迹汇刊。江氏自言其目的除崇德报功外,"并劝勉现在之在
会人员,咸知四公创造艰难,捐弃私见,共济时艰,奋袂而起,昌
大会务。"④这些呼吁看来似有借古讽今,并有动员传统红十字
会会员的意味。

　　江趋丹一再挑战虞洽卿的职位与职权,但更多的冲突是来
自在双方对于救济工作观点的分歧。江趋丹与筹赈委员会的立
场是尽量募款,越多越好;虞氏与常议会议长王一亭等人则较为
保守,担心筹赈处的账目会牵连到红十字会的财务。在一次常
议会中,议长王一亭便提议筹赈处另立账户,以清界限,获得通
过。⑤ 而在另一次筹赈委员会议中,双方的歧见正式浮上台面,

---

　　① 《红会筹赈委员之人选》,《申报》(上海),民国 18 年 6 月 24 日 3 版。

　　② 《红会常议会记》,《申报》(上海),民国 18 年 6 月 23 日 6 版。

　　③ 《中国红十字会征求会员大会特刊》,页 61。

　　④ 《红会为创始者建塔纪功》,《申报》(上海),民国 18 年 7 月 8 日 3 版。

　　⑤ 《红会常议会记》,《申报》(上海),民国 18 年 6 月 23 日 6 版;《中国红十字会征
求会员大会特刊》,页 61。

这次会议一开始,委员长李国杰报告募捐款项尚存 3 万元,虞洽卿主张加垫 2 万,凑足 5 万元,王一亭则主张甘肃、陕西灾情最重,各汇 1 万 5 千元,而北平方面费用由同人暂垫。观察虞、王二人的态度,似有募捐应到此为止的味道,但李国杰仍力主继续募捐:

> 鄙人生性固执,身体亦弱,救灾重任,不敢落后,今有求于诸君,欲使粒粒赈粮,送到灾民腹中,信用一着,巨款不召而自来,赈户以汗血金钱,委托于我,愿一元救一命耳,救灾如救火,吾无力垫解,至为愧对,设再延缓,不知要饿死几许饥民。①

江趋丹随后报告灾情,据称"声泪俱下,举座寂然"。江氏在说明支出情况时,表示主事者除谢绝车马费、津贴外,断不经手分文。在李、江二人发言后,王一亭只好要求小心开支不要超过现在比例,便不再发言。此后各筹赈委员发言支持继续推广募捐,甚至有人主张应向海外华侨募捐,而杜月笙、杨渔笙更主张收养受灾儿童。②

此次会议等于宣告双方立场正式决裂,筹赈委员会决定继续进行募捐,且救济计划还有扩大的可能,从此虞洽卿不再出席筹赈委员会。不过筹赈委员会募捐规模越来越大,到了 18 年 8 月初,筹赈委员会对外表示,在当月中非募足 20 万元不能应急。③ 消息传出的第 2 天,虞洽卿立刻对国民政府与常议会议长王一亭发出辞职电文,并声明自 8 月 1 日起所有红十字会开会出席、支款署名等事概不负责,在此之前职员的薪水,虞氏仍以副会长名义签字照付。虞氏辞职理由有三:一、红十字会章程

---

① 《红会昨开筹赈会议》,《申报》(上海),民国 18 年 7 月 5 日 13、14 版。
② 《红会昨开筹赈会议》,《申报》(上海),民国 18 年 7 月 5 日 13、14 版。
③ 《红会预算急赈款目》,《申报》(上海),民国 18 年 8 月 5 日 14 版。

与现状不合;二、内部事权不一;三、常议员缺额太多。虞氏认为如欲根本改组,又非召集全国代表大会不可,但此须于开会6个月以前通告,缓不济急。①

虞洽卿不但在商界地位崇高,与国民政府方面也有渊源,再加上他出任红十字会副会长原本就是应王一亭的请求,所以虞氏辞职对红十字会方面必然造成一定的压力。可能是为了符合虞氏改组的诉求,自18年9月19日起红十字会发布筹备会员大会的通告,预备于次年4月开会,并公推王培元为筹备委员会主席,江趋丹、闻兰亭、袁嘉熙、姚虞琴、谭蓉圃为筹备委员。②此时国民政府为了虞氏的辞职,也有所动作,11月4日外交部国际司嵇镜、内政部参事杜曜箕、卫生部医政司长严智钟等3人前来上海,向红十字会方面表示,旧有名称、章程似乎不合时宜,但召开会员大会,筹备时间太久,因此政府方面有意代为修改章程,以整理会务。③

红十字会方面对于国民政府的表态,据称是"至以为奇",并为此特别召开常议会讨论此事。会中各常议员均以为由政府介入整理红十字会,将会损害红十字会的信用,使得各会员、捐户猜疑,对正在进行的募捐反而有所妨碍。如果总会章程必须修改,也应通过会员大会的程序,故决议于民国19年1月15日举行临时会员代表大会,较原定时间提前3个月。常议会也推派代表向国民政府传达会中决议,并进行交涉。④ 这项交涉的过程如何,尚无法得知,不过相信国民政府方面必然感到满意,因

---

① 《虞和德辞红会副会长职》,《申报》(上海),民国18年8月9日14版。

② 《中国红十字会筹备第三届会员大会通告》,《申报》(上海),民国18年9月19日5版。

③ 《整理中国红十字会》,《申报》(上海),民国18年11月5日14版;《三部整理中国红会》,《申报》(上海),民国18年11月6日13、14版。

④ 《红会昨开常议会》,《申报》(上海),民国18年11月7日13版。

为虞氏与国民政府方面的要求泰半获得实现。

在国民政府介入与改组的诉求获得胜利以后，虞洽卿也风光的复职，在虞氏复职的常议会上，议长王一亭与各常议员一致起立，欢迎虞氏复职。王一亭在发言时更明白指出，此次国民政府派员来沪，其目的"亦不过敦促虞副会长复职，赞助本会进步，消弭阻碍之美意"。此次会议虽然一团和气，但虞氏表明他虽然赞成"救人救澈"（救济到底），但仍主张以后凡关赈济开支，归筹赈处负担，关于医药、救伤、掩埋、卫生等款项，则由总会总办事处开支，这点获得许多常议员的赞同。而江趋丹提出将筹赈处所有账目经审核后送常议会备案，也获得与会者的同意。①

为了呼应虞氏修改章程的要求，18年12月初，常议会议决推派林康侯、李国杰、王晓籁、狄楚青、闻兰亭为修改章程委员。② 同时自12月7日起重新发布红十字会召集通告，告知会员及各分会代表，会员大会将于19年1月15日举行。③ 时到民国19年1月，总会发现筹备时间不足，又因接近年关，恐怕出席情况不佳，乃经筹备委员会决议延至2月15日开会。④ 迨2月15日开会当天，办理会员登记者只有40余人，分会代表仅有5个，只好再将开会延至4月20日。此时又恐怕召开此次临时会员大会不符合原红十字会章程的规定，乃公告以登记会员人数

---

① 《红会组织随军拯灾队》，《申报》(上海)，民国18年11月15日6版。

② 《中国红十字会征求会员大会特刊》，页62。

③ 《中国红十字会定期召集三届会员大会通告》，《申报》(上海)，民国18年12月7日5版。

④ 《中国红十字会定期召开三届会员大会通告》，《申报》(上海)，民国19年1月5日2版。

为出席标准，并由总会与各分会举行登记手续。①

在此期间，总会内部纠纷依然无法平息。2月21日总会特别召开欢迎副会长虞洽卿就职视事大会，会中虞氏特别解释当初辞职的原因：

> 至鄙人前次忽然辞职之原因，实因不赞成红会内附设筹赈处，筹赈并不反对，但不能把筹赈处设在红十字会内，致将红会每年之收入捐款，完全被筹赈处支用，开销激增，来源告竭，数十万基金，不数年间必当提取净尽，届时点金乏术，红会非实行倒闭不可。但筹赈处系常议会所通过，鄙人感于事实之困难，来日之危险，不得不出于一辞，并停止支付筹赈处用款，免红会根本被其动摇。②

虞氏坚持尽快修改章程，组织临时执行委员会，他严正表示："红会系国际事业，绝不能凭少数人包办把持，章程不修改，绝无办法，我唯有辞职以对。"③最后，虞氏声明其副会长职务仅维持至会员大会开会时为止。

虞洽卿的发言等于是将长久以来的不满，明白的宣泄出来，事实上在此之前，便已有人将攻击矛头指向常议员兼筹赈处主任，也就是筹备临时会员大会筹备处委员江趋丹。有人在报纸上刊载攻击江氏的报道，也有人分发黑函、传单甚至恐吓信，指责江氏"大权独揽，把持会务"。江氏自认为此次纠纷起因全在会员大会，有人声称江氏积极运作，希望当选副会长、理事长，有

---

① 原本的规定是召开临时会员大会须由分会2/5以上，或会员总额1/5以上，联合提出请求，才得由常议会于5周内召集之。参见《中国红十字会修正章程》《中国红十字会历史资料选编(1904—1949)》，页232；《中国红十字会征求会员大会特刊》，页62；《中国红十字会第三届会员大会筹备处启事》，《申报》(上海)，民国19年3月1日6版。

② 《红十字会昨开会欢迎虞洽卿视事》，《申报》(上海)，民国19年2月21日3版。

③ 《红十字会昨开会欢迎虞洽卿视事》，《申报》(上海)，民国19年2月21日3版。

包办、操纵之嫌。对于种种攻击,再加上虞洽卿的表态,江氏最后选择在报纸刊登公开启事反击,时间正是在虞氏就职视事大会的第2天,这则启事详述江氏与红十字会的关系,以及民国18年以来江氏任职与工作的情况,解释其从不曾保荐一人,不经手一文,且从无担任副会长、理事长的念头,江氏感叹:

> 迭处危疑震撼之秋,特力弱势孤,德不足以感人,力不能弭患,愧对同志,负罪已极,噫,早知今日,悔不当初。特念遍地哀鸿,满目疮痍,爱护本会等于生命。一年来忍气受辱,辛苦艰难,不惜牺牲身家性命,欲保全国际之慈善机关,欲救活多数被灾妇孺灾童暨灾民耳。设始救终弃,人道之谓何?我心欲碎,欲哭无声矣。①

江趋丹的启事可说将总会内部的纠纷全部摊了开来,所谓"一年来忍气受辱"不正是虞洽卿就任以后所发生种种冲突?所谓"力弱势孤"不正表示在国民政府介入后,江氏及其同志无法抗衡?在江氏刊登启事后,似对会务已感灰心,次日筹赈处登报宣告结束。② 19年3月2日筹赈处移交常议会接收。③

江趋丹虽有放弃的念头,但支持江氏的旧红十字会会员,似有欲罢不能的趋势。3月底,几个红十字会分会会长在上海筹组全国分会驻沪通讯处,并向各地分会收取经费,似有"以地方包围中央"的企图,迫使总会不得不对外公开声明,该通讯处的产生未经合法手续,一切行为总会不予承认,并警告该通讯处"倘有意外行动,则本会为法益起见,即行依法办理,绝不坐使慈

---

① 江绍墀,《为国际善业悲鸣被灾同胞请命》,《申报》(上海),民国19年2月21日2版。

② 《中国红十字会声明》,《申报》(上海),民国19年3月7日2版。

③ 《红会筹赈处移交常议会接收》,《申报》(上海),民国19年3月6日16版。

善机关受人操纵"。①

民国19年4月20日,红十字会第3届会员大会在上海天后宫桥"商人团体整理会"举行,出席分会代表128处,会期5天。② 此次大会主要任务为通过修正章程以及进行改选,不过在通过章程后,四川泸县分会代表董霖与歙县代表吴甲三等人提议变更议程,主张先行讨论提案,最后再进行改选。此次大会讨论议案甚多,几乎全部的议案都是由分会代表提出,进而付诸讨论表决,实际上此次大会可说全由各出席分会代表所主导。③

4月24日,也是原定大会的最后一天,为了常议员选举,爆发了中国红十字会有史以来最严重的冲突事件。当天上午9时开会,中午12时停止投票,共出席分会代表121处,会员72人。开票时却发生纠纷。当时监票员董霖、叶植生、顾克用3人指称这次投票有4项疑点:一、会员签到72人,却开出87票;二、江浦分会重复投票;三、所开出选票有2/3为毛笔书写,当日大会并未提供笔砚;四、当天中午12时停止投票,但至下午2时仍有选票自场外寄来。根据上述疑点歙县代表吴甲三要求停止开票,提交次日临时大会解决。④ 当天晚上10时左右,突然出现数十人分持武器,打闹会场,声称非改选不可,闹场多时后才离去。⑤

次日召开临时会员大会,出席分会代表73处,会员百余人,

① 《中国红十字会启事》,《申报》(上海),民国19年3月28日5版。
② 《红会前日开代表大会》,《申报》(上海),民国19年4月22日2版。
③ 以表决权为例,经东台分会代表牛秉钧提议规定表决权以分会代表30票,会员1票为原则,获得通过。《红会续开大会记》,《申报》(上海),民国19年4月23日14版。
④ 《中国红十字会第三届会员大会筹备改选委员会宣言》,《申报》(上海),民国19年5月1日6版。
⑤ 《红会定时开大会》,《申报》(上海),民国19年7月24日14版。

讨论如何补救此次选举，最后决议于 28 日举行改选，并组织筹备改选委员会，选出叶植生、周国埙、吴甲三、董霖、顾克用、沈来森、周光九、王培元、卫锐锋、吴耀三等 10 人为改选委员。此次的临时大会，总会职员多人参与，如卫锐锋、吴耀三两人便是总会职员。① 4 月 27 日，改选委员会正式成立。② 从上述名单可以得知，改选的委员会事实上是由部分分会代表与总会职员合组而成。

4 月 28 日，选举当天上午，总会又遭多人捣毁。③ 下午 1 时改选常议员，出席各分会代表 100 处，虽完成投票程序，但因国民政府与党部方面代表未能派员出席监视，故经大会议决将票柜封存，由监票员交给常议会议长王一亭负责保管，静候国民政府派员监视启封。④ 29 日国民党上海市党部派代表前来总会，但改选委员会仍然坚持等候国民政府代表前来再行开票。同日各分会代表以来沪多日，未能久候，乃将开票责任托付改选委员会后，宣告结束这次临时会员大会。⑤

5 月 2 日国民政府代表与党部代表到齐后，准备开票，但常议员闻兰亭却在此时指称改选为非法，总会秘书嵇鹤琴也提供改选委员董霖、吴甲三亲笔威吓证据，国民政府代表因而拒绝开票离去。此后经部分会员向国民政府提出控诉，国民政府乃令上海市卫生局查办凶犯，上海市特区法院以破坏红十字会的罪

---

① 《中国红十字会第三届会员大会筹备改选委员会宣言》，《申报》（上海），民国 19 年 5 月 1 日 6 版；《红会定时开大会》，《申报》（上海），民国 19 年 7 月 24 日 14 版；《中国红十字会征求会员大会特刊》，页 75。

② 《红会改选委员会第一次会议》，《申报》（上海），民国 19 年 4 月 27 日 3 版。

③ 《红会定时开大会》，《申报》（上海），民国 19 年 7 月 24 日 14 版。

④ 《中国红十字会第三届会员大会通告》，《申报》（上海），民国 19 年 4 月 28 日 2 版；《红会昨日举行改选》，《申报》（上海），民国 19 年 4 月 29 日 16 版；《中国红十字会第三届会员大会筹备改选委员会宣言》，《申报》（上海），民国 19 年 5 月 1 日 6 版。

⑤ 《红会大会昨日闭会》，《申报》（上海），民国 19 年 4 月 30 日 14 版。

名,拘拿改选委员沈来森。① 同时,常议会也议决于19年8月10日再度召开临时会员大会,以解决选举及一切问题,将前次会员大会视为"虽经投票而无结果"。② 至此主张改选的力量为之顿挫,此次改选也终告失败。

检讨此次纠纷的由来,似仍延续前述虞洽卿与江趋丹之间为了改组而起的矛盾。在虞洽卿方面的立场,是经由会员大会通过修改章程,彻底对总会的组织结构进行改革,以避免为少数人所把持;江趋丹方面的立场,则是坚持保持红十字会的传统,因此双方乃发生不可避免的冲突。在江趋丹结束筹赈处后,是否仍在运作反对虞氏,目前不得而知。不过在召开会员大会时,部分分会代表与总会职员的各项举措,似不无呼应江氏意见的痕迹,值得留意的是在4月24日当选常议员名单已无江趋丹,③是否此点亦为促进改选的原因之一,颇值得玩味。

此外必须注意的,便是暴力介入常议员选举的问题。改选委员会在其宣言中曾经明白表示不受"甘言诱惑,暴力胁迫"。④但5月2日开票时部分总会职员却指称曾遭改选委员威吓。事后国民政府方面非常重视,特别电令上海市长转饬卫生局长彻查。⑤ 经上海市政府卫生局调查结果,认定此次暴力事件与改选委员有关。⑥ 当时驻京副会长也正是外交部长王正廷,更认

---

① 《红会改选定期开票》,《申报》(上海),民国19年5月1日14版;《红会定时开大会》,《申报》(上海),民国19年7月24日14版。

② 《中国红十字会通告》,《申报》(上海),民国19年5月9日5版;《红会定时开大会》,《申报》(上海),民国19年7月24日14版。

③ 《红会定时开大会》,《申报》(上海),民国19年7月24日14版。

④ 《中国红十字第三届会员大会筹备改选委员会宣言》,《申报》(上海),民国19年5月1日6版。

⑤ 《红十字会选举纠纷查办情形》,《申报》(上海),民国19年6月19日2版。

⑥ 《红会定时开大会》,《申报》(上海),民国19年7月24日14版。

定是江趋丹在幕后主使。①虽然经常议会代为声辩，表示并无证据，江趋丹也声明并无捣乱情事，但国民政府方面通过上海市卫生局向总会下达命令，要求通知江趋丹，停止其常议员职务。②19年8月时江趋丹向常议会提出辞呈，③从此永远退出总会核心。

关于此次暴力胁迫的现象，究竟是何方所为，可能已经永远无法获知真相。不过其手法与当时帮会势力有相似之处。杜月笙曾为了使其势力得以打入若干社团，有时会运用类似群众捣乱方式，借使该社团领导人向其求助，如此便可扩张其影响力。在这次暴力事件之前，杜月笙即是江趋丹筹组筹赈委员会成员之一，是否于此时应江氏之请，或者主动介入此次常议员选举，目前没有相关证据，不过随着杜氏在上海权势日增的情况下，介入像红十字会这样首屈一指的慈善团体，其实也是迟早的事。

虽然江趋丹被迫辞职，沈来森遭到拘提，前述改选结果又不获得承认，主张坚持传统的一些人（或可称之为保守派）看似一败涂地，但其实不然，这是因为不论在分会代表，或者是会员当中，保守派的力量仍然相当稳固，这可由前述历次大会结果得到证实。也正因为如此，保守派与主张修改章程并进行改组的一些人（或可称之为改革派）之间的争执陷入胶着状态。

19年8月11日再度召开临时会员大会，出席者仅有数十人，常议会议长王一亭称病没有出席，常议员出席者仅有3位，这引起许多会员的不满。于是会中有人提议电请议长出席开会，有人主张如议长推病不来，则由会员推派代表前往恭请，有人认为不如各会员移樽就教，齐往宁波开会，甚至有会员表示如

---

① 《国民政府严查红会案》，《申报》(上海)，民国19年7月27日14版。

② 《红会常议会应办各案》，《申报》(上海)，民国19年8月9日14版。

③ 《中国红十字会征求会员大会特刊》，页64。

果议长、议员等人继续消极抵制，那么他们只有请求政府派员监督，由分会公推代表，接收总会。① 最后决定延至 8 月 19 日继续开会。②

对于总会内部长期的纷扰，国民政府方面渐感不耐。上海市政府卫生局再度致函常议会议长王一亭，询问有关会内选举纠纷，究竟有无办法由总会自行解决？对于国民政府中央核定的善后办法，究竟如何办理？③ 在国民政府强大压力之下，总会方面只得暂时放弃成见，着手重新修改章程。8 月 19 日又召开临时会员大会，出席分会代表仅 20 余处，会员 50 余人，主席由议长王一亭担任。王氏一开会便征求会员意见，由于出席人数实在太少，对于该次大会应否成立的问题，会员之间争执许久，最后经表决决议大会理应成立。

随后常议员闻兰亭与会员洪雁宾提议，按照国民政府颁发善后办法，组织修改章程委员会，并推举委员 11 人，负责修改各项章程，以符合国民政府的期望。出席者对此咸表赞成，并立即选出闻兰亭等 11 人为委员。这次临时大会可说是在国民政府压力之下，双方被迫暂时捐弃成见，共同进行修改章程，希望可以符合国民政府的期望。不过由修改委员的名单可以看出分会代表的影响力犹在，部分委员正是先前坚持改选的同一批人。④

原先在 4 月召开会员大会时虽然曾经通过修改章程，但因未经二、三读，在程序上被认为不完备，故此需要由修改章程委员会再行修订，完成全部三读程序。经过修改章程委员会自 8 月 20 日至 11 月 16 日共 18 次会议，终于完成修订红十字会章

---

① 《红十字会大会记》，《申报》(上海)，民国 19 年 8 月 12 日 9 版。

② 《中国红十字会紧要通告》，《申报》(上海)，民国 19 年 8 月 17 日 7 版。

③ 《市卫生局查办红会总会近讯》，《申报》(上海)，民国 19 年 8 月 18 日 13 版。

④ 如叶植生、吴甲三、周光九等人，《红会临时大会》，《申报》(上海)，民国 19 年 8 月 21 日 14 版。

程、分会通则、选举法、执行委员会细则等 4 项章程。① 由讨论的过程可知，各分会代表对章程内容字斟句酌，历次会议发言踊跃。或许以虞洽卿为首的常议员方面，对此会议不太放心，故自第 2 次会议开始便有刘鸿生、王晓籁两人参与会议，惟刘、王两人从未发言，其任务似为监督和参加表决而已。

在红十字会完成修订章程后，当即呈请国民政府备案。② 不过国民政府在经过相关部会讨论后，认定此次修改不符合原章程所定程序，因此手续并不完备。③ 外交部方面更主张仿照日本等国，由政府特定条例以资管理，这个观点获得国民政府方面接纳，于是成为既定政策。12 月底，国民政府发布新闻，表示将交由立法院制定管理红十字会法规。④ 这个消息一出，等于将前述修改章程委员会 18 次会议的成果一笔勾销，同时也代表保守派力量再次受到重挫。

主张由政府制定法规管理红十字会的外交部，当时部长同时也是总会驻京副会长王正廷，据称他曾经参与由常议员林康侯等 3 人在该年 4 月 20 日起草的章程会议。⑤ 如此说属实，那么王氏起初应是倾向由总会内部自行修改章程，在半年多以后，

---

① 《红会修改会章委员会》，《申报》（上海），民国 19 年 11 月 20 日 3 版，其余各次会议经过参见 8 月 21 日 14 版；8 月 25 日 13 版；8 月 28 日 14 版；9 月 3 日 14 版；9 月 7 日 17、18 版；9 月 11 日 10 版；9 月 12 日 14 版；9 月 13 日 6 版；9 月 14 日 14 版；9 月 15 日 13 版；9 月 17 日 16 版；9 月 19 日 10 版；9 月 20 日 14 版；9 月 22 日 14 版；9 月 23 日 2 版。

② 《红会各项章则呈送国民政府备案》，《申报》（上海），民国 19 年 10 月 16 日 14 版。

③ 原定程序是需要经过常议会 4/5 以上议员提议，会员大会 3/5 以上出席会员表决通过，才算完成。《国民政府收立法院呈文》（民国 21 年 12 月 3 日），国史馆藏，《国民政府档案》，微卷 327。

④ 《红十字会特定条例之批准，由立法院制定章则》，《申报》（上海），民国 19 年 12 月 28 日 14 版。

⑤ 《红会前日开代表大会》，《申报》（上海），民国 19 年 4 月 22 日 14 版。

王氏所主持的外交部在立场上却有一百八十度的转变,竟然提出由政府代为立法的政策,其间转折耐人寻味。是否因为新章程的修定是由红十字会内保守派主导,或者其内容不符合王氏或官方的期望,以至于促成国民政府干脆以直接立法的方式,确立政府监督红十字会的机制?

不论如何,在国民政府直接介入立法以后,红十字会员保守派可以着力的空间越来越小。民国 23 年,根据《红十字会管理条例》召开的全国代表大会,是保守派活动的最后一次舞台。该次大会虽然保守派成功通过了总、分会章程,希望在内规上可以确保红十字会独立的地位,但这些章程事后遭到国民政府的搁置,并未加以批准;在理、监事人事上,保守派只能被迫接受国民政府方面的规划名单。因此,不论在名、实两面,保守派可说几无所获。等到改组成功以后,由于战争情势的影响,从此红十字会在大陆时期再也不曾召开全国代表大会,保守派特别是其中的各分会代表,对总会再也无法施加任何有形的影响,而红十字会接受官方管理的趋势,似难再有任何力量可以阻挡。

以虞洽卿为首,坚持进行改革的江浙商人,在经过几年的整顿后,终于获得优势,不过也因为虞氏坚持不为特定灾情主动向外募捐的立场,使得红十字会在救济方面的工作,分量较前大为减少。据说还因此引起外界误会,对红十字会形象有所影响。①此外,虽然整顿内部的工作可说大功告成,但虞洽卿个人面对数年来红十字会内部的纷争,可能已感灰心,23 年改组以后,虞氏虽然再度当选理事,但他立即宣布辞职不就。于是以旧红十字

---

① 虞洽卿自己后来承认因为整顿内部,故自民国 18 年起便未向外募捐;常议员王晓籁特别为此提议应将改组后红十字会情况加强对外宣传,因为王氏认为当时"内部整顿已具端倪"。见《红会常议会开会记》,《申报》(上海),民国 20 年 9 月 17 日 5 版;《中国红十字会昨晚宴请各队长情形》,《申报》(上海),民国 23 年 3 月 3 日 12 版。

会会员与分会代表为主，主张坚持红十字会独立地位的保守派，与有官方支持、以虞洽卿为首的江浙商人，主张彻底改组的改革派，长达数年来的纷争，至此终于落幕。

综观前述纷争，其代表的意义，正是红十字会在由北洋政府过渡到国民政府时期，地位与路线问题的再确定。红十字会自创立以来，与政府的关系始终若即若离，虽然正、副会长任命须由政府任命，章程亦须备案，但到底始终保持相对独立的地位。在工作方面也融合了传统慈善团体偏重救济，与红十字会宗旨注重战地救护的特色。但自民国17年以来，随着领导阶层的重组，以虞洽卿为首的江浙商人认为不再需要投入过多资源在救济工作上，同时红十字会内部人事与章程，也需要重新加以整理。虞氏等人改革的意见，立即遭到部分旧红十字会会员与分会代表的反对，双方乃展开为期两年左右的对抗。

虞洽卿在此期间，一度以辞职表示内心极度的不满，终于获得国民政府方面的强烈支持，得以继续进行改组各项程序。虽有国民政府在背后支持，但虞洽卿等人依然得面对改组困难，因为既然要求改组，势必要通过召开全国代表大会的程序，但一旦召开会议却又必须面对保守派在基层雄厚的动员力量，以致各次会议皆无法顺利完成改组的使命，反而衍生出各项争端，最后不得不与保守派妥协，使保守派得以加入修改章程的会议。不过保守派的胜利只是昙花一现，最后国民政府方面片面决定直接制定法规，将红十字会直接纳入政府管理，至此虞氏在总会内部的改革终于得以顺利完成，但红十字会自此以后也逐渐失去独立的地位。虞洽卿对救济工作消极的路线，也为往后的领导阶层所沿袭，随着日本侵华脚步的逐渐逼近，战地救护工作逐渐成为往后红十字会工作的重心。

从此次总会内部的纷争，还可以观察红十字会领导阶层内

部的分化,这可能和国民政府定都南京以后,上海商人内部的分
化有密切的关系。如虞洽卿、王晓籁等与国民政府关系密切的
商人进入红十字会,与原来旧领导阶层产生若干矛盾,最终仍是
依靠国民政府的力量得以获得主导权。而帮会势力特别是杜月
笙在此次纷争当中所扮演的角色,更是值得加以深思。总之,在
此次纷争过后,国民政府决定直接管理红十字会,以虞洽卿、王
晓籁为首的江浙商人,与以杜月笙为首的帮会势力,也进入红十
字会的权力核心。而红十字会自此逐渐失去独立的地位,会内
保守派自此也逐渐销声匿迹。

二、政府立法管理

在前述总会改组争议的同时,行政体系方面的压力接踵而
来。19 年 9 月各省市政府呈请国民政府解释有关各地红十字
会应否由当地政府监督,这是由于各地政府人民团体相关法律
要求各地红十字会依法备案,但红十字会总会坚持红十字会独
立的地位,认为“中国红十字会为国际慈善法团,与世界五十三
国联盟,完全独立,不受地方行政官厅之管辖,无备案之必
要”。① 同时亦有报纸刊登相关消息,指称红十字会为地方慈善
团体之一,应按监督慈善团体法受各地方政府机关监督。由于
此事攸关红十字会定位问题,红十字会方面非常重视,乃由常议
会议长王震前往南京求见行政院院长谭延闿、外交部部长王正
廷与内政部次长,一一说明红十字会的特殊性质,并将红十字会
经过历史、修订章程、分会通则、选举法等备文呈送国民政府,请
求核准备案。②

① 《行政院收青岛市政府呈文》民国 19 年 9 月 30 日,《中国红十字会月刊》,1 卷 1
期(1931 年 5 月),页 28。
② 《中国红十字会征求会员大会特刊》,页 59—65。

这次所修订章程是由红十字会修改会章委员会起草,再由当时外交部部长王正廷(同时也是红十字会总会副会长)与内政、卫生两部代表共同修正。[①] 因此,红十字会方面认为将此章程呈送国民政府核准备案后,函知各分会查照,以便再次召开会员大会举行选举,[②]如此便可完成改组程序。但国民政府方面则有不同看法。

国民政府并不准备仅以核准备案的方式来处理此次红十字会改组事宜,而是打算更进一步的借此机会制订相关法律,使政府力量积极介入红十字会。因此在此案送至行政院后,内政部召集外交、军政、海军、卫生等各部代表进行会议,这次会议认定红十字会所呈送的修订章程,在程序上不符合原订章程的修改规定,因此手续并不完备。[③] 而针对红十字会是否应与普通地方慈善团体一并接受地方政府机关监督一节,当时外交部所持意见为:"该会之设立在条约上有根据,在国际间有地位,所办主要事业又为救护各交战国受伤疾病士兵等特殊之事,未便与普通慈善团体一例待遇,似可仿照日本等国特定条例以资管理,实系妥善办法。"[④]这个观点为各部会所接受,转呈行政院、国民政府,交由立法院制订管理红十字会法规,另外此次会议达成一项共识,亦即应于制订法律时,明订红十字会设立时应呈由内政、

---

① 《申报》(上海),民国19年4月22日2版。

② 《中国红十字会征求会员大会特刊》,页64—65。

③ 根据原定红十字会章程,欲修改章程非经常议会4/5以上议员之提议,会员大会3/5以上会员表决通过,否则不得变更,而此次红十字会修改章程并未完成上述程序。民国21年12月3日《国民政府收立法院呈文》,国史馆藏,《国民政府档》,微卷327。

④ 《国民政府收行政院呈文》(民国21年9月10日),国史馆藏,《国民政府档案》,微卷327。

外交、军政、海军、卫生等部会核备案。①

　　然而这个法规的制订,在立法院却延宕了两年,仍未完成。内政部乃转呈行政院请饬立法院尽速立法。立法院在行政部门的压力下,于3个月内经两次军事、外交委员会联席会议,讨论决定红十字会以内政部为主管机关,并推由赵乃传、楼桐孙两位立法委员进行草拟法规草案。其后经两次联席会议修正通过,于民国21年11月25日立法院第213次会议三读通过《中国红十字会组织管理条例》14条,②并由国民政府于同年12月16日公布施行。③ 内政部根据该法案,在与各相关部会机关会商后,完成施行细则草案43条,经行政院院会通过后,于民国22年6月3日公布实施。④ 后来虽因部分条文抵触问题而有所修正,⑤但至此,政府对红十字会改组所需的相关法令,终告完成。

　　此次立法最大特点,在于确立红十字会必须接受国民政府的监督,在管理条例中明订红十字会"总会以内政部为主管官署,并受外交部、军政部、海军部之监督,分会隶属于总会,以所在地地方行政官署为主管官署"。⑥ 换言之,原先红十字会方面希望不受地方政府监督的想法,纵有外交部为其缓颊,

---

　　① 《国民政府收立法院呈文》(民国21年12月3日),国史馆藏,《国民政府档案》,微卷327。

　　② 《国民政府收立法院呈文》(民国21年12月3日),国史馆藏,《国民政府档案》,微卷327。

　　③ 《国民政府第83号训令》(民国21年12月16日),国史馆藏,《国民政府档案》,微卷327。

　　④ 《国民政府收行政院呈文》(民国22年6月3日),国史馆藏,《国民政府档案》,微卷327。

　　⑤ 在管理条例第4条中,规定红十字会理、监事各若干人,由全国会员大会就会员代表中选举之,但施行细则中则是规定理事由全国会员大会就会员中选举之。

　　⑥ 《国民政府第83号训令》(民国21年12月16日),附件《中国红十字会管理条例》第3条,国史馆藏,《国民政府档案》,微卷327。

但在内政部主导之下,完全不被接受。从此以后,红十字会必须接受政府部门的监督,连总会的资产账簿,内政部都可随时派员单独或与其他部会会同检查,这可说是中国红十字会历史上的一大变革。

在行政院公布《红十字会管理条例施行细则》后,内政部便命令红十字会筹备举行第一次全国会员大会,并拟定各项章则计划书,以便进行各项改组事宜。红十字会在呈送各项章则计划之余,派员赴北平提取过去总会关防文卷,于民国22年12月7日启用中国红十字会关防,同日取消原上海的总办事处名义。①

三、总会遵循法律完成改组

在国民政府完成法令的制定后,红十字会当即筹备改组,首先进行征求会员工作。经内政部批准后,红十字会于民国23年3月1日起,至9月30日止,对外征求会员,共计征得各级会员5,055名。②

为了完成改组程序,民国23年9月24至28日,红十字会于上海召开第1次全国会员代表大会。此次会议是《红十字会管理条例》与《施行细则》通过后,首度召开的大会,其首要任务便是对红十字会总、分会依法进行改组。

这次会议出席者除总会代表外,有各地分会约100余处,报到代表248名。国民政府尤其内政部对此次会议十分重视,不但欲借此改组红十字会,更有扩充红十字会会务之意,这可能是

---

① 《中国红十字会征求会员大会特刊》,页70—71。

② 此次征求会员原定至4月30日为止,但因军政界与各地绅商踊跃参加,故上海地区延至7月30日,外埠仍准延长相当时间,据征求会员报告得知最后期限延至9月30日。《申报》(上海),1934年2月25日14版;1934年7月30日12版;《征求会员特载》《中国红十字会月刊》,1期,页145—159。

由于自九·一八事变以来,日本侵华脚步日益逼近,红十字会组织有其国际地位,一旦战争爆发,必有发挥之处。为因应战争情势必有所准备,这正是此次红十字会召开改组后首次全国代表大会的根本原因,诚如这次大会在闭幕时所发表大会宣言,即明白显示改组红十字会,是为了合乎时代的需要以及应付时变:

> ……如此则第二次世界大战,虽未必果于 1936 年发生,恐终不过为时间问题耳。我以积弱之国,介处其间,倘果不幸而遭逢此变,试问将何以应付?岂忍坐视地方糜烂,军民死伤,而不思索以拯救之?际此时期,借以保全我国在国际间之地位者,其惟我红十字会乎?……所不能无遗憾者,红十字会在我国事属创举,人民之认识,尚有未真,以故会员无多,资力薄弱,所办种种事业,终不免有力不从心之慨,此在平日间,尚可勉为应付,际兹第二次世界大战空气弥漫之顷,若仍因陋就简,不思所以改进,倘一旦遭逢较欧战尤烈之巨变,我华北及东南沿海一带,恐将陷于不堪闻问之境,即全国通商巨埠,恐亦难保其安全,以此等规模狭小,设备不完全之红十字会,将何以尽其博爱恤兵救苦救难之天职?[①]

此次大会主要成果为通过相关章程及修改法律的意见。根据国民政府公布法律修改通过总分会章程,以总会来说,最大的改变就是以理、监事会取代原有的常议会,并取消原有的理事长,仍设会长 1 人,副会长 2 人,由理事会推选,任期 3 年,连选得连任。[②] 在总会章程草案中还有一项耐人寻味的条文,此即

---

① 《申报》(上海),民国 23 年 9 月 29 日 12 版。
② 《中国红十字会总会章程草案》,《中国红十字会月刊》,1 期,页 41—51。

第3条："本会设总会于首都,在未设首都以前得暂设于上海。"①这个条文值得注意之处,在于认定此时国民政府尚未设首都,因此将总会仍暂设于上海,事实上国民政府早已定都南京,本条文似在为总会留在上海提供借口。

其次,大会也针对国民政府所公布的红十字会管理条例及施行细则,通过一份修改意见书,这份修改意见书充分地表达了多数红十字会会员希望维持红十字会独立地位的意见,这可由几项重点的修改发现一些端倪:一、名称问题。国民政府所公布的各项法律将红十字会的会名,由原有的"中国红十字会"一律改为"中华民国红十字会",但意见书则主张改回原来的"中国红十字会";二、隶属与监督问题。国民政府所公布法律主张红十字会应隶属于国民政府,总会以内政部为主管机关,并须受各相关部会的监督,各地分会则须隶属于总会,以所在地的地方行政机关为主管机关。意见书对此采取部分妥协的立场,主张修改为总会隶属于国民政府、并受各相关部会监督,分会隶属于总会,但去除所有有关总、分会主管机关的规定,而这正是希望维持红十字会独立的一大关键。②

在此次大会当中,其他议决事项则有:一、减低会员会费,多收青年会员;二、增设妇女部;三、训练救护及看护人才,预储救护材料,以便平时得以充实内部,遇变时亦可应付裕如;四、于首都及各区埠设立完善之医院,并附设赈济及救济等机关,以便平日得以治疗平民之疾病,拯救贫民之疾苦,遇变亦可救治中外伤兵,以重人道。③

---

① 《中国红十字会总会章程草案》,《中国红十字会月刊》,1期,页41—46。

② 《中国红十字会第1次全国会员代表大会拟请修改中华民国红十字会管理条例及其施行细则意见书》,《中国红十字会月刊》,1期,页23—40。

③ 《申报》(上海),民国23年9月29日12版。

最后大会在 9 月 28 日完成选举理、监事工作,选出林康侯等 15 人为理事,黄涵之等 15 人为监事,选举完毕,宣读大会宣言后随即闭幕。[①]

然而在此次大会召开期间,发现一项严重的法律问题,即是由立法院通过、国民政府公布的《红十字会管理条例》与行政院公布的《施行细则》,在选举理、监事的规定上竟然发生相抵触。管理条例规定,理、监事应就会员代表中选举之,施行细则则是规定由会员中选举之。这个抵触问题,其实应归咎于内政部的疏失,而且在法律位阶上,应以管理条例为准,不过当时作为主管机关的内政部将错就错,坚持红十字会先依"施行细则"的规定办理,再呈行政院转咨立法院修改管理条例。[②] 后来立法院虽然一面抱怨行政院方面"手续错误,显然以命令变更法律",但竟在施行细则公布一年以后才来请求修正,并据此要求行政院及各院以后不得再有施行细则与法律相抵触的情况,但仍于院会讨论时通过准予修改。[③]

综观此次大会,实乃国民政府与原红十字会传统势力间的角力,国民政府方面希望借此次大会完成改组红十字会的任务,得以将国民政府力量顺利介入红十字会。许多原红十字会会员虽然无力扭转乾坤,阻止此次的改组与国民政府力量的介入,但也希望借由全国代表大会的决议,提出修改法律的意见书,意图维持红十字会独立的地位。双方便在这种同床异梦的情形下,在此次大会上各有所获。国民政府方面顺利地完成了改组必备的大会程序,很可能同时也主导了大部分理、监事人事的规划,从此国民政府的力量名正言顺地介入红十字会。而原红十字会

① 《申报》(上海),民国 23 年 9 月 29 日 12 版;9 月 30 日 12 版。

② 《申报》(上海),民国 23 年 9 月 27 日 10 版。

③ 《立法院呈文》(民国 23 年 10 月 24 日),国史馆藏,《国民政府档案》,微卷 327。

传统势力则借此次大会多数会员代表的优势，决议通过各种章程、意见书，成功地表达了维护红十字会独立的立场。不过，大会所通过的各种章程与意见书，后来大多遭到国民政府方面的漠视、搁置，从未加以批准；而且红十字会相关法律，也从未依照此次大会所通过的意见书加以修改，所以在行政力量实际的运作之下，红十字会传统势力逐渐衰落，再无力量与国民政府抗衡，更遑论试图维持红十字会独立的地位。

在大会结束后的第 3 天，民国 23 年 10 月 1 日红十字会总会召开第 1 届理、监事第 1 次联席会议，会中公推王正廷为会长，史量才（案：后因史量才遭暗杀，乃补选杜月笙为副会长）、刘鸿生为副会长，王震、闻兰亭、林康侯、杜月笙、王晓籁等为常务理事，钱永铭、黄涵之、陆伯鸿为常务监事。[1] 10 月 2 日总会召开第 1 届常务理、监事第 1 次联席会议，讨论接收与组织系统等事，决议裁撤理事长、驻京代表等职务。[2] 10 月 3 日，红十字会新任正、副会长及常务理、监事等宣告正式就职。[3] 10 月 8 日，由副会长刘鸿生、常务理事会代表林康侯、闻兰亭，常务监事会代表黄涵之，会同前往向前总会理事长王培元办理接收。[4] 至此红十字会的改组初步宣告完成。11 月内政部核准红十字会登记为慈善团体。[5]

红十字会在改组后，组织方面最大的区别就是原常议会取消，其职权由理事会、监事会取代，但理事会与监事会的角色、分

---

① 《中国红十字会总会第 1 届理事会理事监事会监事第 1 次联席会议记录》《中国红十字会月刊》，2 期，页 67—68。

② 《中国红十字会总会第 1 届常务理事及第 1 届常务监事第 1 次联席会议记录》《中国红十字会月刊》，9 期，页 53—56。

③ 《申报》（上海），民国 23 年 10 月 4 日 10 版。

④ 《申报》（上海），民国 23 年 10 月 9 日 12 版。

⑤ 《申报》（上海），民国 23 年 12 月 13 日 6 版。

工,在第 1 次大会上并未有所决议,而红十字会的内部组织应作
如何规划,也仍待进一步的规定。虽然第 1 次代表大会所通过
的总分会章程始终未获主管机关的核准,①但理、监事会组织规
程却是决定红十字会组织的关键,新任理、监事就职后,迅即由
秘书处拟定草案,经理、监事联席会议议决交常务理、监事审
查。② 此事内政部方面也颇重视,在内政部下令之后,红十字会
迅即拟定理、监事会的组织规程呈部,③民国 24 年 2 月 1 日获得
内政部准予备案,④至此红十字会的组织架构终于有所遵循。

　　根据新的组织规程,理事会是红十字会的最高执行机关,监
事会为最高监察机关,理、监事联席会议则是在全国代表大会闭
幕后,最高的权力机关。以上会议皆规定 3 个月开会 1 次。此
外分别又有常务理、监事会议,规定每月开会 1 次,但得召集临
时会议,而常务理、监事又有联席会议,开会时间不定,由会长或
副会长随时召集举行。由此规程可以知道,会长、副会长以及常
务理、监事才是红十字会的权力核心,除了监事会与常务理、监
事会之外,其他各项会议皆由会长召集,且为当然主席,会长缺
席时由副会长召集并为当然主席。各项会议皆得临时召集会议
固然有因时因地制宜的优点,但不可否认的,这在制度上亦赋予

────────────

　　①　这可能和总会坚持留在上海有关。总会章程第 3 条虽依照施行细则,规定总会
设于首都,却单加一条即"在未设首都以前得暂设于上海"。事实上国民政府早就宣布定
都南京,何来所谓未设首都,推测这种说法无非是为了提供总会留在上海一个借口。

　　②　《中国红十字会总会(以下简称总会),第 1 届理事会理事监事会监事第 2 次联
席会议记录》(民国 23 年 10 月 13 日),《中国红十字会月刊》,页 69—73。

　　③　《总会第 1 届理事会及监事会第 5 次联席会议》(民国 24 年 1 月 5 日),《中国红
十字会月刊》,3 期,页 77—80。

　　④　案此次属暂准备案,原预定试行 6 个月,不过拖到民国 26 年 3 月 13 日又奉当
时的主管机关卫生署命令,在新的红十字会管理条例施行细则公布以前,准予照常通
行,事实上,新的施行细则从未公布,因此这项组织规程也就沿用下去。《总会理事会及
监事会组织规程》,按语,《中国红十字会月刊》,55 期,页 77。

会长、副会长及常务理、监事以极大的权力。①

　　组织规程还规定总会设立秘书处，由秘书长负责。首任秘书长为曹云祥，秘书处下设 4 股，分别是文书、编译宣传、会计、庶务，各股设股长 1 人。理事会之下设青年部、妇女部，各部设主任 1 人。此外总会还依事实之需要设立法律、经济、设计、救护、赈灾、卫生医药等委员会。②

　　改组后的红十字会在工作方针上有极大的转变。民国 24 年 6 月 2 日，会长王正廷在理事会上提出一项划时代的提议，就是主张"红十字会当逐渐退出医院范围之外，纡徐减少寻常慈善机关性质，俾得专注于红十字会之唯一目标即救护工作"。这项提议获得理事会的原则通过，并决定自即日起将红十字会原第 2 医院停办，将总会于 6 个月内迁入第 2 医院院址办公。③ 这项提议可能是预见中日间战争迟早将会爆发，而希望有所准备。当时与会者可能都没有想到，这项提议等于预告了往后 10 年红十字会最重要的工作目标。

　　总会在上海成立救护委员会后，由于事实需要，华北地区的医界人士，也不甘落后。民国 25 年 11 月日军侵略绥远，红十字会总会乃由救护委员会副总干事庞京周前往前线视察伤兵。此时为了集中办理华北各地捐助援绥药品器械等事宜，同时也为了协调各机关团体的力量，更因为红十字旗帜在进行救护工作时确有其必要，乃由庞氏与卫生署长刘瑞恒在北平会同协调当地与华北各医界人士，并于 26 年 1 月 20 日在北平成立总会救

---

　　①　《总会理事会及监事会组织规程》，按语，《中国红十字会月刊》，55 期，页 77—86。

　　②　《总会理事会及监事会组织规程》，《中国红十字会月刊》，55 期，页 77—86。

　　③　《总会第 1 届理事会第 1 次会议记录》（民国 23 年 10 月 2 日），《中国红十字会月刊》，9 期，页 51—53。

护委员会华北分会。[①]

经过民国23年以来的改组,红十字会可说已彻底纳入国民政府的管理,但国民政府方面似仍觉不足。民国25年7月23日,国民政府修正公布"中华民国红十字会管理条例"18条,这次修法最大的改变,即为将主管机关由内政部改为卫生署,其次则是规定"理、监事于必要时得径由国民政府遴选相当人员聘任之。但不得超过全体理事、监事人数三分之一"。[②] 换句话说,此后国民政府开始可以直接遴选理、监事,这是过去红十字会从来未有之事。而此次管理条例通过后,可能因为日本侵华缘故,相应的施行细则,始终无法制订,只有仍旧沿用旧法,以致于新的管理条例与旧的施行细则条文多有不符。事实上,当战争全面爆发以后,适法与否,已经不是国民政府或红十字会所能考虑的了。

第二节　经费来源与会务推展

在总会改组的前后,其经费与相关会务的推展,也呈现出明显的变化,以下分别叙述。

一、经费来源的消长

任何社团组织活动的基础便是经费的管理,总会的历年经

---

① 《中国红十字会总会救护委员会华北临时分会议事录》《中国红十字会月刊》,21期,页72—74;《各方纷纷援绥劳军》《申报》(上海),民国25年12月8日;《刘瑞恒昨赴绥视察》《时报》(上海),民国25年12月9日;《中国红十字会救护绥战,组设华北教护分会》,《申报》(上海),民国25年12月10日,以上报纸资料转引自《中国红十字会月刊》,19期《摘录各报关于红会之新闻》(以下简称剪报),页118—120。

② 《中华民国红十字会管理条例》(民国25年7月23日修正公布),《中国红十字会月刊》,55期,页57—59。

费收支参见表 2—1。

表 2—1 　　　　　　　　**总会历年收支表**

时　间	收　入	支　出	结　余
民国 21 年			29,642.79
民国 22 年	233,963.37	258,960.15	4,646.01
民国 23 年	163,137.66	166,688.04	1,095.63
民国 24 年	584,935.54	570,246.91	15,784.26
民国 25 年			15,560.74

备　注:货币单位为国币。

资料来源:《中国红十字会民国 22—24 年度收支总报告》,南京第二历史档案馆藏《红十字会档案》476—1992;《中国红十字会总会收支总报告表》(民国 26 年 7 月 1 日至 27 年 12 月 31 日),《中国红十字会月刊》,58 期(民国 29 年 4 月)页68—69。

　　总会收入主要有三个来源:会费、捐款、政府补助。其中会费和捐款传统以来一直是总会经济的主要支柱,会费的收入依赖会员的征募成绩,捐款则可能与总会工作表现与会中领导人的募款能力有关。由目前有限的收支报告看来,民国 23 年总会改组同时,捐款收入有大幅缩减的现象,[①]这是否代表在总会改组前后,许多原本有募款能力的上海商界人士退出总会核心,以至于影响捐款意愿,或者是民众对总会工作支持程度有所减退,颇为耐人寻味。直到抗战爆发前,除了针对若干灾难发起的募

---

　　① 各项捐款总数由民国 22 年度的 50,000.99 元到 23 年度的 12,868.5 元,占全部收入比例从 21.38％下降到 7.89％,《中国红十字会民国 22—23 年度收支总报告》,南京第二历史档案馆藏,《红十字会档案》,476—1992。

捐外,捐款在总会收入当中似已退居较为次要的地位。[①] 最早总会接受政府补助,应是民国 24 年开始,每月由政府补助3,000元,直到抗战前都是如此。[②] 在支出方面,抗战以前,总会主要花费在医院、救济相关费用,以民国 22 年为例,医院开支便占全部支出 30.17%,救济方面的开支则占 6.64%。[③] 而民国 24 年收入支出的暴增,或许代表总会在活动上较以往更为活跃。

由上表显示总会从民国 22 年开始,结余大幅减少,23 年财政进一步恶化,结余仅有千余元,实际上如果扣除当年政府补助的金额,当年已经出现赤字。24 至 25 年虽然都有 15,000 元左右的结余,但每年政府补助金仍有 36,000 元,所以可以说总会改组以后,在经费方面日趋窘困,若非政府按年给与补助,则财政将更加困难。

二、会员征募规模的扩大

红十字会的宗旨除了借着实际工作加以落实外,仍必须透过其他的方式进行推广,会员的征募便是其中重要的部分。如同其他社团一般,红十字会欲图社团影响力的扩张,自然必须广泛的吸收会员,而红十字会征收会员并无任何资格限制,只要是认同红十字会宗旨的人,不分男女、种族、国籍,均可自由加入。[④] 尤其是自清末以来的红十字会,在经费上纯由民间劝募,

---

① 庞京周,《抗战两年中之中国红十字会总会》,页 11;《中国红十字会民国 24 年度收支总报告》,南京第二历史档案馆藏,《红十字会档案》,476—1992。

② 《中国红十字会民国 24 年度收支总报告》,南京第二历史档案馆藏,《红十字会档案》,476—1992;庞京周,《抗战两年中之中国红十字会总会》,页 11。

③ 《中国红十字会民国 22 年度收支总报告》,南京第二历史档案馆藏,《红十字会档案》,476—1992。

④ 《中国红十字会月刊》,1 卷 1 期(民国 20 年 5 月)页 33;《中国红十字会第一次征求会员委员会启事》,《申报》(上海),民国 23 年 3 月 1 日 6 版。

难免时有经济窘困之虞,因此会员年费便成为重要的经常收入来源。故会员的征募对红十字会来说,具有推广理念与筹措经费双重的作用。

三、会员种类及其权利

红十字会会员依缴纳会费多少而有等级上的差异,此外为该会义务办事者也有可能获得会员资格。清末对于会员资格似无特别规定,民国建立以后,红十字会章程规定会员分为 3 种,分别是名誉会员、特别会员、正会员。凡独捐洋 1,000 元以上或募捐洋 5,000 元以上,或义务办事异常出力者,可由常议会推举为名誉会员。凡独捐洋 200 元以上或募捐洋 1,000 元以上,或义务办事一年以上者,可由常议会推举为特别会员。凡缴纳年费 5 元满 6 年者,或一次缴纳 25 元者,可照章获得正会员资格。① 民国 11 年会员大会通过的修正章程中又加入两种会员:普通会员、学生会员。普通会员须一次缴纳 10 元以上,学生会员(案:国府以后改称青年会员)则须一次纳捐 1 元。② 而这种依缴纳会费多少区分会员等级的做法,一直持续到后来,不过在会费规定上略有增减罢了。除了缴纳会费外,也有大会"推赠"贡献卓越者,赠予其会员资格,譬如热心募款者便可以这种"推赠"方式成为会员。③

各项会员的部分权利依等级有所区别,名誉会员、特别会员、正会员、团体会员等为终身会员,普通会员资格有效期间 10 年,纪念会员有效期间仅有一年,学生会员则以修业期间为限。

---

① 《中国红十字会章程》(原刊民国 2 年《中国红十字会杂志》第 1 号),转引自《中国红十字会历史资料选编》,页 224。

② 《中国红十字会修正章程》(民国 11 年 6 月 25 日会员大会修正),转引自《中国红十字会历史资料选编》,页 230。

③ 《征求会员奖则》,《中国红十字会月刊》,1 卷 1 期(民国 20 年 5 月)封底。

此外全部会员均有权出席会员大会,不过只有名誉会员、特别会员、正会员才有选举权和被举选权,普通会员在有效期间 10 年内有选举权,纪念会员在有效期间一年内有选举各地分会理事的权利,至于学生会员则无任何选举权利。①

会员的入会程序方面,原则上当有意入会者缴纳会费的同时,须填写入会志愿书,目前发现最早的入会志愿书大致如下:

今愿遵守博爱恤兵宗旨及联络世界青年情感,发展实业文化,以解除人类之痛苦,促进永久之和平。特纳会费若干元,希给正式收据并会员证书寄某省某县市某路某街某号门牌为盼。此致中国红十字会台鉴。中华民国某年某月某日,立志愿书人某。②

而在收到准会员所缴的会费与志愿书后,由总、分会或征求队长先发给收据,最后经总分会认可登记,发给会员证书,至此才算完成整个会员入会程序。

传统红十字会征募会员在形式上较为被动,似仍以私人介绍或登报方式为主。至民国 23 年改组前后,总会在征募形式方面日趋多元。例如自民国 24 年 8 月至 9 月所举行的第二届征求会员大会,当时便透过上海各广播电台每日播送宣传节目,其中尤以九八零兆赫的佛音电台最为支持,先后六次提供时段给红十字会制作特别节目,节目内容主要先以演讲形式讲述红十字会宗旨与征求会员的重要等,其次再辅以各项表演,如乐器演奏、戏曲和流行歌曲演唱,9 月 29 日最后一次播音甚至请到以

---

① 《中国红十字会章程》(原刊民国 2 年《中国红十字会杂志》第 1 号),转引自《中国红十字会历史资料选编》,页 224;《中国红十字会修正章程》,(民国 11 年 6 月 25 日会员大会修正),转引自《中国红十字会历史资料选编》,页 230;《规章诠释》,《中国红十字会月刊》,23 期,页 57;《复员期间中国红十字会总会调整及管理分会办法》,《红十字月刊》,2 期(民国 35 年 2 月),页 7—8。

② 《会员入会志愿书》,《中国红十字会月刊》,1 卷 1 期(民国 20 年 5 月),页 32。

名影星胡蝶为首的演艺人员前来为红十字会义演。①

同时红十字会征募的活动之所以有愈益扩大的迹象,这是因为在国民政府颁布红十字会管理条例及其施行细则后,规定红十字会总会经主管机关核准后,每年得在一定期间内征求会员一次,此外各地在组织征求会员委员会时得聘请各地主管机关首长担任委员长,换言之从此政府主动协助红十字会进行征募会员。民国 23 年,在总会召开全国代表大会进行改组前,内政部批准颁发红十字会征求会员章则,红十字会随即成立第一次征求会员委员会。② 以上海为基地,向全国人民进行征募,此所谓第一次应是指国民政府成立后红十字会首次对外征求会员,总计在抗战前共举办三次征求会员运动,至民国 26 年因七七事变乃停止举办。

而征求会员运动与前不同的特点,除在宣传规模上大为加强外,更由于如前所述国民政府的支持,许多官员也在名义上赞助此种征募活动,如蒋介石、汪精卫、戴传贤、林森、孔祥熙、朱家骅、何应钦等中央党政军界要员皆同意出任征求委员会名誉总队长,③许多省市县行政首长也同意出任当地征求委员会委员长。④ 在总会的请求下,蒋介石也同意将红十字会入会志愿书寄发三百份给各师师长以上军官,并通令各师长自由入会。⑤

---

① 《会讯》,《中国红十字会月刊》,4 期(民国 24 年 10 月),页 42—63;《会讯》,《中国红十字会月刊》,5 期(民国 24 年 11 月),页 47—69。

② 《内政部颁发红会征求会员章则》,《申报》(上海),民国 23 年 2 月 25 日 14 版。

③ 《中国红十字会第一次征求会员委员会启事》,《申报》(上海),民国 23 年 4 月 20 日 6 版。

④ 《红会征求会员各地长官就职委员长》,《申报》(上海),民国 23 年 3 月 14 日 11 版。

⑤ 《红会征求会员展期蒋介石委员长来电赞助》,《申报》(上海),民国 23 年 4 月 19 日 12 版;《蒋介石委员长赞助红会征求会员运动》,《申报》(上海),民国 23 年 6 月 2 日 15 版。

其次较为重要的突破应是征求总队的设立。所谓征求总队亦即由上海地区官员和绅商出名,各自领取若干入会志愿书,以个人名号所组织而成,[①]其实便是由名人各自负责招募会员,等到征募期满,再公开宣布各人捐募成绩。说穿了也就是以官绅名流的人脉声望为号召,再以几近竞赛的方式相激劝,希望可以尽可能征求到最多的会员。不过实际成果似仍有限。以第一次征求会员运动为例,当时上海共聘请 105 位名人担任总队长,最后公布较有成绩的总队只有 23 个,[②]可见大多数受邀出任总队长的名人只是虚应故事,并未卖力为红十字会征求会员。

综观红十字会的会员结构,从清末成立以来至民国 18 年,二十几年来会员仅有 9 万余人,有资料显示直到民国 20 年全部会员总数仍不超过 10 万人。[③] 其主要症结主要在于对于一般人来说会费稍嫌过高,难怪总会代表曾经在国际会议上公开表示凡能缴纳正会员会费者"必系上等社会之人"。[④] 总会在改组后新会员的征募上,取得相当成绩,其中尤其是决定降低会费,更有效地起了催化的作用。民国 23 年第一次征求会员运动结果征收会员 5,055 人,次年总会决定将会费全部打五折以上,[⑤]结果当年征收到会员 8 千余人,[⑥]民国 25 年的成果更为显著,竟

---

① 如以王晓籁担任总队长,则该总队便称为晓籁总队,以朱庆澜担任总队长,则称为子桥总队,余此类推。

② 《第一次征求会员大会成绩报告》,《中国红十字会月刊》1 期(民国 24 年 7 月),页 145—147。

③ 《本会征求会员启》,《中国红十字会月刊》,1 卷 1 期(民国 20 年 5 月),页 8—9。

④ 《照录万国红十字联盟会代表王培元报告》不注明时间(案:应为民国 8 年在日内瓦召开的万国红十字联盟会议),南京第二历史档案馆藏,《红十字会档案》,476—2196。

⑤ 正会员会费更由 25 元减为 10 元,《内部批准红十字会扩大征求会员》,《申报》(上海),民国 24 年 6 月 20 日 11 版。

⑥ 《总会编制会员题名录》,《中国红十字会月刊》,8 期(民国 25 年 2 月),页 49—50。

达 1 万 3 千余人,为中国红十字会成立以来最多的一次(参见表 2—2)。

表 2—2　　　　　　　　　　会员结构

时　　间	名誉会员	特别会员	正 会 员	普通会员	青年会员	总　　数
民国 18 年	338	2,055	66,263	15,845	10,369	94,870
民国 19 年	382	2,199	70,257	17,974	10,802	101,614
民国 20 年	393	2,248	72,686	19,210	11,163	105,700
民国 21 年	397	2,311	74,449	20,384	13,796	111,337
民国 22 年	404	2,351	75,155	20,595	13,962	112,467
民国 23 年	405	2,402	76,723	22,876	15,126	117,532
民国 24 年	421	2,494	79,954	25,887	17,348	126,104
民国 25 年	421	2,506	85,447	30,447	20,819	139,640

备　注　1:民国 18 年数字为自红十字会创立以来至民国 18 年 7 月 31 日累积总数。

备　注　2:民国 23 年数字为第一次征求会员所得总数加上 22 年数字所得。

资料来源:《中国红十字会筹备第三届会员大会通告》,《申报》(上海),民国 18 年 9 月 19
日 5 版;《中国红十字会征求会员大会特刊》,页 85;《中国红十字会民国 18—
22 年工作简表》,《中国红十字会征求会员大会特刊》封底附表;《中国红十字
会各级会员总数表》,《中国红十字会月刊》,1 期(民国 24 年 7 月),页 185;
《第一次征求会员大会成绩报告》,《中国红十字会月刊》,1 期(民国 24 年 7
月),页 159;《征信录》,《中国红十字会月刊》,1—21 期(民国 24 年 7 月至 26
年 4 月)。

四、分会管理的演变

分会为红十字会在各地的基层组织。从分会的活动,可以
了解红十字会运动在基层发展的实况,而从总会与分会的联系,
亦可看出红十字会纵向组织方面的特性。从各分会的区域分布
状况,更可清楚分辨出红十字会事业在中国发展的真相。

分会的设立须经过相当的程序,首先需由七人以上的发起

人,出具申请书正副两份,并由地方相关机关团体出具证明书,
送请总会核准后,先行设立筹备处。在筹备处成立后,需觅定分
会会所,并征求基本会员 30 人(案:需正会员以上),将全部会费
连同会员名册一并交给总会核收,再由总会根据所送资料,填发
会员证书暨会费收据,并将承认书与分会图记印旗等一起颁发。
分会筹备处在收到总会颁发物品后,即定期召集全体会员召开
分会成立大会,议定预算,照章选举理、监事,最后呈报总会核准
后,理、监事方得就任,至此才算完成分会的成立。不过在同一
区域不得设立两个分会,筹备期间至多以三个月为限,如逾限不
能成立分会者,总会便将该筹备处撤销,同时相关筹备经费由发
起人自行筹措。[①]

传统红十字会总会与分会之间关系十分密切,总会对于分
会有监督的权利,同时也有补助和保护的义务。

在监督权方面,总会对于分会的设立得加以审核如上述,此
外分会会务每年须报告总会一次,包括人事、业务等,总会如认
为分会执行会务有"不妥适者"得令该分会更正或改组,而分会
长以下职员如有品行不正或违法营私者,总会亦得令其改选或
撤换。[②] 国府时期通过红十字会管理条例以后,使得总会对分
会的监督权为地方政府所瓜分,这是因为该条例开始规定分会
以所在地地方政府为主管机关,故所有事务除须呈报总会外,亦

---

① 《中国红十字会分会章程》,《分会须知》(重庆,中国红十字会总会驻重庆分办
事处,1939 年),页 23—34。

② 《中国红十字会分会通则》(民国 11 年 6 月 29 日第二届全国代表大会制定施
行),《中国红十字会征求会员大会特刊》,页 142—146;《中国红十字会章程》,《中国红十
字会杂志》,第一号,(民国 2 年),转引自《中国红十字会历史资料选编(1904—1949)》,
页 224—226。

须同时呈报地方政府。[①] 此外在国民政府时期由于政权更迭的缘故，总会重新颁发分会关防图记，不无借此确认新改组后总会对于各分会权威的用意。

总会对分会也有补助和保护的义务。民国 11 年通过的修正章程中即曾规定当分会所在地有战争发生时，分会可接受总会与地方政府的补助费。同时间通过的分会通则也规定分会救护时需要的各物品由总会总办事处发给。[②] 可见总会本来对分会即有补助的义务，实际上民国以降总会也经常根据灾情需要给予各分会以援手。

分会对于总会也有相当的权利，主要是可以通过派遣代表参与全国会员大会，以进行改组甚至修改章程，进而影响总会的人事和制度。不过该项权利先决条件必须决定于全国代表大会的召开，但召开与否，在北洋政府时期乃由常议会决定，国民政府时期则须视主管机关核准与否。总之，分会从来无权主动召开全国代表大会，故该项分会参与总会决策的机会亦大为降低。实际上自民国以来至 1949 年，红十字会总会也不过仅召开过三次全国代表大会。其次经总会承认的各分会可以合法地使用红十字标记，获得法律上相对的保护。

另一方面，分会对总会则须负担几项义务：首先必须接受总会的监督，不能违反总会相关的规定，否则分会甚至有被取消的可能；其次分会必须按照总会指示定期征收会员，但须将所收会费的半数上缴总会；第三分会于战时须协助军方从事战地救护

---

① 《国民政府第 83 号训令》(民国 21 年 12 月 16 日)，附件《中国红十字会管理条例》，国史馆藏，《国民政府档案》，微卷 327。

② 《中国红十字会修正章程》、《中国红十字会分会通则》(民国 11 年 6 月 29 日第二届全国代表大会制定施行)，《中国红十字会征求会员大会特刊》，页 135—146。

工作,拯救伤兵难民。[1]

由表2—3可以知道红十字会分会数量,在抗战前已有400余个,但在民国25年国民政府颁布新的红十字会管理条例后,总会借此机会对分会重新更换关防图记,故至抗战前仅有254个分会完成更换的程序。[2] 以区域来看,华北直、鲁、豫三省分会数量最多,长江下游流域的江苏、浙江、安徽也颇为可观,四川省的分会数量在总会改组前后大幅缩减,但在抗战期间由于总会的提倡乃又开始回升。华北与四川省等分会数量较多的原因,据称与民国以来在该地区内战频繁有着密切的关系。[3]

表2—3　　　　　　　　　分会分布数量(民国23至24年)

省　　份　＼　　时　　间	民国 23 年	民国 24 年
江　苏	74	72
浙　江	31	28
安　徽	37	31
福　建	8	5
河　南	79	78
湖　北	22	20
湖　南	16	
江　西	12	9

---

　　① 《中国红十字会分会通则》(民国11年6月29日第二届全国代表大会制定施行),《中国红十字会征求会员大会特刊》,页135—146。
　　② 《中国红十字会月刊》,55期(民国29年1月),页311—327。
　　③ 江晦鸣,《扩大人性战斗,加强分会组织》,《红十字月刊》,9期(民国35年9月),页19。

续表

时间 省份	民国 23 年	民国 24 年
广　东	12	10
广　西	6	7
陕　西	4	2
云　南	3	2
四　川	40	33
山　西	5	2
贵　州	2	2
山　东	44	41
河　北	53	41
绥　远	1	
察哈尔	1	
热　河	6	8
甘　肃		
西　康		
辽　宁	15	15
吉　林	15	18
黑龙江	10	11
总　数	496	435

资料来源:《中国红十字会月刊》,3 期(民国 24 年 9 月),页 99;《中国红十字会总会所属
　　分会一览表》,《中国红十字月刊》,30 期(民国 26 年 12 月),页 69—72;《中国
　　红十字会所属各分会一览表》,《中国红十字会征求会员大会特刊》,页
　　76—85。

　　原本总会对分会具有相当的监督权,在国民政府通过红
十字会管理条例以后,使得总会对分会的监督权为地方政府

所瓜分,这是因为该条例开始规定分会以所在地地方政府为主管机关,故所有事务除须呈报总会外,亦须同时呈报地方政府。[①] 此外在国民政府时期由于政权更迭的缘故,总会重新颁发分会关防图记,不无借此确认新改组后总会对于各分会权威的用意。

其次总会对分会原有补助的义务,不过这项义务在国民政府时期开始有了微妙的变化。民国22年通过的管理条例中,上述总会应补助分会的条文消失不见,仅注明红十字会战时需用各项物品得分别呈请政府部门拨给。这是否表示原为总会的责任往后由政府承受?尚待进一步的推敲。但确定的是总会对分会究竟应否补助,自此开始发生疑问。

民国23年总会完成改组后,各分会仍纷纷请求各项补助,总会为此特别在理、监事联席会议中加以讨论,最后决定依照会长王正廷的提议,通过三项补助分会的原则,主要是规定各分会设立医院或其他慈善机关应就地筹款办理,所有会费须照章呈缴总会,不得扣留移作他用,如有特殊情形必须办理者,须专案呈请总会核准,另行筹款补助。[②] 换言之,原则上总会从此对各分会的求助将不再有求必应·

分会对于总会也有相当的权利,主要是可以通过派遣代表参与全国会员大会,以进行改组甚至修改章程,进而影响总会的人事和制度。不过该项权利先决条件必须决定于全国代表大会的召开,但召开与否,在国民政府时期则须视主管机关核准与否。总之,分会从来无权主动召开全国代表大会,故该项分会参

---

① 《国民政府第83号训令》(民国21年12月16日),附件《中国红十字会管理条例》,国史馆藏,《国民政府档案》,微卷327。
② 《总会第一届理事会及监事会第14次联席会议》(民国25年3月6日),《中国红十字会月刊》,10期(民国25年4月),页58—59。

与总会决策的机会亦大为降低。其余有关分会对总会的义务则一如旧贯。

第三节 功能转化

总会在初期仍沿袭传统的工作方针,以社会救济为主,其他医疗卫生、战地救护为辅,开展对社会的各项服务。

一、社会救济

社会救济工作的特点在于物质的施舍,可能是受到传统慈善观念的影响,总会自成立以来对社会救济工作便极为重视。社会救济是广义社会工作的一部分,也是世界各国社会工作发展的起源,针对社会上贫苦及不幸者,不论是社会中上阶层的慈善施舍,或者是由政府与私人社团所举办"以解决各种因经济困难所导致的问题为目的之各种有组织的活动",都是以物质扶助为主要方式。[①]

总会自创立以来,对于救济工作始终保持一贯的重视。以民国 2 年公布的红十字会宗旨为例,在 7 个项目中属于救济层面的就有 3 个,分别是拯灾、振饥和瘗亡。[②] 本书参考前述分类,将总会社会救济工作分为灾难救济、一般救济、难民收容和掩埋共为 4 项。

所谓灾难救济是指总会当中国各地发生各种灾难时,透过金钱、粮食、衣着等方式,援助灾区,减轻灾民的痛苦。总会传统

---

① 关于社会工作在不同阶段的定义,参见白秀雄,《社会工作》(台北,三民书局,1982 年 4 版),页 1—2。

② 《中国红十字会历史资料选编(1904—1949)》,页 220。

以来对灾难救济一向不遗余力,而自民国17年以后到25年,总会针对各项灾难发动各种救济如表2—4,可看出在改组以后各项救济活动的数量,有明显衰退的趋势。

表2—4　　　　　　　　总会灾难救济表

时　间	救　济　概　况
民国18年	陕、甘、豫、晋、冀、察、绥等7省旱灾,3月总会特别成立筹赈处,直到19年2月20日止,共募得赈款约25万元,分别援助灾区
民国19年	拨发江苏义赈会5,000元,开封妇孺收容所5,600元,北平灾童收容所4,000元,经赈务委员会转交陕县救灾委员会2,000元,灵宝1,000元,此外因辽西水灾严重,特拨款2,000元,专办急赈,并派员至辽西散发棉衣1,000件,棉被200条
民国20年	本年长江大水灾,江西兼有剿共战争,灾情特别严重,总会于5月28日成立上海筹募江西急赈会,对外募捐,至8月急赈会结束,共计募得捐款24万元,并经政府拨给统税库券票面100万元,实收本利53万3千余元,总会将所有捐款交给上海警备总司令熊式辉统筹办理。总会又与时报馆合组救济队前往镇江、扬中、兴化一带,救济灾民,共发放药品20余箱,面粉4,000包,饼干9万余磅。此外总会分拨江、浙、皖、赣、鄂、湘、豫、粤、川等各省赈款共计44,000元,其中江苏、安徽、湖北、湖南各7,500元,河南5,000元,江西3,000元,浙江、广东、四川各2,000元,拨助河南灾民棉衣500件,拨助汉口、绥中分会赈款各2,000元,拨助江西购买育婴用品费用1,000元
民国21年	拨给热河赈款3,000元,前往嘉定县泗江口发放赈米200包
民国22年	分拨东北、蒙边、康、皖、鄂、豫各省赈款11,900元,陕、豫、北平等各处灾童孤儿婴孩救济费6,800元,拨款5,000元交天津分会救济难民,拨款3,000元交热河购买医药用品,捐款700元救济安徽立煌县灾民,捐助陕西灾童米1,100袋,衣服157袋
民国23年	为救济上海闸北火灾,发放4升米票5千余张,捐款500元救济福建难民

续表

时 间	救 济 概 况
民国 24 年	为救济各省水灾,总会于 10 月拨助湘、鄂、鲁、江四省各省赈款 10,000 元,面粉 2,000 包,衣服 2,500 件,治疫药水 500 匣
民国 25 年	由于绥远战区附近难民云集,总会乃捐助 100,000 元,设立难民收容所及临时医院,后因天津方面难民达 300,000 人,又拨助 20,000 元,并派代表赴天津会同当地善团施放急赈

资料来源:《中国红十字会征求会员大会特刊》,页 59—72;《红会散放辽西急赈》,《申报》(上海),民国 19 年 11 月 21 日 14 版;《江西各善团来电乞赈》,《申报》(上海),民国 20 年 5 月 13 日 16 版;《红会救济队抵镇》,《申报》(上海),民国 20 年 9 月 18 日 13 版;《红会分配赈款》,《申报》(上海),民国 20 年 9 月 26 日 15 版;《大批赈品运河南散放》,《申报》(上海),民国 20 年 11 月 20 日 15 版;《红总会往泗江口振米》,《申报》(上海),民国 21 年 8 月 2 日 2 版;《中国红十字会征求会员大会特刊》,页 59—72;《总会放赈委员会第一次会议记录》(民国 24 年 7 月 26 日),《中国红十字会月刊》,9 期(民国 25 年 3 月),页 49—50;《总会工作概况报告》(民国 26—28 年),《中国红十字会月刊》,57 期(民国 29 年 3 月),页 15;《总会工作概况报告》(民国 26—28 年),《中国红十字会月刊》,58 期(民国 29 年 4 月),页 37—38;《中国红十字会急赈闸北火灾告竣》,《申报》(上海),民国 23 年 3 月 15 日 12 版;《红会赈济陕灾》,《申报》(上海),民国 22 年 6 月 20 日 10 版;《两红会捐款救济立煌匪灾》,《申报》(上海),民国 22 年 12 月 18 日 8 版;《各善团会议赈济闽灾》,《申报》(上海),民国 23 年 3 月 19 日 12 版。

由上表可知,总会对于灾难救济确实付出极大的重视。每年全国各地发生重大灾难时,总会透过各种方式向外募款,然后再将募得款项以现金、粮食、衣物等形式救济灾区。除了直接对灾区施赈外,总会也经常参与各项上海地区各社团发起的联合赈济会,并且通常是由总会领衔对外募捐。由此可知总会在上海乃至全国的慈善团体当中,具有首屈一指的地位。[①]

总会除了针对历年全国重大灾难施予救济外,对于上海及其他地区贫民每年也有一定的救济措施,除了民国22年仍花费不少外,抗战前在这方面的工作几乎乏善可陈(参见表2—5)。[②]

表 2—5　　　　　　　　　　总会贫民救济

时　间	救 济 概 况
民国 19 年	发放上海闸北南市老弱妇女棉衣数千套,米票一万张
民国 20 年	冬令救济分拨各分会各团体棉衣 1 万余套
民国 21 年	散放吴淞贫民米 300 余石,施衣 1,100 件,捐给上海三友实业社断炊工人米 100 担

资料来源:《红会赈恤沪地贫民》,《申报》(上海),民国 19 年 1 月 11 日 14 版;《吴淞区赈
　　　　米施衣》,《申报》(上海),民国 21 年 7 月 22 日 15 版;《红会捐米救济三友厂工
　　　　人》,《申报》(上海),民国 21 年 10 月 8 日 14 版。

总会除了对上海地区的贫民进行例行救济外,也经常对其他的慈善团体给予补助。[③] 在发生重大事故时,总会也曾设法

---

① 例如民国 22 年总会领衔发起上海各慈善团体赈济东北难民联合会,以及上海各慈善团体筹募黄河水灾急赈联合会。见《上海各慈善团体赈济东北难民联合会紧急启事》,《申报》(上海),民国 22 年 1 月 17 日 6 版;《上海各慈善团体筹募黄河水灾急赈联合会成立宣言》,《申报》(上海),民国 22 年 9 月 8 日 7 版。

② 当年散放米票及分拨各分会各善团赈米共 2,500 石,分拨各地赈衣数万套。《中国红十字会征求会员大会特刊》,页 72。

③ 如民国 21 年总会曾捐助上海各慈善团体赈济东北难民联合会 20,000 元,捐助上海筹募豫皖鄂灾区临时义赈会 10,000 元,民国 22 年总会曾经补助圣心医院、新普育堂、健华颐疾院、僧迦疗养院、杭州佛教慈幼院、苏州格诚善堂、慈幼协会、上海市佛教会医院等 8 个慈善团体从 50 元到 500 元不等的经费补助,参见《启事》《申报》(上海),民国 21 年 11 月 13 日 6 版;《中国红十字会民国 22 年收支总报告》(民国 22 年 7 月 1 日至 23 年 6 月 30 日止),页 13—15,南京第二历史档案馆藏,《红十字会档案》,476—1992。

收容无家可归的难民。民国 21 年上海"一·二八"战役中,总会曾设立 5 处难民收容所,共收容难民 53,100 人左右。[①] 总会吴淞防疫医院偶尔处理轮船运来尸体在该院停放,但有时停放几年以后,仍无亲属前来认领,此时便只好由总会出面代为掩埋。[②]

二、医疗卫生

自中国红十字会创立以来,医药与防疫便是重要的宗旨之一。清光绪三十四年(1908 年)总会开始在上海开办时疫医院,清宣统二年(1910)总会在上海开办医院,此后总会的医疗卫生事业一直延续下来。大致说来总会办理的医疗卫生工作可分 3 项:平民医疗、防疫、医药补助。

平民医疗是指总会开办医院,服务于一般平民,总会所办医院不但在收费上较一般医院便宜,且对贫民优待免费。总会在上海共有 3 个医院,从民国 17 年以后的诊疗成绩如表 2—6 所示。

表 2—6　　　　　　　　总会医院诊疗统计

时　　间	门　　诊	住　　院
民国 17 年	23,124	2,242
民国 18 年	111,464	4,143
民国 19 年	112,153	3,893

① 《中国红十字会征求会员大会特刊》,页 67—68。

② 一般程序是总会先登报公告该具尸体何时乘何艘轮船前来,其姓名为何,无姓名者称为无名氏,如公告后仍无亲属前来认领,则由总会代为埋葬,几乎每年总会都要发布这种公告,这里只举两个例子,《中国红十字会吴淞防疫医院通告停柩家属》,《申报》(上海),民国 17 年 3 月 30 日 3 版;《中国红十字会紧要通告》,《申报》(上海),民国 19 年 3 月 30 日 5 版。

续表

时　　间	门　　诊	住　　院
民国 20 年	115,967	4,116
民国 21 年	131,857	5,016
民国 22 年	166,227	5,059
民国 23 年	122,660	4,921
民国 24 年	127,207	5,050

备　注1：民国 17 年为第一医院数字。

备　注2：民国 23—24 年缺第二医院数字。

资料来源：《中国红十字会总医院医治病人统计表》,《中国红十字会月刊》,1 卷 1 期（民
　　　　国 20 年 5 月）,页 30;《中国红十字会民国 18—22 年工作简表》,《中国红十字
　　　　会征求会员大会特刊》封底附表;《中国红十字会第一医院报告》（民国 22 年 7
　　　　月至 23 年 6 月）《中国红十字会月刊》,2 期（民国 24 年 8 月）,页 105;《中国红
　　　　十字会第一医院报告》（民国 23 年 7 月至 24 年 6 月）,《中国红十字会月刊》,
　　　　13 期（民国 25 年 7 月）,页 141—147;《中国红十字会第三医院报告》（民国 24
　　　　年 7 月至 25 年 6 月）,《中国红十字会月刊》,22 期（民国 26 年 4 月）,页 95—
　　　　97;《总会工作概况报告》（民国 26—28 年）,《中国红十字会月刊》,58 期（民国
　　　　29 年 4 月）,页 72—86。

　　传统上总会对于传染病的防治,也着力不少,不过仍以上海
地区为主。除了总会的三个医院收容一般病患外,鉴于每年夏季
传染病流行,总会惯例于 7 月左右开办临时性的时疫医院,以救
助贫民为宗旨,一切治疗均为免费,至于治疗成绩参见表 2—7。

表 2—7　　　　　　　　　　总会时疫医院诊治统计

时　　间	门　　诊	住　　院	总　　计
民国 18 年	5,224	1,124	6,348
民国 19 年	3,381	337	3,718
民国 20 年	2,917	326	3,243

时　　间	门　诊	住　　院	总　计
民国 21 年	14,198	1,705	15,903
民国 22 年	3,694	474	4,168

资料来源：《中国红十字会民国 18—22 年工作简表》，《中国红十字会征求会员大会特刊》，封底附表；《总会工作概况报告》（民国 26—28 年），《中国红十字会月刊》，58 期（民国 29 年 4 月），页 72—86。

　　总会不但在平民医疗与防疫上多所致力，更曾免费提供各项医药补助给社会各界。[①] 传统总会每年夏季例行都会根据全国各机关团体的请求，免费拨给时疫药水，且代为邮寄给申请单位，直到民国 24、25 年间由于总会经济拮据，发放数量逐渐减少。[②]

三、战地救护

　　从总会创立以来，或许是沿袭传统慈善事业的缘故，以致于在工作上有偏重人道救济的现象。到民国 23 年中国红十字会进行改组后，这种偏重人道原则的现象，由于红十字会国际委员会方面的建议才有所改正。民国 24 年 1 月红十字会国际委员会秘书白郎至上海总会进行访问，可能是应当时总会领导阶层的邀请，白郎后来向总会提交了一份备忘录，主要介绍红十字会的几种国际组织，与改组中国红十字会的建议，其中白郎特别强调各国红十字会在国际法的法律根据正是日内瓦公约，而红十字会的原始重要目标便是战时的治病救伤（案即救护），且必须

---

　　① 《中国红十字会民国 18—20 年工作简表》，《中国红十字会征求会员大会特刊》，封底附表。

　　② 民国 24 年仅发出 2,435 盒，25 年发出 820 盒，《总会发给各地时疫药水》，《中国红十字会月刊》，3 期（民国 24 年 9 月），页 88—89；《总会发给夏令急救药水》，《中国红十字会月刊》，13 期（民国 25 年 9 月），页 123。

随时预备以供此种紧急需要,同时各国红十字会必须争取各国政府承认其为军医的义务辅助机关。白郎更对中国红十字会偏重救济工作的现象有所规劝:"余信凡常遇天灾之各国中,红十字会应依照建议之策竭力发展其平时工作,远胜于费去巨额金钱于各项寻常社会工作,因此种社会工作可让给其他慈善会办理之。"①而所谓平时工作,白郎认为以征集会员、募捐、获得政府补助和训练救护人员等最为重要。

白郎的备忘录得到总会的高度重视,曾先后两次将其翻译公布,有明显的迹象显示总会领导阶层受到白氏备忘录的直接影响。民国24年在新创刊的《中国红十字会月刊》创刊号上,秘书长曹云祥发表了一篇专文《国人对于红十字会应有的认识》,这篇文章可以代表总会在参考白氏备忘录后,对红十字会的性质和宗旨有了新的认识。曹文首次清楚地将红十字会的宗旨和工作范围加以分别,文中提出红十字会的意义和宗旨有4种解释:中立地位、义勇性质、世界公认、宗旨和平,同时又认为红十字会需"注重国际间之联络使完成其国际性"。其中曹文所指中立地位"即为无论对于友谊或仇敌兵士或人民,红会均守中立地位,概负救护责任,不分畛域,一视同仁",其实涵盖了前述公正、中立的原则。因此曹文的提出正是矫正了过去偏重人道的观念,将国际公约与红十字会国际委员会的基本原则做较为完整的陈述。

曹文承认过去因经费不足、国际联系不够、主要工作人员更迭频繁以至于原有计划方案不能贯彻实行,使得红十字会在一般人心中无异于一般的慈善团体。曹氏认为红十字会的性质"为一纯粹民众之团体,并受政府承认国际性之慈善团体也",因

---

① 《白郎先生致送本会之备忘录》,《中国红十字会月刊》,1期(民国24年7月),页135—141。

此红十字会的发展"应注重其根本工作,勿徒耗心力与其他慈善团体争一日之短长,而重复其工作,因红会之工作具有国际性,岂可忽视也哉"。至于什么是红十字会的工作范围呢？曹文指出 3 个方向:战事救护、防御灾变、社会服务,并且特别说明红十字会对于社会服务,只能择其最重要者而为之,对于天灾人祸的救护则须有充分的准备,以免忽视红十字会根本的职务。①

如果将曹文与白氏备忘录合观参看,便可了解二者之间密切的关连。曹文的提出对于红十字会的意义非常重大,因为在中国红十字会创立 30 年来,这是首次总会方面提出最为符合国际公约和红十字会国际委员会宗旨的宣示,同时也清楚地将红十字会与一般慈善团体加以区分。此后红十字会在工作方针上逐渐朝战地救护及其相关人员、物资准备着手,而其与国际其他红十字会团体的联系也日益有所加强。

为了落实上述工作方针上的大转变,民国 24 年 6 月 2 日,会长王正廷在理事会提出一项划时代的提议,就是主张"红十字会当逐渐退出医院范围之外,纡徐减少寻常慈善机关性质,俾得专注于红十字会之唯一目标即救护工作"。这项提议获得理事会的原则通过、并决定自即日起将红十字会原第 2 医院停办,将总会于 6 个月内迁入第 2 医院院址办公。② 这项提议可能是预见中日间战争迟早将会爆发,而希望有所准备,当时与会者可能都没有想到,这项提议等于预告了往后 10 年红十字会最重要的工作目标。

总会改变方针的原因一方面固然是出于外人的提醒,另一

---

　　①　曹云祥,《国人对于红十字会应有之认识》,《中国红十字会月刊》,1 期(民国 24 年 7 月),页 8—18。

　　②　《总会第 1 届理事会第 1 次会议记录》(民国 23 年 10 月 2 日),《中国红十字会月刊》,9 期,页 51—53。

方面也是迫于外患日亟,不得不作出调整。例如在改组前一年所发生的长城战役,便是总会尝试与国内其他机关团体合作进行战地救护的开端。

随着日军侵华行动逐渐加强,红十字会战地救护工作的分量也日益加重。民国22年1月5日,日军占领山海关,华北局势愈益紧张,原先总会早在九·一八事变后便有意派遣救护队支援东北义勇军抗日,但因交通阻隔,无法成行。[①]当山海关沦陷后,总会立即由上海组织救护总队,仍由王培元任总队长,率领医师、职员、工人等共44人乘火车北上天津,[②]该队抵达天津后,总队长王培元随即前往北平,与军政当局取得联系。此时卫生署长刘瑞恒与中华医学会上海地方协会代表颜福庆、协和医学院教授林可胜正在北平商议结合各方资源,组织前方救护队,在与王培元会谈后,除了决定将总会所派救护队加入合作外,更在王氏请示总会获得同意后,决议将此一联合组成的救护组织使用红十字会的名义,定名为中国红十字会华北救护委员会,并于2月14日在北平正式成立,公推刘瑞恒为主任委员,颜福庆、姜文熙为副主任委员。[③]

华北救护委员会原拟以承德为基地,设立救护医院与救护队治疗伤兵,但因热河不久即告沦陷,乃重新部署以北平为根据地,设立两个救护医院,另于通州设立重伤医院。此外又组织12个救护队,分别派驻古北口、喜峰口、多伦三路军中服务,负责协助分发伤兵、注射破伤风疫苗、对伤兵施行急救与骨折紧急处理、管理少数病床、收容重伤官兵等。从2月底至5月底中日

---

① 《中国红十字会征求会员大会特刊》,页69—70。

② 这是有名单可查的44人,另一份报道称该队有50余人,《中国红会东北救护队今晨出发》《申报》(上海),民国22年2月3日13版;《红会救护队昨北上》《申报》(上海),民国22年2月4日15版。

③ 《中国红十字会征求会员大会特刊》,页70。

停战为止,总计此次长城战役的救护工作,华北救护委员会包括医师 85 人,护士 31 人,高级医学生 49 人,共治疗伤兵 7486 人(为重伤者施行手术共 1,330 人,其中由于有 70.1％为四肢创伤,故截肢手术比例亦高)。其中死亡 67 人,据称死亡率较一次大战为低,[①]可见此次救护工作品质已达相当水准。

　　此次长城战役的救护,有几点值得注意的现象。首先是红十字会战时地位的重要,逐渐为全国医学界所了解,并进而愿意在战时联合起来在红十字会的旗号下,进行各项救护工作。过去总会所推动各次战地救护,主要动员的是上海地区的医疗资源,而此次 12 个救护队中,结合了北平的协和医学院、北平大学医学院,济南的齐鲁大学医学院,湖南长沙的湘雅医学院,上海的上海医学院等各地医学院校的师生,齐聚在华北战场从事战地救护,[②]这可以说是红十字会战地救护工作的创举。其中尤以林可胜与协和医学院师生参与的程度最深,而这也是林可胜等人日后参与红十字会工作的滥觞。其次卫生署长刘瑞恒有所谓战时三合一的卫生勤务构想,此次战役正是刘氏理念实践的开端。第三救护委员会防疫股特别注意伤兵衣物的消毒灭虱,开始将防疫的观念引进战地救护工作。[③]

　　民国 23 年总会完成改组后,整体工作重心开始有所变化。次年会长王正廷在理事会主动提议总会当专注于唯一目标即救

---

　　① 截肢手术比例是一次大战的三至五倍,死亡率一次大战是 2.04％,华北救护委员会在此次战役则为 1.86％,《中国红十字会华北救护委员会报告》,页 2—3、7—8、18。

　　② 《中国红十字会华北救护委员会北平办事处名录》,《中国红十字会华北救护委员会报告》,页 22—28、《上海医学院救护队到平工作》,《申报》(上海),民国 22 年 3 月 27 日 9 版。

　　③ 《中国红十字会华北救护报告》,《申报》(上海),民国 22 年 4 月 11 日 11 版。

护工作,获得通过。① 虽然红十字会已决定将救护作为新的工作方针,但却迟迟没有行动。直到民国25年年初,正副会长与各理、监事在讨论许久后,终于决定先成立设计、救护、经济等3个委员会,以作为发展业务的机构。② 4月7日总会在王正廷寓所召开谈话会。这次会议出席者共有理、监事16人,虽说是谈话会,出席率较一般会议高出许多,因此此次会议似有凝聚共识的意味,会中决议成立设计委员会。③ 4月11日总会召开设计委员会,会中决议联合上海地区各相关社团成立救护组织。④ 4月17日在总会的召集之下,上海地区共16个社团派代表参加会议,讨论筹备联合救护组织事宜。⑤ 5月6日包括红十字会共22个社团代表在上海银行公会俱乐部集会,正式成立红十字会总会救护委员会,除以总会正副会长王正廷、杜月笙、刘鸿生为当然正副主席外,推定陆伯鸿、朱恒璧、徐乃礼、许超、金润庠、林康侯、言潘景芝等7人为常务委员,并决议聘请颜福庆为总干事。⑥ 稍后在救护委员会常务委员会中决议在救护委员会下再成立训练、人事、供应等3个委员会,同时该救护委员会的经费则决议由总会组织经济委员会负责。⑦ 11月5日总会成立经济

---

① 《总会第1届理事会第1次会议记录》(民国23年10月2日,《中国红十字会月刊》,9期(25年3月),页51—53。

② 《总会近讯》,《中国红十字会月刊》,12期,页67。

③ 《中国红十字会总会开谈话会记录》(民国25年4月7日),《中国红十字会月刊》,13期,页99—100。

④ 《中国红十字会总会设计委员会第1次会议记录》(民国25年4月11日),《中国红十字会月刊》,13期,页100—101。

⑤ 《中国红十字会总会救护组织之执行委员会会议记录》(民国25年4月17日),《中国红十字会月刊》,13期,页101—103。

⑥ 《中国红十字会总会救护委员会执行委员第1次会议记录》(民国25年5月6日),《中国红十字会月刊》,13期,页103—108。

⑦ 《中国红十字会总会救护委员会常务委员会第1次会议记录》(民国25年5月11日),《中国红十字会月刊》,13期,页108—110。

委员会。①

　　救护委员会的设立其实是为了应对即将到来的战争而设立的新机构，意图在救护人员、物资方面预作准备。这个新机构在名义上虽仍以红十字会为号召，实际上则联合了上海地区各社团的力量，其中特别是医疗卫生团体的参与，对于往后各项救护工作的推动最为重要。

　　民国 25 年起总会创办救护训练班，规定课程为战时外科学、实用护病学、简易实验诊断学、简易药剂学、毒气学、担架学、急救常识等。总计由总会训练班毕业者有 300 余人，总会应上海交通大学等 12 个单位请求派教员开班训练毕业者有 547 人。除了上海，总会也推动各分会开班训练救护人才，响应者有 30 余个分会。此外总会将上述课程编订讲义，呈请教育部核准通令全国学校凡有训练救护者一律采用总会讲义作为标准课本。在药品方面，总会责成新药业公会预先准备大量药品（以 500 个病床为单位）存储于各药商处，以便于必要时随时取用，并征募防毒面具、药囊等作为训练之用，筹备大量急救包用作伤兵自救之需。②

　　除了总会在上海成立救护委员会，由于事实需要，华北地区的医界人士，也不甘落后。民国 25 年 11 月日军侵略绥远，红十字会总会乃由救护委员会副总干事庞京周前往前线视察伤兵。此时为了集中办理华北各地捐助援绥药品器械等事宜，同时也为了协调各机关团体的力量，更因为红十字旗帜在进行救护工作时确有其必要，乃由庞氏与卫生署长刘瑞恒在北平会同协调

　　① 《中国红十字会总会经济委员会第 1 次会议记录》（民国 25 年 11 月 5 日）,《中国红十字会月刊》,19 期,页 87—88。

　　② 《中国红十字会总会工作概况报告》（民国 26—28 年）,《中国红十字会月刊》,57 期（民国 29 年 3 月）,页 12—13。

当地与华北各医界人士，并于 26 年 1 月 20 日在北平成立总会救护委员会华北分会。[①]

第四节　总会权力核心的移转

总会的领导阶层，主要是指担任会长、副会长、以及常议会议员等人。由于总会发源地在上海，因此从清末以来，总会领导阶层大多与上海有渊源。民国 23 年总会的改组直接影响了总会权力核心的移转。以下分别就会长、副会长、理、监事、秘书长等人事的变动加以叙述。

国民政府时期第一位会长是颜惠庆，前后在职 11 年（民国 13 年至 23 年），任期跨越北洋政府时期到国民政府时期。颜惠庆，上海人，著名的外交官，历任北洋政府国务总理以下各要职，颜氏从民国 13 年起即被当时红十字会常议会推选为会长，期间因北伐战争，故延长任期，直到民国 17 年全国统一，乃由常议会进行改选。改选后颜惠庆再度当选会长，此后因民国 19 年起总会酝酿进行改组，故亦不再进行改选，使得颜氏续任直至民国 23 年召开全国会员代表大会完成改组，选出新会长为止。由于早期红十字会重心是在上海的常议会，会长为名誉职，再加上颜氏自民国 17 年起举家迁徙至天津，民国 21 年起又接连代表国

---

① 《中国红十字会总会救护委员会华北临时分会议事录》《中国红十字会月刊》，21 期，页 72—74；《各方纷纷援绥劳军》《申报》(上海)，民国 25 年 12 月 8 日；《刘瑞恒昨赴绥视察》《时报》(上海)，民国 25 年 12 月 9 日；《中国红十字会救护绥战，组设华北救护分会》，《申报》(上海)，民国 25 年 12 月 10 日，以上报纸资料转引自《中国红十字会月刊》，19 期《摘录各报关于红会之新闻》(以下简称剪报)，页 118—120。

民政府出使国际联盟、苏联，^①故事实上也不可能对红十字会事务的决策过多参与。颜氏正如传统红十字会会长一般，虽然德高望重，但其职务所起的作用可能仅在强调其与政府的联系，以及对外的号召上面。

民国23年改组选出新任会长王正廷，王氏担任会长时间长达10年，其间曾因担任驻美大使（民国25年8月至27年9月），不在总会办公，但观察王氏在会长任内言行，似较其前任更为强势、主动。例如王氏提出将救护作为红十字会工作的重心，可说预示且主导红十字会往后10年的发展；又如王氏一再坚持进行组织的重整，强调总会的权威，虽然在其任内无法完全解决，但由其用心可知王氏绝非是甘于尸位素餐的会长。王氏的领导风格之所以较为强势，与国民政府的支持、王氏与理、监事的关系密切相关，同时可能也因为王氏的当选具备全国会员代表大会的民意基础。事实上该次全国代表大会也正是国民政府时期红十字会所举行唯一的一次全国会员代表大会，故王正廷也可说是红十字会在国民政府时期在资格上最具备正当性的会长。

其次谈到副会长的部分，一般机关社团的副首长，通常被认为是位高权轻的职位，但在中国红十字会总会传统中，副会长特别是驻上海的副会长其实才是负责实际会务的主角。

王正廷、虞洽卿是在民国17年由常议会所选出的副会长，王正廷，浙江奉化人，从辛亥革命起在中国政治、外交、教育、社会等方面经历丰富，特别是其对南方革命政府外交的影响，更是深远。在自国民政府完成北伐后，王氏曾任外交部长，直到民国20年11月辞职，同年12月担任中国国民党中央执行委员。王

① 颜惠庆著，姚崧龄译，《颜惠庆自传》（台北，传记文学出版社，1973年），页158—200。

正廷在红十字会任职,始自民国 17 年北伐统一后,被常议会选为两位副会长之一,也就是驻南京副会长,对于会务参与似不如驻上海副会长来的重要。王氏的当选一方面代表国民政府力量的介入,另一方面其籍贯的背景可能也是重要的因素。在上海商人中,以宁波帮为核心的江浙财团,掌握了大多数上海的商业和金融业。而像红十字会一般的慈善团体,自然需要大量捐献,因此在原红十字会常议员中,有不少人是江浙财团的一员,或者与其有密切的关连。因此王氏的当选与其籍贯出身可能有相当的关系。

而驻上海副会长则为虞洽卿。虞洽卿,浙江镇海人,白手起家,在贸易、金融、航运业方面都大有成就,曾任上海总商会会长,在二、三十年代是上海首屈一指的大商人,曾在经济上支持蒋介石与国民政府。虞氏与红十字会本无渊源,此次接任红十字会驻上海副会长,或与政权更迭,新执政的国民政府与江浙财团在上海的联系有关,但主要应仍是因为红十字会方面当时常议员缺额太多,会务确须重新整顿,以虞氏地位出任副会长,一方面或可整理会务,另一方面将可提供总会稳定的经济支持。不过虞氏于民国 19 年 5 月 10 日就职后,①即因总会内部矛盾,深感改组不易,乃一度辞职,②后虽于 11 月复职,③但虞氏似对会务已感灰心,从此消极以对。直至民国 23 年改组完成后,虽然虞氏仍然当选理事,但他坚辞不就,最后乃转任名誉副会长,从此除了协助募款外,不再过问红十字会事务。

民国 23 年红十字会改组后,10 月 1 日理、监事会联席会议

---

① 《红会昨日欢迎正副会长就职》,《申报》(上海),民国 18 年 5 月 11 日 2 版。

② 《虞和德辞红会副会长职》,《申报》(上海),民国 18 年 8 月 9 日 2 版。

③ 《红会组织随军拯灾队》,《申报》(上海),民国 18 年 11 月 15 日 6 版。

选出刘鸿生、史量才为副会长。① 刘鸿生,浙江定海人,经营煤炭运输起家,后又经营火柴、水泥等多种企业,民国 21 年出任招商局常务董事兼总经理。刘鸿生对于红十字会事务的参与程度,在目前的资料当中不太容易得出完整的印象。刘氏固然负责在改组后的接收工作,也积极协助募款,经常出席各项理、监事会议,但除此之外,很难发现刘氏对于红十字会事务存在若干特殊的看法,论者或许可以认为刘氏在红十字会的角色是"参与者"的成分多一些,"领导者"的成分少一些。史量才,江苏清浦人,拥有申报等几家报馆,为著名文化人,鼓吹言论、出版自由,在就职后不久,11 月 13 日在从杭州返回上海途中遭到暗杀。

在史量才遭暗杀后,总会理、监事会联席会议议决推选常务理事杜月笙继任为副会长。② 杜月笙,上海浦东人,是著名的青帮领袖,以帮会势力为基础,曾介入多种工商企业乃至社团的经营,据说曾先后担任 70 多个部门董事长、理事长,200 多个部门的董事、理事。③ 如果说杜氏是国民政府时期上海最有势力的人,相信应该不是夸张的说法。杜月笙接任红十字会的副会长,如前所述,是偶然的结果,不过往后杜氏对红十字会工作的投入绝非仅挂名义而已。

早期总会的常议会,以及后来的理、监事会,都代表红十字会决策的重心,任何决策都必须通过上述会议作成决议,故对上述会议成员加以分析,或将有助于了解红十字会领导阶层的结构。

---

① 《中国红十字会总会第 1 届理事会理事监事会监事第 1 次联席会议》(民国 23 年 10 月 1 日),《中国红十字会月刊》,2 期,页 67—68。

② 《中国红十字会总会第 1 届理事会理事监事会监事第 4 次联席会议》(民国 23 年 11 月 22 日),《中国红十字会月刊》,3 期,页 75—77。

③ 徐有春主编《民国人物大辞典》(石家庄市,河北人民出版社,1991 年),页 237。

自从民国 11 年以后,红十字会便再也不曾召开全国代表大会,常议会便一直延续下来。等到民国 17 年年底,许多常议员自然死亡或者因故离开上海,再加上部分常议员可能无意再参与红会事务,以至于常议会出席率越来越少。自民国 17 年年底至 18 年 1 月,先后两次添聘共 28 名常议员,其中有 7 名并未就职,因此共增加 21 名常议员,再加上原有的 17 名,共计 38 名常议员(参见表 2—8),负责讨论并形成红十字会的各项决策。

表 2—8　　　第 6 届红十字会总会常议员名单(民国 18 年)

姓　名	籍　贯	年龄	学　　历	职　业	在会职务	备注
王一亭	浙江吴兴	62	学徒	商人	议长	
钱新之	浙江吴兴	44	神户商业学校毕业	银行家	副议长	*
姚虞琴	浙江	68	不详	画家	议员	
刘鸿生	浙江定海	41	上海圣约翰大学毕业	商人	议员	*
黄涵之	上海	55	上海南洋公学毕业	官员	议员	*
宋汉章	浙江余姚	57	上海中西学院毕业	银行家	议员	
余日章	湖北蒲圻	47	美国哈佛大学硕士	宗教家	议员	
劳敬修	广东鹤山	67	不详	商人	议员	
王培元	上海	43	北洋医学校毕业	医师	议员	
顾履桂	上海	60	不详	商人	议员	
袁嘉熙					议员	
朱煜					议员	
沈联芳	浙江吴兴	59	私塾、学徒	商人	议员	
张骥英	广东宝安			律师		
哈少甫	南京			商人	议员	
穆藕初	上海	53	美国威斯康辛大学毕业	商人	议员	
荣宗敬	江苏无锡	56	私塾、学徒	商人	议员	

续表

姓　名	籍　贯	年龄	学　　历	职　业	在会职务	备注
狄楚青	江苏溧阳	54	清举人	报人	议员	
郭亮甫	广东潮阳	38	不详	商人	议员	
蔡倪培					议员	
袁履登	浙江宁波	50	上海圣约翰大学毕业	商人	议员	*
赵锡恩	上海	47	上海南洋公学毕业	官员	议员	*
冯少山	广东中山	45	不详	商人	议员	*
林康侯	上海	54	不详	银行家	议员	*
叶国猷					议员	*
王晓籁	浙江嵊县	43	私塾	商人	议员	*
虞洽卿	浙江镇海	62	私塾、学徒	商人	议员	*
关炯之	湖北汉阳	50	清举人	官员	议员	*
陈炳谦	广东香山	58	不详	商人	议员	*
朱吟江	江苏嘉定	54	不详	商人	议员	*
闻兰亭	江苏武进	59	学徒	商人	议员	*
汪琦	安徽徽州	35	不详	报人	议员	*
张在新					议员	*
谭蓉圃					议员	*
杨梅南	广东香山	58	不详	商人	议员	*
周庆云	浙江吴兴	65	不详	商人	议员	*
王体仁					议员	*
朱钧弼					议员	*

说　明:备注栏有 * 号者为新聘常议员。

资料来源:参见日本外务省情报部编:《现代中华民国满洲帝国人名鉴》(东京,东亚同文
会,1937 年),徐有春主编:《民国人物大辞典》(石家庄,河北人民出版社);张
桓忠,《上海总商会研究》;《中国红十字会征求会员大会特刊》,页 72—74;《上
海工商人名录》(上海,中国征信所,1936 年)。

　　在 38 名常议员中,目前只能查到 28 人的相关资料,其中有 10 名是浙江省籍,10 名为江苏省籍(其中 6 名为上海人),此外 5 名为广东省籍,3 名为其他省籍;在职业方面商人共有 16 人,银行家有 3 人;在学历方面,大学以上程度仅有 7 人,其中只有余日章、穆藕初曾有留学经历,且其硕士学位已是最高学历,2 人有科举功名,而已知至少有 7 人仅有私塾或学徒的学习经验,实际上的数字可能更高,这是因为当时许多商人都是从学徒起家。由以上片断的资料或可得知,此时期常议会的议员以商人为主,浙江、江苏省籍占 2/3 以上,高学历者仅占少数。

　　由上述分析可知,在国民政府统治初期,总会仍是由江浙地方的商人作为领导的主体,其余非江浙省籍的常议员,几乎也都是在上海定居或者经营事业,故本届常议员仍可视为是上海地方精英的组合。

　　民国 23 年召开全国会员代表大会后,选出理、监事各 15 人,候补理、监事各 7 人,合计 44 人(参见表 2—9),其中原本是上届常议员者,扣除重复当选常务监事与候补理事的钱新之和黄涵之,则共有 21 人,故新任者有 21 人,改组幅度约有一半左右。在全部 42 人当中,目前可查到 39 人的资料。在地区分布上,共计浙江省籍有 16 人,江苏省籍有 17 人(其中上海占 10 人),其他省籍 6 人,江、浙两省人所占的比重,较常议会更多。在职业分布上,商人有 13 人,银行家有 7 人,官员有 9 人,商人和银行家的比重略降,而官员则大增。在学历方面,大学以上有 15 人,其中 6 人有留学经验,此外 5 人有科举功名,至少有 7 人仅有私塾或学徒学习经验,整体说来较常议会有所进步。

表 2—9　　　第 7 届红十字会总会理、监事名单(民国 23 年)

姓 名	籍 贯	年龄	学 历	职 业	在会职务
王一亭	浙江吴兴	67	学徒	商人	常务理事
王正廷	浙江奉化	52	美国耶鲁大学毕业	官员	会长
王振川					理事
王培元	上海	48	北洋医学校毕业	医师	理事
王晓籁	浙江嵊县	48	私塾	商人	常务理事
史量才	江苏清浦	56	杭州蚕学馆毕业	报人	副会长
朱庆澜	浙江绍兴	60	清附生	官员	理事
杜月笙	上海	47	学徒	帮会领袖	常务理事
林康侯	上海	59	清秀才	银行家	常务理事
许世英	安徽秋浦	61	清秀才	官员	理事
虞洽卿	浙江镇海	67	私塾、学徒	商人	理事
闻兰亭	江苏武进	64	学徒	商人	常务理事
刘鸿生	浙江定海	46	上海圣约翰大学肄业	商人	副会长
颜惠庆	上海	57	美国维吉尼亚大学毕业	官员	理事
关炯之	湖北汉阳	55	清举人	官员	理事
朱吟江	江苏嘉定	59	学徒	商人	候补理事
李应南	广东番禺	51	不详	学者	候补理事
姚虞琴	浙江	73	不详	画家	候补理事
张仙台					候补理事
黄涵之	上海	60	上海南洋公学毕业	官员	候补理事
钱新之	浙江吴兴	49	神户商业学校毕业	银行家	候补理事
顾竹轩	江苏盐城	49	不详	戏院主	候补理事
沈联芳	浙江吴兴	64	私塾、学徒	商人	监事
狄楚青	江苏溧阳	59	清举人	报人	监事
宋汉章	浙江余姚	62	上海中西学院毕业	银行家	监事
汪 琦	安徽徽州	40	不详	报人	监事
姚慕莲	浙江嘉兴	58	不详	商人	监事

续表

姓　名	籍　贯	年龄	学　　　历	职　业	在会职务
胡祖同	浙江鄞县	47	英国伯明翰大学硕士	银行家	监事
袁履登	浙江宁波	55	上海圣约翰大学毕业	商人	监事
徐新六	浙江余杭	44	英国维多利亚大学毕业	银行家	监事
黄涵之	上海	60	上海南洋公学毕业	官员	常务监事
陆伯鸿	上海	59	清附生	商人	常务监事
劳敬修	广东鹤山	72	不详	商人	监事
赵锡恩	上海	52	上海南洋公学毕业	官员	监事
叶恭绰	广东番禺	53	京师大学堂仕学馆毕业	官员	监事
穆藕初	上海	58	美国威斯康辛大学毕业	商人	监事
钱新之	浙江吴兴	49	神户商业学校毕业	银行家	常务监事
王清泉					候补监事
王奎璧					候补监事
屈映光	浙江临海	51	杭州赤城公学肄业	官员	候补监事
张蕴山					候补监事
陈光甫	江苏镇江	51	美国宾州大学毕业	银行家	候补监事
黄炎培	江苏川沙	57	上海南洋公学肄业	学者	候补监事
顾履桂	上海	65	不详	商人	候补监事

备　注1：因理事颜惠庆、虞洽卿具函辞职，乃于民国23年10月13日理、监事联席会议决由候补理事姚虞琴、顾竹轩递补。

备　注2：副会长史量才于民国23年11月13日遭刺杀死亡，乃于11月22日理、监事联席会议决推选常务理事杜月笙继任副会长，理事关炯之继任常务理事，候补理事李应南继任理事。

备　注3：监事胡祖同于民国25年6月3日病故，乃由候补监事顾履桂递补。

资料来源：《当选名单》《申报》(上海)民国23年9月30日12版；《现代中华帝国满洲帝国人名鉴》；《民国人物大辞典》；张桓忠，《上海总商会研究》；《中国红十字会月刊》，2期，页70—71、76；《卫生署训令》民国25年6月29日，《中国红十字会月刊》，14期，页5。

　　这届理、监事会是红十字会改组后的新组织,其成员较以往至少有两点明显的变化:一是在新任的 21 人中,有 6 人为官员出身,这在过去红十字会是前所未有的事;其次便是帮会势力的侵入,杜月笙与顾竹轩都是众所周知的青帮分子,此次得以被选入理事名单,象征着红十字会也不能外于当时帮会力量的影响。

　　除了上述会长、副会长、常议员、理、监事之外,总会秘书长也是必须加以注意的职务。自民国 23 年改组后,总会日常事务由秘书长率领秘书处各股职员加以处理,理、监事会议决议往往也是由秘书长负责执行,同时秘书长更须提出具体工作计划,以提供理、监事会议采择。

　　总会在民国 23 年改组后,会长王正廷主张聘任专任秘书长,并提名曹云祥出任首任秘书长(任期从民国 23 年 11 月至 26 年 1 月),经理、监事联席会议通过后就职。[①] 曹氏任内面临总会改组的新局面,在就任后不久,总会主管机关内政部便召曹云祥到南京,就红十字会方针、工作范围以及经费等会务问题当面提出官方的看法,要求红十字会采取若干实际行动。[②] 曹氏稍后将内政部的意见向理、监事会转达,总会高层在进行商讨后决定除确有困难者外,原则上以官方立场为基础,进行各项会务的整理。[③] 在整理会务的大方向确定以后,实际工作便须交由曹氏来执行。

　　曹云祥意识到红十字会并非普通慈善团体,但以往红十字

---

　　① 《总会第 1 届理事会理事监事会监事第 3 次联席会议记录》(民国 23 年 11 月 9 日),《中国红十字会月刊》,2 期,页 74—77;《总会第 1 届理事会及监事会第 4 次联席会议记录》(民国 23 年 11 月 22 日),《中国红十字会月刊》,3 期,页 75—76。

　　② 《总会第 1 届理事会及监事会第 7 次联席会议记录》(民国 24 年 2 月 11 日),《中国红十字会月刊》,4 期,页 27—29。

　　③ 《总会第 1 届理事会及监事会第 8 次联席会议记录》(民国 24 年 2 月 25 日),《中国红十字会月刊》,4 期,页 27—29。

会"不知不觉之间移其性质而化成为普通之慈善团体矣"。之所以如此,曹氏认为除了政治分歧,内战不已之外,最大原因有三:一、经费不能收支平衡;二、对外与国际红十字会;三、主要工作人员时有更动,以至于原有工作计划无法贯彻执行。针对以上各点,曹氏认为当前首要工作有四:一、物质建设,包括总会会所的建筑,预备训练救护人才所需物质设备;二、总会内部管理与职员的训练,特别是技术和精神的养成;三、促进民众对红十字会宗旨的认识;四、经费的筹募。在上述基础之上,曹氏认为才能进行四项工作计划的实现:一、养成救护人才及储备救护材料;二、宣传和平;三、卫生;四、注重国际间之联络使完成其国际性。①

曹云祥在秘书长任内,一面要开源节流,谋求收支平衡,一面还要推动上述各项计划,更重要的是草拟完成有关红十字会各项章程草案,如总会理事会监事会组织规程、总会理事会监事会办事细则、分总会各委员会组织细则等,可以说为改组后的红十字会奠定了一定的基础。

---

① 曹云祥,《国人对于红十字会应有之认识》,《中国红十字会月刊》,1 期,页8—17。

第三章　战争中的中国红十字会

（1937－1942）

第一节　组织结构的重整

一、组织的分立

民国 26 年七七事变发生后，中国展开全面抗战，红十字会也进入了新的阶段。8 月 31 日卫生署训令红十字会："凡属全国性质之民众团体，其总会必须设在首都。"据此，总会乃于 9 月 27 日召开第 9 次常务理、监事联席会议，决议在南京设立首都办事处，10 月 4 日即在南京中央大学图书馆，成立总会首都办事处。稍后总会决定派秘书长庞京周为首都办事处主任，同时在中央大学内设立具备 5,000 张病床的首都伤兵医院。①

与此同时，因上海战事日益吃紧，总会副会长杜月笙与部分理、监事陆续移往香港，并在当地成立总会驻香港办事处，②自此总会重心逐渐转移至香港。而上海方面，眼见总会核心人物向香港转移后，为了延续上海各项医疗、救济事业，乃由若干中外人士，于 10 月 2 日组成中国红十字会上海国际委员会。③ 随

---

① 《在京设立首都办事处之经过》，《中国红十字会月刊》，58 期，页 13－14。

② 《香港理事室兼办事处之工作报告》，《中国红十字会月刊》，58 期，页 35－40。

③ 《本会国际委员会工作概况》，《中国红十字会月刊》，58 期，页 21。

着日军逐渐由上海向南京逼近，首都办事处不得不于 11 月 17
日撤离南京，21 日抵达汉口，随即将首都办事处撤销，改称为总
会驻汉办事处。①

　此时总会主要的组织暂时呈现鼎足而三的局面。驻香港办
事处在副会长杜月笙（会长王正廷当时任驻美大使）与部分常务
理、监事的主持之下，成为总会权力中心，统筹决策、募捐等事
项。汉口方面则扮演实际救护工作的执行者，一面收容整顿由
上海、南京撤退而来的医护人员，并就地在汉口组织发展救护活
动。上海方面除了总会之外，另有国际委员会收拾战争后的残
局，专责安顿无处可去的难民、伤兵。

　正是由于组织分立于三地，在联系分工方面难免呼应不灵。
当驻汉办事处成立伊始，部分医界人士便有意介入红十字会日
后的救护工作。有一种说法是当时卫生署长刘瑞恒在战争爆发
前一年，即曾构想一旦开战，当将卫生勤务置于红十字会、军医
署、卫生署联合机构之下，此即所谓战时三合一。② 或许是基于
上述三合一的考虑，当驻汉办事处成立不久，林可胜、朱章赓与
外籍医师伊定格便前往拜访驻汉办事处，宣称代表卫生署长刘
瑞恒，要求秘书冯子明将该处所有经费交由林氏等人接管，所有
医护人员亦由林氏等人支配，冯氏坚持不允，双方关系一度紧
张，后在卫生署副署长金宝善调停之下才暂时打消原意。③

　既然在汉口直接接管的方式行不通，卫生署方面便采取迂
回的方式，转向香港方面进行交涉。12 月 6 日，卫生署代表在
香港与红十字会副会长杜月笙、常务监事钱新之、秘书长庞京周

────────

① 《驻汉办事处经过情形》，《中国红十字会月刊》，58 期，页 16。
② 庞曾湘，《少志于学，壮事开拓，老安本业，记先父庞京周医师》，《苏州文史资
料》，17 辑，页 74—75。
③ 《汉口冯子明致香港庞京周便函》（民国 26 年 12 月 3 日），贵州省档案馆藏，《中
国红十字会总会救护总队档案》（以下简称救护总队档），116—280。

等人展开会商,最后议定《调整中国红十字会总会救护事业办法》。该项办法对当时红十字会组织分立的情况做出若干规定,如:一、办事机构随同中央主管机关迁移至汉口,由离开上海之杜副会长、理、监事等主持;二、该会在上海会所与一切救护事宜,由留在上海的刘副会长、常务理、监事等斟酌办理;三、为应付时局变迁之必要,该会得暂将香港办事处扩大,或另在其他地点设置办事处,以办理接收捐款、征集转运器材等事项。

其次,这项办法确定了红十字会的救护方针,规定红十字会须将各地医护人员加以改组,组织小型流动的救护队,此外并确定由林可胜代理救护委员会总干事职务。[①]

这项办法应是卫生署主动提出,红十字会方面只就条文文字做若干斟酌,但对卫生署拟定的办法可能有些不甘心,所以在字句上添加"秉承总会办理一切救护工作"等字样,而且始终只承认林可胜是"临时"救护委员会总干事。[②]尤其从当时秘书长庞京周日后的叙述中,更可以看出蛛丝马迹:

> 本会各医护人员器材退集汉口之后,迅即详审战局展开之形势,军医当局之措置,与夫本会之立场及实力,知续办医院已非必要,试办流动医疗队,颇着成效,遂聘林可胜医师为救护委员会总干事。[③]

但在得到上述《办法》的支持后,林可胜乃名正言顺地进行组织救护委员会。需要注意的是,此时的救护委员会与前述总

---

① 卫生署方面代表仅有金宝善签名,但笔者怀疑刘瑞恒本人亦曾参与。《调整中国红十字会总会救护事业办法》(民国 26 年 12 月 6 日),贵阳市档案馆藏,《救护总队档》,40-3-26;《组临时救护委员会》,《中国红十字会月刊》,58 期,页 20-21。

② 《调整中国红十字会总会救护事业办法》(案:原件时间不详,但应为民国 26 年 12 月 6 日),贵阳市档案馆藏,《救护总队档案》,40-3-26。

③ 庞京周,《抗战两年中之中国红十字会总会》(民国 28 年 7 月 7 日,出版者、出版地不详),页 7。

会在上海所设救护委员会,名同实异,可以说是一个全新的机构。在林氏的规划下,新的救护委员会设有干事室及总务、医务、运输、材料等四股。① 其中尤以医务股最为重要。林氏在医务股下设立医疗队,由林氏兼任总队长,最初依工作地点划分 3 区,各区设大队长 1 人,副大队长 1 至 2 人,医疗队可分手术组、绷扎队、X 光队等 3 种,每队约 15 至 20 人,最初共设置 37 队。② 而这些医疗队应该在民国 27 年初,即已产生一个后来广为人知的名称,即是救护总队。③

鉴于当时组织分立的事实,在香港的部分领导人于民国 27 年 3 月 3 日召开临时常务理、监事会议,出席者除了副会长杜月笙外,尚有常务理事林康侯、王震、王晓籁等三人。这次会议除了追认驻汉办事处的成立外,对于当时红十字会组织分立于沪、港、汉三地的现况与相互关系也予以确认。④ 此外,由于当时中国东南沿海已遭日军占领,因此红十字会所需种种物资,亟须在香港采购,因此在港领导阶层乃决议自 27 年 9 月起在总会下成立购料委员会,除秘书长庞京周为当然委员外,并推林可胜、伍长耀、毛和源为委员。⑤

日军自民国 27 年夏登陆江西九江后,武汉地区逐渐受到战

---

① 《中国红十字会总会救护委员会第 1 次报告》(民国 26 年 12 月至 27 年 1 月),贵阳市档案馆藏,《救护总队档案》,40-3-60。

② 《中国红十字会总会救护委员会第 1 次报告》(民国 26 年 12 月至 27 年 1 月),贵阳市档案馆藏,《救护总队档案》,40-3-60;《中国红十字会总会救护委员会救字公告第壹号》,贵阳市档案馆藏,《救护总队档案》,40-3-26。

③ 《中国红十字会总会救护委员会第 2 次报告》(民国 27 年 2 月至 27 年 8 月),贵阳市档案馆藏,《救护总队档案》,40-3-60。

④ 《民国 27 年 3 月 3 日临时常务理事会议议决案》,贵阳市档案馆藏,《救护总队档案》,40-3-171。

⑤ 这次出席者有副会长杜月笙、刘鸿生,常务理事王震、王晓籁等 4 人。《民国 27 年 8 月 31 日临时常务理、监事会议记录》,南京第二历史档案馆藏,《红十字会档案》,476-1912。

争的威胁,救护委员会决定除保留两个救护队在武汉附近工作外,余者于5月间先迁至长沙。10月1日,总会驻汉办事处也被迫向长沙转移。11月12日救护委员会与原驻汉办事处(此时改称为长沙临时办事处)再迁往祁阳椒山坪。①

在驻汉办事处迁移前,香港方面似已预料该办事处往后将随战事变化而不断迁徙,故决定驻汉办事处在迁离汉口后,改称临时办事处,其驻地以及工作范围由秘书长庞京周与总干事林可胜决定。② 在祁阳停留期间,临时办事处部分人员依总会要求前往昆明,于民国28年2月11日在昆明成立临时办事处昆明分处。③ 不久,救护委员会与总会临时办事处由祁阳再迁往广西桂林,最后在28年2月迁至贵阳。④

与此同时,香港方面对于组织和领导权有了重大的决定。会长王正廷在民国28年1月11日的常务理、监事联席会议上主动提出"决定本会办事重心,并改进本会行政机构案",以便"对外统一视听,对内增进效率"。此案获得与会者认同,决议于2月底在香港召开全体理、监事会议讨论此事。⑤ 如前所述,总会组织分立三地,正副会长、常务理、监事又散处各方,以至于在联系上产生许多困难。尤其总会仍在上海,而决策重心实在香

---

① 《长沙临时办事处经过情形》,《中国红十字会月刊》,58期,页16—17。

② 《民国27年8月31日临时常务理、监事会议记录》,南京第二历史档案馆藏,《红十字会档案》,476—1912。

③ 《中国红十字会总会总办事处工作报告》(自民国28年4月1日至12月31日止),《中国红十字会月刊》,59期,页7—9。

④ 《庞京周给驻汉办事处手谕》(民国28年1月27日),南京第二历史档案馆藏,《红十字会档案》,476—1910;张朋园访问,罗久蓉记录,《周美玉先生访问记录》(台北,中央研究院近代史研究所,1993年),页58—59、70。

⑤ 此次会议出席者有副会长杜月笙、刘鸿生,常务理事王晓籁,常务监事钱新之。《民国28年1月11日常务理、监事临时会议》,南京第二历史档案馆藏,《红十字会档案》,476—1910。

港,内地还有救护委员会和办事处不断地在迁徙,此外又有几个中外人士在华组织的万国红十字会团体,因此似有必要在此时通过全体理、监事会的程序,确定红十字会的领导中心。

民国28年2月25日至26日,总会在香港召开第22次全体理、监事联席会议,出席者15人,代表出席者7人,共计22人,这次会议的规模可说是红十字会自改组以来最为盛大的一次。会长王正廷在开幕致词时,严厉地批评红十字会的三点缺失:

> 第一为组织,本会成立以来,迄未经过有如此之大战事,故一切准备与组织,均未至完善;第二为联系,过去本会工作在联系上,颇有未尽周密之处,故在外工作单位,重复者有之,缺少者有之,此固由联系工夫之不够;第三为合作,合作之重要,比之组织与联系为甚,工作而不能合作,即为不健全。①

此外,王氏又提出三点主张:一、应设法与其他团体合作,尤应与政府有关机关合作,如战时首都重庆至今仍无红会办事处,深以为憾;二、应加强宣传,以增加捐款;三、应定期公布账目。最后王氏更强调:"今发号施令,更宜集中一地,以收指臂之效。"②

王正廷的批评,可说正中当时红十字会的弊病,而此次大会也针对王氏的意见做出若干决议,其中在组织方面最重要的是确定总会"应以会长、副会长所在地为办事重心地点,应如何改进本会行政机构,由正、副会长与常务理、监事协商决定之"。这项决议经2月27日至28日常务理、监事联席会议进一步讨论后,决定将所有红十字会印信、账目及有关重要案卷,一概移至

---

① 《中国红会在港开会》,《中国红十字会月刊》,46期,页13—14。
② 《中国红会在港开会》,《中国红十字会月刊》,46期,页13—14。

会长、副会长所在地,也就是香港。28 年 4 月 1 日总会总办事处在香港九龙柯士甸道 111 号成立,内分秘书处、干事部,前驻香港办事处同时宣告撤销,并入干事部。① 4 月中,总会关防由理事徐采丞由上海送至香港,从此香港正式成为红十字会的指挥中心。②

上述理、监事大会的另一项决议,则是组织临时救护委员会,并推举会长王正廷,副会长杜月笙、刘鸿生,常务理事林康侯、王晓籁,常务监事钱新之,理事刘瑞恒等 7 人为委员,会长为主席,并与总会总办事处同时成立。在临时救护委员会成立后,随即命令林可胜将原救护委员会改称为救护总队部,重新任命林可胜为临时救护委员会总干事兼救护总队长。③

总会对于组织的重整与人事重新任命的做法,无非是总会方面对救护总队与林可胜个人强调其权威,但此举也反映出当时总会对救护总队似有尾大不掉的顾虑。一项资料甚至指称林可胜派员在香港另设救护总队香港办事处,以保持与海外的直接联系,即便是会长王正廷亦无可奈何。④

除了成立总办事处外,此时红十字会亦在各地增设次级组织。先前迁至昆明的临时办事处昆明分处,因昆明战略地位日趋重要,总会决定将其升格,于民国 28 年 4 月 12 日先派总办事处秘书高仁偶前往筹备,5 月 1 日昆明分办事处正式成立,由高

----

① 《中国红十字会总会总办事处工作简报》(民国 28 年 4 月 1 日至 5 月 22 日),《中国红十字会月刊》,48 期,页 18;《中国红十字会总会总办事处工作报告》(自民国 28 年 4 月 1 日至 12 月 31 日止),《中国红十字会月刊》,59 期,页 7—9。

② 《中国红十字会总会总办事处工作报告》(自民国 28 年 4 月 1 日至 12 月 31 日止),《中国红十字会月刊》,59 期,页 62—63。

③ 《中国红十字会总会总办事处工作报告》(自民国 28 年 4 月 1 日至 12 月 31 日止),《中国红十字会月刊》,59 期,页 7—9。

④ 庞曾洤,《少志于学,壮事开拓,老安本业,记先父庞京周医师》,《苏州文史资料》,17 辑,页 77。

仁偶担任主任。由于王正廷曾经抱怨重庆仍无办事处,于是经
3 月 13 日常务理、监事会议决定将当时迁至贵阳的临时办事
处移至重庆,改称为重庆分办事处,4 月 12 日函聘唐承宗为
总会秘书兼重庆分办事处主任,5 月 4 日重庆分办事处正式
成立。

海防临时办事处的成立,则是基于运输物资的需要。当广
州沦陷之后,海外捐献或者总会购置的物资,无法从香港经由广
九铁路运入内地,此时只好改由越南经海防入境,故一时之间,
海防便成为海内外货物运输的枢纽。红十字会先是在民国 28
年 4 月间函聘徐可澄为驻海防专员,五月中秘书长庞京周与常
务理事朱恒壁在视察海防后,认为有必要扩大成立办事处的必
要,乃签呈经 5 月 23 日常务理、监事会讨论通过,6 月 29 日成
立总会驻海防专员临时办事处。①

民国 29 年 1 月 14 日至 15 日,总会在香港举行第 23 次全
体理、监事联席会议。会中决议聘任潘小萼为新任秘书长,对于
会长王正廷提议将总会由上海迁往重庆一案,决定交由正、副会
长及常务理、监事会斟酌情形办理。② 1 月 30 日,常务理、监事
会讨论决定将总会迁往重庆,原重庆分办事处归并总会,上海则
改为驻沪办事处,总办事处仍设在香港九龙。③

此次全体理、监事会议缺席者甚多,实际出席者仅有 9 人,
代理出席者竟达 14 位之多,其中包括杜月笙、刘鸿生两位副会
长。对于讨论总会迁渝案,也未事先征求身在上海无法出席的

---

① 《中国红十字会总会总办事处工作报告》(自民国 28 年 4 月 1 日至 12 月 31 日止),《中国红十字会月刊》,59 期,页 17—19。

② 《中国红十字会总会第 1 届理、监事会第 23 次联席会议记录》(民国 29 年 1 月 14—15 日),南京第二历史档案馆藏,《红十字会档案》,476—1945。

③ 《中国红十字会总会总办事处工作简报》(民国 29 年 1 月 23 日至 2 月 5 日),《中国红十字会月刊》,58 期,页 102。

理、监事的同意,因此,当上海方面得知此项决议时难免有些意外。常务理事林康侯于 2 月底在上海召开会议,特别说明前次会议情形,上海方面才表示"原则上予以赞同",不过上海方面仍坚持"上海为本会发源地,有历史关系,为中外观瞻所系,总会虽迁重庆,而原有业务仍应维持原状,故改为驻沪办事处后之经费,仍应照原预算按月拨给,以利进行"。此外对改组后的驻沪办事处,上海方面主张仍由留沪各常务理、监事主持一切。对于上海方面的坚持,香港方面表示完全接受,至此总会迁渝案才终告结束。①

民国 29 年 4 月 1 日总会迁往重庆小龙坎梅园新村 3 号,原重庆分办事处并入总会,原上海总会改为驻沪办事处,总办事处仍设于香港九龙。② 总会迁渝后,名义上总会由秘书长秉承在渝正、副会长与常务理、监事负责主持;③但实际上当时正、副会长等人仍在香港,所以在重庆的总会乃由秘书长总其成。

总会秘书处在渝成立后,原暂设文书、会计、庶务、宣传 4 股,但稍后常务理事王晓籁在视察总会时,认为总会在重庆组织有扩大的必要,乃由秘书处拟定办法,经在港常务理、监事会追认通过。根据新的组织办法,总会下设 3 处,第 1 处负责办理文书、会计、运输与其他总务事项,第 2 处负责办理分会与会员的管理,以及宣传等事务,第 3 处则负责办理医疗卫生等

　　① 《上海总会改设驻沪办事处经过概况》,《中国红十字会月刊》,60 期,页 37—42。

　　② 《中国红十字会总会总办事处工作简报》(民国 29 年 2 月 20 日至 4 月 15 日),《中国红十字会月刊》,60 期,页 22—30。

　　③ 《上海总会改设驻沪办事处经过概况》,《中国红十字会月刊》,60 期,页 41。

事项。①

此时由于越南当局受到日军的压力，以至于运输工作无法继续，总办事处乃决定于9月底撤销驻海防专员办事处。同时缅甸的仰光则成为当时中外陆路运输的要冲。为了方便办理货物免税过境等事，经缅甸政府同意，总办事处乃于9月间设立仰光办事处，主任由陈朝俊出任。②

虽然会长王正廷对总会迁渝的实现感到满意，但对于总会组织系统仍有微词。民国30年2月15日至16日，总会在香港举行第24次理、监事联席会议，王正廷在开幕致词时，即明确指出：

> 这里所要特别提出的，那是关于本会各机构工作联系问题的检讨，谁都知道，无论那一个机关或团体，组织系统必须完整维持，事权也不能不统一，纪律更不可不遵守；如果系统混乱，整个组织的力量便要因散漫而削弱，行政上便要紊乱分歧；事权如果不统一而各自为政，便不能收指挥灵活之效，而会影响到工作的效率；尤其是纪律问题，勿论上中下各级工作人员，都应当认清自己的职守，以服务为目的，来遵守团体的纪律，对上才不至破坏系统，僭越事权，对下才能行使职权，发挥效能。③

相应王正廷的谈话，总会在此次理、监事联席会议中，主动

---

① 《中国红十字会总会总办事处简报》（民国29年5月28日至6月30日），贵阳市档案馆藏，《救护总队档案》，40－3－6；《总会迁渝后内部组织暂行办法》，《中国红十字会会务通讯》（以下简称会务通讯），1期，页7。

② 《中国红十字会总会总办事处简报》（民国29年9月1日至30日），贵阳市档案馆藏，《救护总队档案》，40－3－6；王正廷，《29年度本会工作检讨》，《会务通讯》，3期，页2。

③ 王正廷，《29年度本会工作检讨》，《会务通讯》，3期，页2。

提出两个议案，一是建议撤销临时救护委员会，将救护总队归总会直接指挥，但经讨论后不了了之，仅含糊规定："临时救护委员会之职权由正、副会长、常务理、监事会执行，会议时通知在港理、监事列席。"另一个议案则是提出红十字会非常时期组织系统表，经部分理、监事审查后，修正通过。①

民国 30 年 12 月 8 日，日军进攻香港，12 日香港沦陷，总办事处被迫停止工作，常务理事林康侯、理事刘瑞恒、颜惠庆和监事叶恭绰等人遭到日军逮捕软禁。② 此后总会重心集中于重庆。

香港沦陷后，总会与驻沪办事处联络困难，而东南各省由于交通不便，总会对于各地分会与救护医疗单位，常感鞭长莫及。因此总会秘书长潘小萼乃向会长王正廷提议，派遣前驻香港总办事处主任秘书郭兰馨前往东南地区设立驻浙办事处，以期推进东南各省的工作。③ 郭兰馨是副会长杜月笙的门人，以郭氏担当此任，在江浙地区活动，自然有其便利，特别是在恢复与驻沪办事处，以及与上海地区各理、监事的联系方面，郭氏的身份及其经历无疑将有很大的帮助。

民国 31 年 5 月 15 日，总会决定派遣郭兰馨设立并主持驻浙办事处。④ 6 月 21 日郭氏离开重庆，辗转经湘、桂、粤、赣各省，抵达福建南平时，正逢日军在浙江发动攻击。郭氏权衡量之后，认为设立驻浙办事处已不可能，同时郭氏发现东南数省之间

---

① 《中国红十字会总会第 1 届理、监事会第 24 次联席会议记录》,《会务通讯》,3 期,页 5—7。

② 几个月以后,日军将 4 人释放,其中林康侯、颜惠庆、叶恭绰等回上海,刘瑞恒则到重庆。

③ 《潘小萼致会长王正廷签呈》(民国 31 年 5 月 11 日),南京第二历史档案馆藏,《红十字会档案》,476—36。

④ 《总会发郭兰馨训令》(民国 31 年 5 月 15 日),南京第二历史档案馆藏,《红十字会档案》,476—36。

传染病流行,迫切需要红十字会在医药救护方面给予援助,故郭氏乃请求改设东南办事处。[①] 此议旋即获得总会的同意。[②] 此后,郭氏进入战区经赣、浙、皖、苏等各省视察,期间发现驻沪办事处已遭汪政权市政府派员强占接收,而上海地区部分理、监事如闻兰亭、林康侯、袁履登等人,传闻已与敌方合作,故郭氏认为已无须再与上海方面取得联系的必要。经过勘察考量,最后郭氏决定在安徽屯溪隆阜镇设立办事处,民国 32 年 1 月 20 日东南办事处正式开始工作。[③]

二、人事的调整

为了因应战争情势,除了组织上被迫形成分立各地的状态,总会人事也不得不随之调整。民国 27 年,当总会在香港成立总办事处以后,部分理、监事或驻在上海或已病故。为了顺利召开理、监事会,乃将理、监事名单做若干调整,除将部分候补理、监事提升为理、监事外,也由行政院增聘 10 位新理、监事,[④]总计此时全部理、监事共 40 名(参见表 3—1)。在 40 名当中,目前查得 36 人。在地区分布上,浙江省籍有 11 名,江苏省籍有 15 名(其中上海占 8 名),广东 4 人,安徽 3 人,其他 3 人。虽然仍是江、浙两省占多数,但江苏省籍比重首次超越浙江。在职业方面,商人有 10 人,银行家有 3 人,官员有 13 人,可见商人与官员

---

① 《郭兰馨发总会电报》(民国 31 年 10 月 26 日),南京第二历史档案馆藏,《红十字会档案》,476－36。

② 《总会发郭兰馨电报》(民国 31 年 10 月 31 日),南京第二历史档案馆藏,《红十字会档案》,476－36。

③ 后来该办事处于民国 33 年 1 月撤销。郭兰馨,《工作报告》(民国 31 年 6 月至 32 年 10 月),南京第二历史档案馆藏,《红十字会档》,476－36;《总会琐事纪要》,《会务通讯》,25 期,页 48。

④ 《行政院决议聘任红会理事》(民国 27 年 4 月 13 日各报),转引自《会讯》,《中国红十字会月刊》,35 期,页 25。

比重也有此消彼长的现象。在学历方面,大学以上者有 12 人,有科举功名者 3 人,至少有 5 人仅有私塾或学徒经验。

表 3—1　　第 8 届红十字会总会理、监事名单(民国 27 年)

姓　名	籍　贯	年龄	学　历	职　业	在会职务	备　注
王正廷	浙江奉化	56	美国耶鲁大学毕业	官员	会长	
杜月笙	上海	51	学徒	帮会领袖	副会长	
刘鸿生	浙江定海	50	上海圣约翰大学肄业	商人	副会长	
林康侯	上海	63	清秀才	银行家	常务理事	
闻兰亭	江苏武进	68	学徒	商人	常务理事	
王晓籁	江苏嵊县	52	私塾	商人	常务理事	
关炯之	湖北汉阳	59	清举人	官员	常务理事	
朱恒璧	江苏丹徒	37	美国哈佛大学医学博士	学者	常务理事	*
黄涵之	上海	64	上海南洋公学毕业	官员	常务监事	
钱新之	浙江吴兴	53	神户商业学校毕业	银行家	常务监事	
袁履登	浙江宁波	59	上海圣约翰大学毕业	商人	常务监事	
王培元	上海	52	北洋医学校毕业	医师	理事	
许世英	安徽秋浦	65	清秀才	官员	理事	
王振川					理事	
姚虞琴	浙江	77	不详	画家	理事	
顾竹轩	江苏盐城	53	不详	戏院主	理事	
李应南	广东番禺	55	不详	学者	理事	
张仙台					理事	
颜惠庆	上海	61	美国维吉尼亚大学毕业	官员	理事	
施肇基	浙江钱塘	61	美国康乃尔大学硕士	官员	理事	*
刘瑞恒	天津	47	美国哈佛大学医学博士	官员	理事	*
徐采丞	江苏无锡	49	不详	商人	理事	*
冯炳南	广东高要	50	不详	商人	理事	*
朱吟江	江苏嘉定	63	学徒	商人	理事	

姓　名	籍　贯	年龄	学　历	职　业	在会职务	备　注
劳敬修	广东鹤山	76	不详	商人	监事	
汪　琦	安徽徽州	44	不详	报人	监事	
沈联芳	浙江吴兴	68	私塾、学徒	商人	监事	
叶恭绰	广东番禺	57	京师大学堂仕学馆毕业	官员	监事	
穆藕初	上海	62	私塾、学徒	商人	监事	
姚慕莲	浙江嘉兴	62	不详	商人	监事	
狄楚青	江苏溧阳	63	清举人	报人	监事	
宋汉章	浙江余姚	66	上海中西学院毕业	银行家	监事	
赵锡恩	上海	56	上海南洋公学毕业	官员	监事	
王奎璧					监事	
张蕴山					监事	
屈映光	浙江临海	55	杭州赤城公学肄业	官员	监事	
周诒春	安徽休宁	55	美国威斯康辛大学硕士	官员	监事	*
汤非凡	湖南醴陵	41	湘雅医学院毕业	学者	监事	*
李规庸	浙江慈谿	56	京师大学堂肄业	官员	监事	*
杨志雄	上海	47	不详	官员	监事	*

备　注:李规庸初步查证应为李思浩,但仍须进一步确认,参见《中国红十字会月刊》,
　　　36期页39。

资料来源:南京第二历史档案馆藏,《红十字会档案》476－3170;《现代中华帝国满洲帝
　　　国人名监》;《民国人物大辞典》;《上海工商人名录》。

　　综观这届理、监事名单,官员增加的趋势更为显著。事实上
如名单上朱恒璧、汤非凡等2人当选不久即出任官职;而在新聘
9人当中,刘瑞恒、朱恒璧、汤非凡、周诒春等4人,应为国民政
府方面属意人选,刘、朱、汤3人都属卫生系统人才,此时进入红
十字会理、监事会,应有其业务上的考量;此外徐采丞、杨志雄2
人为杜月笙门生,徐采丞此时在上海为杜月笙料理诸事,杨志雄

据称为杜氏智囊,2 人进入理、监事会,代表杜氏在红十字会势力更为稳固。

三、会务的发展

抗战前的征求会员运动因为抗战爆发而停办,在抗战初期虽无大规模的征募活动,但可能由于爱国情绪的激发,以及红十字会在抗战初期的贡献与重要性,红会会员的增长幅度较前略增。总会为招募会员,并基于宣传与经费的考量,自民国 30 年起开始发展所谓"红十字周"的活动,这项活动的灵感来自于美国的"红十字日"。总会会长王正廷在筹备第二届红十字周活动时,曾对记者回忆其出使美国时目睹红十字日活动的兴奋,并表示"红十字周"与"红十字日"为类似之活动。王氏阐述"红十字周"举行的目的在狭义方面是为了推进会务,广义方面则是为人群谋福利,而其中心工作则为宣传和征求会员。[①]

首届"红十字周"于民国 30 年元旦至元月 10 日举行,事前将各项资料如工作大纲、征求会员章程、志愿书及宣传小册等分发至总会各办事处、救护总队部及各地分会以便筹备进行。其次,邀请总会理、监事及各界名流约 70 余人担任征求队队长,聘请行政院副院长孔祥熙为征求队总队长,卫生署长金宝善、军医署长卢致德为副总队长。以重庆为例,元旦当天下午一时,在民权路新运总会礼堂举行红十字周开幕式,同时展览救护工作照片、图表、模型等,据说在展览的三天内,即约有 1 万 5 千人前往参观。元月 2 日总会理事许世英在中央广播电台以国语作题为《为什么举行红十字周》的演讲;同日晚间,总会副会长刘鸿生以英语对国外进行广播。元月 10 日总会在国立实验剧院举行游

---

① 《第二届红十字周概况》,《红十字会总会三十一年度工作报告》,贵阳市档案馆藏,《救护总队档案》,40－3－46。

艺会,演出话剧、魔术,放映救护工作等影片,用以招待新入会会员。同时又于《大公报》等新闻媒体发布《红十字周特刊》。① 首次"红十字周"成果极为丰硕,当年招收会员共 17,500 人,是红十字会在大陆时期招募会员最多的一年。次年起,"红十字周"时间改为 10 月 1 日至 10 日,②活动内容大同小异,除了民国 34年抗战胜利停办一届外,至民国 37 年止,共举办 7 次。

红十字周为红十字会提供宣传与征募会员的机会,也成为红十字会每年例行重要活动。它与抗战前征求会员运动主要不同的地方,除了规模扩大之外,中央高层官员成为征求队的主力,取代了以往商人为主的局面,这与日后国民政府、红十字会之间关系日益密切有必然的关联。

会员的招收,与会费也有很大关系。自从会费减半,再加上抗战的影响,历年会员增加的幅度大致都能保持相当的水准,但到了民国 31 年决定恢复原来会费数目,而且当时总会实施新政策,增设纪念会员,每人收费 5 元。由于纪念会员不列会员统计,以致影响其他正式会员招收的情况,造成当年新收会员人数减至四千余人。③ 据可得的资料,自民国 29 年至 31 年红会会员人数变化如表 3—2 所示:

表 3—2　　　　　　　　会 员 结 构

时间	名誉会员	特别会员	正会员	普通会员	青年会员	总　数
民国 29 年	441	2,709	95,307	36,032	24,976	159,465
民国 30 年	479	3,127	104,215	39,210	30,844	177,875

---

① 《红十字周在积极筹备中》,《会务通讯》,1 期(民国 30 年 1 月),页 9;《民国三十年度的中国红十字周》,《会务通讯》,2 期(民国 30 年 2 月),页 10—11。

② 《会务纪要》,《会务通讯》,12 期(民国 31 年 11 月),页 11—18。

③ 《第二处工作报告》,《红十字会总会三十一年度工作报告》,贵阳市档案馆藏,《救护总队档案》,40—3—46。

续表

时间	名誉会员	特别会员	正会员	普通会员	青年会员	总　　数
民国 31 年	490	3,226	108,255	40,216	30,396	182,583

备　注: 民国 29 年数字与 28 年同,亦即由 28 至 29 年暂停征收会员,该项数字为截至
28 年 12 月 31 日累积总数,其余数字亦然。

资料来源:《中国红十字会各级会员统计表》,《中国红十字会月刊》(民国 29 年 1 月),页
288;《中国红十字会会员员数表》,《会务通讯》,3 期(民国 30 年 4 月),页 14;
《中国红十字会总会各级会员逐年比较表》,《会务通讯》,17 期(民国 32 年 6
月),页 15。

　　另外,国民政府参与红十字会征收新会员活动,在抗战以后
尤其明显,如红十字周的举办,即受国民政府大力支援,甚至各
征求队的队长也多由官员出任,以致于民国 31 年第二届红十字
周举办期间,虽然新收会员有限,但各征求队募得会费甚至比各
分会总数还多。[①]

　　红十字会分会数量,在抗战前已有四、五百个,但在民国 25
年国民政府颁布新的《红十字会管理条例》后,总会借此机会对分
会重新更换关防图记,故至民国 29 年时仅有 254 个分会完成更
换的程序。当时工作较有成绩者,约有一百多个分会,[②]较战前大
为衰退。由于许多分会逐渐被迫停止活动,幸存者也常为资源匮
乏所苦,所以总会为了扶持分会的生存,不论在各方面,莫不尽量
予以补助,以民国 31 年为例,总会共曾补助 35 个分会经费,补助
32 个分会各项药品,[③]受补助的分会数占当时全部分会的三分之
一强。抗战初期,红会在各地分会分布情形如表 3—3 所示:

---

　　①　《第二处工作报告》,《红十字会总会三十一年度工作报告》,贵阳市档案馆藏,
《救护总队档案》,40－3－46。

　　②　《中国红十字会战时动向》,页 23。

　　③　《总会三十一年度工作报告》,贵阳市档案馆藏,《救护总队档案》,40－3－46。

表 3—3　　　　　　　分会分布数量(民国 26 年至 29 年)

省　份　　时　间	民国 26 年	民国 29 年
江　苏	29	29
浙　江	12	13
安　徽	14	15
福　建	4	5
河　南	56	60
湖　北	12	13
湖　南	7	7
江　西	6	6
广　东	11	11
广　西	7	6
陕　西	1	2
云　南	2	2
四　川	21	22
山　西	2	2
贵　州	1	1
山　东	32	32
河　北	26	24
绥　远	1	1
察哈尔	1	1
热　河		
甘　肃		1
西　康		1
总　数	245	254

资料来源:《中国红十字会总会所属分会一览表》,《中国红十字月刊》,30 期(民国 26 年
　　　12 月),页 69－72;《中国红十字会月刊》,55 期(民国 29 年 1 月),
　　　页311－327。

　　由上表得知,这4年期间,各地分会数量变化不大。个中原因,除了各地分会向总会完成更换关防图记程序本就有限外,战事的激烈,应也是总会推展会务困难的要素之一。

第二节　战地救护工作

一、战役与救护

　　民国26年七七事变发生后,中日全面战争已不可避免,故战地救护工作成为当务之急。为此卫生署长刘瑞恒特别前来上海,与总会及各界领袖进行会商,刘氏认为"华北前线紧张状态之下,对于紧急救护之准备,实有迫切之需要,故各地应即从速设法成立紧急救护团体,并与各地已成立之红十字会与当地卫生机关保持密切之联络,以准备非常时期之来临"。① 对应刘氏的倡道与时局的迫切,总会随即展开动员,7月25日总会特别由副会长杜月笙、刘鸿生召开理、监事紧急联席会议。为顺应非常时期,决议总会与上海市分会联合上海其他公私机关团体,组成"中国红十字会上海市救护委员会",并集中过去毕业的救护学员,以及大力募集捐款购置医疗用品等。②

　　华北战场方面,在芦沟桥事变发生后,总会救护委员会华北分会即派协和医学院、齐鲁大学医学院学生前往芦沟桥、天津、廊坊、南苑、北苑、杨村等地服务。随后又派出三个救护队:一在

---

　　① 《刘瑞恒筹商非常时期紧急救护办法》,《时事新报》(上海),民国26年7月25日,转引自《中国红十字会月刊》,27期(民国26年9月),页84—85。

　　② 《中国红十字会总会工作概况报告》(民国26—28年),《中国红十字会月刊》,57期(民国29年3月),页15。

沧州,由齐鲁大学担任;一在定兴、保定一带,由保定医学院担任;一为随军救护,由中央医学院担任。26 年 8 月 3 日,总会委托上海医学院与同济大学医学院组织两组救护队,由上海前往华北从事救护,唯整体工作情况目前尚无从得知。[①]

8 月 13 日,日军进攻上海,总会上海市救护委员会随即投入救护工作。由于国民政府不便在租界公开活动,故救护委员会的工作尤为重要。总计救护委员会前后共设立救护医院 24 所,组织救护队 10 个,急救队 12 个,征集救护汽车 98 辆,另外特约公私医院 16 所,分布在整个淞沪地区战场及租界区,执行急救、包扎、输送、治疗等工作。其后又在松江、苏州、吴锡、昆山、杭州等地设置重伤医院,并于接近前线的交通要道设置伤兵分发站,为受伤军民办理登记,然后依照伤势不同,分批送往医院收容。从 8 月 14 日起到次年 4 月 30 日止,在上海各医院收治军民即有 19,539 人,[②]由伤兵分发站运送后方各地者有7,128 人,经救护委员会由前线直接运送至后方者有 17,722 人。在八一三战役期间,合计共救运受伤军民 44,389 人。[③]

上述受伤住院的伤兵痊愈后,亦由总会由陆路予以遣送疏运。值得一提的是,总会疏运伤兵的行动在上海沦陷后仍持续不断。当时陆路已经不通,只有外商轮船仍可航行上海至浙江温州台州航线,故总会自 11 月 27 日起派员分批护运伤兵由台州进入浙江,再分两路疏散,一路由台州转宁波,一路由台州经

---

① 《中国红十字会总会工作概况报告》(民国 26—28 年),《中国红十字会月刊》,57 期(民国 29 年 3 月),页 15。

② 其中包括伤兵 17,692 人,而这些伤兵在送达医院后,因伤重不治死亡者有 1,581 人,死亡率为 8.9%。《中国红十字会总会工作概况报告》(民国 26—28 年),《中国红十字会月刊》,57 期(民国 29 年 3 月),页 32—33。

③ 庞京周,《抗战前两年中之中国红十字会总会》,页 5—6;总会编宣股,《中国红十字会战时工作概况》,页 3—4。

百官转萧山,最后经浙赣铁路送至各军医院收容。为此总会还特别派员驻金华、衢州,照料接运事宜,直到 12 月间,留沪伤兵皆顺利遣返内地,没有落入日军之手。[①] 总计在上海沦陷前后,经总会疏运安置的伤兵共计有 16,111 人,分别送往各地,详细数目如表 3—4 所示:

表 3—4　　　　　　　　　总会疏运伤兵人数

运往地点	杭州	松江	苏州	嘉兴	吴兴	无锡	宁波	温州	香港	其他	伤愈归队	残废院	总计
人数	5,750	264	405	659	321	67	5,607	291	91	1,603	895	158	16,111

资料来源:《中国红十字会总会工作概况报告》(民国 26—28 年),《中国红十字会月刊》, 57 期(民国 29 年 3 月),页 32—33。

时人认为在八一三战役中,国民政府卫生与军医部门的表现令人失望,军方后方医院对于伤兵的照料,与上海红十字会总会所属的救护医院相比起来,有天壤之别。这是因为总会所属医院固然因陋就简,但军方医院不但医疗设备付诸阙如,连极简单的服务如送茶递水都没有。[②] 虽然总会及所属各院队工作人员的服务受到若干肯定,但不可讳言的是,死亡的伤兵仍不在少数,其主要原因为:一、医疗器具用品的缺乏;二、租界门禁时间不定,影响救护车通行;三、遭到日军轰炸,使得各救护队只能昼伏夜出;四、各医院床位有限,有时伤兵无处可去;五、救护车辆缺乏,征集不易;六、军方卫生队时感不足,不能与救护队联系

---

① 《中国红十字会战时工作概况》,页 3—4。
② 颜惠庆原著,姚崧龄翻译,《颜惠庆自传》(台北,传记文学杂志社,1973 年),页 218—219。

输送。①

严格说来，总会对于此次战役的准备亦有所不足，前述若干困难正好反映总会的救护工作在硬体方面储备并不充分。根据当时总会秘书长庞京周的说法，若干理、监事对大局心存侥幸，或是"囿于依附租界之旧观念而无长远打算"，以至于在芦沟桥事变发生后，救护工作处于"见变难应之势"。直到蒋介石在庐山发表抗日宣言，其后又召见庞氏，征询救护情况，此后总会内部观望态度才有所改变，最后在副会长杜月笙"常出而协调众议，力言时局之迫"后，据庞氏所言，战地救护工作才能较为主动，较有进展。② 然而在参加八一三战役救护将近两个月后，庞京周自认为总会在此战役期间的表现是"毁誉参半"，而上海市分会的表现则是"予军界印象至劣"，故此庞氏亟思有所补救。③

此时蒋介石夫人蒋宋美龄有意在南京开办大规模的伤兵医院，透过刘瑞恒邀请庞京周来京主办此事。庞氏认为"欲为伤兵服务，非放手做去不可"，故在未得总会通过之前，先斩后奏，先往南京主持筹办，再请求总会理事会予以追认，以及由上海提供人力物力支持该院。④ 庞氏在南京的工作有另一项有力的根据，即是早先卫生署曾令总会改设南京，9月27日总会常务理、监事联席会议上决定折中办法，即在南京设立首都办事处，如此

① 《中国红十字会总会工作概况报告》（民国26—28年），《中国红十字会月刊》，57期（民国29年3月），页36。

② 庞曾湝，《少志于学，壮事开拓，老安本业，记先父庞京周医师》，《苏州文史资料》，17辑，页75。

③ 《秘书长庞京周发副会长杜月笙、刘鸿生暨各理事电报》（民国26年10月3日），贵州省档案馆藏，《红十字会档案》，116—280。

④ 庞曾湝，《少志于学，壮事开拓，老安本业，记先父庞京周医师》，《苏州文史资料》，17辑，页75—76；《秘书长庞京周发副会长杜月笙、刘鸿生暨各理事电报》（民国26年10月3日），《秘书长庞京周发副会长杜月笙、刘鸿生电报》（民国26年10月4日），贵州省档案馆藏，《红十字会档案》，116—280。

总会始终都须派员常驻南京。10 月 4 日首都办事处成立,庞氏也获派为该办事处主任。[①] 不过总会对庞氏先斩后奏的作为似仍耿耿于怀,所以在伤兵医院成立后,最初只派任庞氏兼任该院的副院长,院长一职则不派人。[②] 在庞氏向总会力争院长职务"实属未便虚悬",要总会各理事派人来京主持。[③] 其后,总会方面才发布庞氏院长的任命,但同时也免去庞氏在总会秘书长的职位。[④]

南京伤兵医院是总会与国民政府合作下的产物,由总会设法提供医药器材、医护人员,而国民政府则负责该院伤兵纪律管理与后勤补给。[⑤] 该院在庞京周的主持和卫生署长刘瑞恒的配合下,向上海与南京方面动员人力物力,据称在 10 天之内便在南京中央大学内组织成立了伤兵医院。该院具备 5,000 个病床,300 余位医护人员,400 个工役,其手术室同时可供 7 个病人使用,[⑥]堪称中国在抗战期间最大的伤兵医院。南京伤兵医院设立的目的,在于作为整个京沪战线的后盾,以收容战地送来的伤兵。不过主事者没有想到的是,国民党军队在京沪战线上败退过于迅速,以至于 10 月中旬该院刚组织完成,11 月 16 日起便因战局丕变不得不宣告结束,而将伤兵移送安徽及各军医院

---

① 《总会发卫生署呈文》(民国 26 年 10 月 5 日),贵阳市档案馆藏,《救护总队档案》,40－3－171。

② 《总会发首都办事处训令》(民国 26 年 10 月 21 日),贵州省档案馆藏,《红十字会档案》,116－280。

③ 《首都办事处主任庞京周发总会公函》(民国 26 年 10 月 24 日),贵州省档案馆藏,《红十字会档案》,116－280。

④ 《总会发首都办事处主任庞京周公函》(民国 26 年 10 月 29 日),贵州省档案馆藏,《红十字会档案》,116－280。

⑤ 《秘书长庞京周发副会长杜月笙、刘鸿生暨各理事电报》(民国 26 年 10 月 3 日),贵州省档案馆藏,《红十字会档案》,116－280。

⑥ 庞京周,《抗战前两年之中国红十字会总会》,页 5－6;庞曾湘,《少志于学,壮事开拓,老安本业,记先父庞京周医师》,《苏州文史资料》,17 辑,页 75－76。

分散收容,其间总计收容治疗伤兵仅 3,381 人,却耗费117,820元。[①]

总会在南京除了伤兵医院外,在下关车站亦设有伤兵接运所,专为到站伤兵换药、转运。自10月13日至31日止,计曾到站伤兵共 12,767 人,其中轻伤者至接运所换药有 6,620 人,重伤伤兵经转运至医院者有 1,127 人,在站死亡,由接运所出资掩埋者有 18 人。[②]

二、救护策略的调整

南京伤兵医院因国民党军队的战事失利而不得不草草结束,无疑在资源方面造成了很大的浪费,同时也象征庞京周与总会当时的救护策略必须修正。如果检讨从一二八战役以来到八一三战役的救护经验,可以发现一个共通的特点,便是相信有医院的设立,才能展开救护工作。以八一三战役为例,当时救护医院设立 24 处,但有急救知识的救护队仅有 10 队,以至于许多重伤伤兵在抵达医院时早已死亡。庞京周的救护理念最足以说明当时总会的救护策略,庞氏在民国 27 年 1 月出版的著作中,提出他认为理想的救护程序与工作流程:救护队可分急救队、护送队、担架队三种,护送队与担架队负责运输,急救队的工作则是从军方卫生队接收伤兵,并将之交给急救站,急救队与护送队均配备医师和救护员。急救站位于前线和救护医院之间,担任初步鉴别轻重伤,予以适当处置,再转送各救护医院、伤兵医院或后方医院。因此,庞氏的用意应是急救队可以执行初步急救工作。庞氏主张救护医院是兵民兼收,伤兵医院则专治重伤伤兵。

---

① 庞京周,《抗战前两年中之中国红十字会总会》,页 5—6。
② 《中国红十字会总会南京下关车站伤兵接运所十月份工作报告》(民国 26 年 11月 10 日),南京第二历史档案馆藏,《红十字会档案》,476—1914。

此外,尚须设立手术队及掩埋队,手术队是指医院中外科医师如行有余力可至后方医院帮忙,掩埋队专任收埋阵亡战士,清理战场。①

庞京周的救护理念呈现的是一个垂直分工的救护体系,各有职责,最后以医院为战地救护的重心,这正是一二八战役以来总会一贯的救护策略。这样的策略有其现实背景因素,而其成败也受制这些因素是否能继续存在。首先这套策略只能应用在原本医疗资源较为丰富的地区,也就是大城市,如此才可能在短期内设立足够医院,征集较多的医护人员、药品器材、运输工具,否则分工精细,组织庞大的医疗体系根本无从建立。其次应付的战争只能是短期的、小范围的有限战争,一旦战争无限延长,战线扩大,这套体系便无法应付,甚至随时可能瓦解。一二八战役以来,恰好总会都能以上海、北平当地医疗资源为基础,聚集足够的救护力量,所以可以获得相当的成果;但南京伤兵医院的失败,便显示当战争无限蔓延时,这种以医院为重心的救护体系势必注定瓦解的命运。

在南京沦陷后,显示往后战争势必深入内陆,庞京周意识到救护策略必须加以修正,于是在抵达汉口后,即与卫生署方面商讨。② 民国 26 年 12 月 6 日,为了解决救护策略变更以及林可胜的人事问题,中央救护事业总管理处副主任金宝善与红十字会总会副会长杜月笙、常务监事钱新之在汉口进行会议,主要讨论商定由卫生署所提出的《红十字会总会救护事业办法》,该项办法在略做修订后,经三人签字表示协议成立。该办法除了对若干人事安排做出确认外,最重要的意义在于总会同意接受国民

① 庞京周,《抗战与救护工作》(长沙,商务印书馆,1938 年),页 7—15。

② 《首都办事处主任庞京周发总会常务理事林康侯便函》(民国 26 年 12 月 4 日),贵州省档案馆藏,《红十字会档案》,116—280。

政府卫生当局主张的战时三合一政策,将总会所属救护人员加以改组,组织救护队,并赋予其辅助军医部门的任务。①

　　总会所做的让步,象征总会的救护工作将产生两项革命性的变化:其一,显示总会将设立一个经常性的救护组织。在此之前,总会参与历次战争的战地救护工作,全为临时性质,工作时间最长不过数月,但该项办法势必使总会日后的救护工作得与军医部门紧密结合。再者,规定聘请林可胜代理救护委员会总干事,且新组成的救护队章则另定之。这些安排都意味着一个新的、经常性的救护组织即将形成,而这个新组织将由林可胜来负责筹备、领导。其二,总会同意不再另行筹设医院,而是以流动医疗队为救护的单位。

　　总会之中最先提出救护新策略,正是之前参与长城战役救护的协和医学院教授林可胜。林可胜曾在一次大战期间参与英军战地救护工作,可能因而了解战地救护因地制宜的理念。他所主张的救护体系,是以流动医疗队为主的单线组织,各救护队随军队或军医院转移,就地展开各项救护工作,每个医疗队队便是独立作业的个体,没有层层后送的程序。同时,林氏主张医疗队的编制只要 10 至 20 人,以医护人员为医疗队的主体。② 相较于庞京周主张的急救队需要 57 人,林氏的流动医疗队编制精简多了。林可胜主张的救护体系,其实在长城战役时,便曾有所实验,当时各救护队的编制仅 10 余人,不过当时除了以协和医学院师生为主的 3 个救护队实际深入战区外,其余 9 个救护队仍留在北平的救护医院,是以此次实验并不彻底。等到南京撤退,

　　① 《调整中国红十字会总会救护事业办法》,《首都办事处主任庞京周发总会呈文》(民国 26 年 12 月 14 日),附件,贵阳市档案馆藏,《救护总队档案》,40－3－26。
　　② 根据林可胜在汉口新组救护委员会公布医疗队组织,甲、乙种医疗队均以 20 人为准,其中医护人员占 15 人,《总会救护委员会救字公告第壹号》,贵阳市档案馆藏,《红十字会档案》,40－3－26。

总会所属医护人员及器材撤退到汉口，借着卫生署的支持，林可胜终于成为总会承认的临时救护委员会总干事，于是可以将他流动医疗队的理念付诸实行。

林可胜在进入总会的人事程序上，固然曾有若干争议与不快，但其提出新的救护策略，却应是大势所趋，总会的一项报告指出当时形成的共识：

> 咸以南北战线延长数千里，战地重心随时更易，本会交通工具又颇感缺乏，维持医院组织已感不易，各地伤兵医院为数已多，在事实上本会并无另行筹设医院之必要。故至善计划莫如与各治疗伤兵机关合作，遣派本会技术人员分至各该机关，专理救护医疗工作，以收互助之效，当经决定组织各种医疗队，配制切合实行之器械药料，分路前往各战区专任技术工作，以补原有治疗伤兵机关之不足，而材料与运输事宜，亦经另行组织，使在可能范围内，供应与运输均感便利。[①]

三、救护总队的建立及其贡献

林可胜在获得任命为临时救护委员会总干事后，得以专责指挥策划新救护体系的建构。林氏先设立代理总干事办公室，设立医务、材料、统计三股，后来将统计股改为总务股，再增设运输股与干事室。其中最重要的首推医务股，其下分北中南三区，分设三大队，在大队下设立医疗队，而医疗队正是工作最重要且基本的单位。依照林氏最初的构想，医疗队分两种：甲种医疗队又称为手术组，每队设医师 5 人，医员 5 人，医护助理员 5 人，事务员 1 人，厨役 1 人，勤务 3 人，主要负责在各地伤兵医院处

---

① 《中国红十字会总会工作概况报告：会务概况》（民国 26—28 年），《中国红十字会月刊》，58 期（民国 29 年 4 月），页 20—21。

理重伤病人的外科手术，或负责换药工作；乙种医疗队又称绷扎队，有医师1人，护士或医护助理员14至15人，事务员1人，厨役1人，勤务3人，共分6组工作，医师任队长，无医师时则由护士长担任队长，高年级的护士担任各组组长。乙种医疗队主要以女职员组成，可充任医院护士或换药工作，且以后方救护工作为主。后来林可胜又根据实际需要，加入X光队、汽车队。[①] 而医疗队往后又因任务不同而有卫生队、救护队、医防队、医护队、医务队等不同的变化，不过这种流动小队的救护单位形式基本不变，直到抗战结束为止。

救护委员会大约在民国27年初，便在各医疗队基础上成立救护总队，仍由林可胜出任总队长。救护总队最初工作重点在提供技术协助各战区军医部门，如外科手术、骨折矫治、X光检查、细菌检验、特别营养，以及护理等。[②] 由于传染病逐渐流行，病兵人数逐渐多于伤兵，[③]有监于此，救护总队遂加强防疫工作的推动（请见第三节）。

民国28年，总队长林可胜在巡视第三战区时，曾向该地军医军官阐述防疫的重要：

> 后运之患者病多于伤，倘在前方有适当防治工作，则如疟疾、痢疾、疥疮等疾病即可事先预防，与及时治愈归队，即轻伤者亦可留治，毋庸辗转后运，而免轻者

---

① 《总会救护委员会救字公告第壹号》，贵阳市档案馆藏，《救护总队档案》，40－3－26；《总会救护委员会第一次报告》（民国27年1月），贵阳市档案馆藏，《救护总队档案》，40－3－60。

② 《中国红十字会战时工作概况》，页6。

③ 至民国29年底，伤兵人数是民国27年的1/3，而病兵人数反而有所增加，《7TH Chinese Red Cross medical Relief Crops Report》（民国29年7－12月），页6，中央研究院近代史研究所藏《林可胜档案》23007。

转重,而重者变为不治,如此物力人力财力将节省多
多矣。①

因此,为了加强野战卫生工作,从民国 29 年 5 月 1 日起,救
护总队综合其下医疗、医护、医防、急救等各队的功能,一律改编
为医务队,尽可能推进至野战区,并协助附属于军师的卫生部
门,从事手术、绷带、急救,并指导办理灭虱、治疗、抗疟、改进环
境卫生与兵食营养等军阵卫生工作。②

截至民国 29 年底,救护总队共有 142 个医务队,在数量上
虽是救护总队成立以来最多的时候,但此时每个医务队的人数
已不如早期充实。当时外勤全部医务队人数仅有 1,132 人,加
上技工含司机也不过 149 人,合计 1,281 人。③ 因此每队平均都
在 10 人以下,实际数字应更低,比起救护总队草创时期,此时每
个医务队的人数缩减了一半以上,理论上工作能力不免大受影
响。人员大量流失,主要是因为待遇问题,④许多人在红十字会
工作的待遇无法维持家庭生计,往往被迫他去。又由于人员缺
额日多,致留任人员工作负担愈益加重,于是在恶性循环下,每
个医务队人数逐渐减少。到了民国 31 年,情况更为恶化,一个
被征调到救护总队工作的医学生在陕西宝鸡离职前夕,向总队
部报告基层人力不足的窘境,并建议予以改组整顿:

　　窃西北各救护支队日益凋零,行将瓦解,固经费困

---

① 蒋旭东,《战区视察报告》(民国 30 年 1 月 15 日),贵州省档案馆藏,《红十字会
档案》,116—43。

② 《总会救护总队部工作简报第七期》(民国 29 年 4 月),贵阳市档案馆藏,《救护
总队档案》,40—3—56;《中国红十字会战时工作概况》,页 6—7。

③ 《本会工作人员统计》,《会务通讯》3 期(民国 30 年 4 月),页 11;林可胜,《救护
总队部工作述要》,《会务通讯》,4 期(民国 30 年 6 月),页 3。

④ 《5TH Chinese Red Cross medical Relief Crops Report》(民国 28 年 7—12 月),
页 107,中央研究院近代史研究所藏《林可胜档案》23002。

难有以致之,而人事不齐,组织不善亦一大原因也。盖
自区队改支队以来,有医师即为队长,每队数人,经费
既窘,生活难安,人少力微,工作有限。事务员复经取
消,医务队务队长兼理,光阴虚耗,兴趣自减,与其困以
自守,遂思迁谋他职,或以队小易于调动,番号加多便
于宣传,而不知更速其削弱减灭也。年来西北各队取
消解散者相继不绝,所存者亦一息奄奄,势如机捏,欲
求其工作进展,戛戛乎其难哉。若不速加整顿,任其自
存自灭,有背善始克终之旨,人力物力不能充分利用,
良可惜也。[①]

各基层医务队人事的困境,主要来自于经费的匮乏,而经费
匮乏的主因则在于总会逐渐将部分资源转向于民间医疗,特别
是医院的建设,这不但在经费上造成排挤效应,也与救护总队战
地救护的初衷相违背。民国 31 年 11 月,总会开办的重庆医院
完工,并且开始在部分城市开办诊疗所,[②]于是林可胜原先所规
划的救护策略逐渐被推翻,救护总队的工作人员甚至认为该总
队原来为战地军民服务的大方向已经改变,导致其使命也从此
结束,许多人因而失望离去。[③]

民国 31 年底林可胜辞去总队长职务后,基层人事流失的情
况更加严重。总会秘书长潘小萼因身兼总队长,乃推动救护总
队内部的改组,决定在每个战区设一个医疗大队,每个大队配属
5 个中队,10 个区队,总计设 10 个大队,50 个中队,100 个区队。

① 《第一零一队刘世逊发总队部电报》(民国 31 年 7 月 20 日),贵州省档案馆藏,
《红十字会档案》,116—70。
② 《中国红十字会总会救护总队部业务报告》(民国 31 年 11 月),南京第二历史
档案馆藏,《红十字会档案》,476—2000。
③ 薛庆煜,《在贵阳图云关的红会救护总队》,《贵阳文史资料》,22 辑(1987 年),
页 48。

此外,在总队部所在地贵阳设置预备大队,同样配属5个中队,将环境卫生、X光队等技术人员编入,以视实际需要,派往各战区。[1] 此次改组实质上是一次大规模的人事裁减,过去基本工作单位是个别的医疗队,此次改组将之改为以中队为独立实施医疗的单位,人员编制上也较过去缩减一半以上。这次裁减显示总会从太平洋战争以来经费上的困窘,从而使得救护总队的工作效能自此打了很大的折扣。

不论如何,总会救护总队参与了多次战役的救护,所属各队散布在各战区,也实际帮助各战区军队卫生的促进,在空袭时也曾派队进行救护,对于抗战有其不可磨灭的贡献。从民国27年1月至34年9月,经总会救护总队执行战地救护工作,总计外科手术有119,856人,骨折复位35,522人,内科门诊军人2,481,685人次,门诊平民2,002,996人次,预防接种4,632,446人,敷伤有8,784,731人,另外消毒灭虱792,148人,灭虱衣物3,881,176件,检验有226,593人,X光透视有52,798人,X光照相5,631人,补充特别营养934,833人。[2]

四、现实环境与爱国热情的矛盾

红十字会在战地救护工作方面的杰出表现,特别是抗战时期救护总队对于救护工作的贡献,甚至可能远远超越军医部门。救护总队之所以可以提供种种服务,除了有领导阶层如林可胜等人正确的策略,以及中外人士热烈的捐款支持之外,最重要的是有一群热爱国家民族的医护人员,甘愿放弃民间开业优渥的收入、较为安全安定的生活,起而投入抗战救国的行列,志愿加

---

① 潘小萼,《三十二元旦告全体工作同仁书》,《会务通讯》,14期(民国32年3月),页3—4。

② 《中国红十字会》,页8—9。

入红十字会的工作,忍受菲薄的报酬,恶劣的生活条件,甚至在战地遭受生命的威胁。这些加入红十字会的医护人员,正是战地救护工作的骨干,也是红十字会基层的支柱,若没有这些医护人员积极的投入,救护工作根本无从开展。

不过红十字会医护人员的身份,却迟迟不能获得战时国民政府给予确切的定位,关于红十字会工作人员的身份的究竟应如何看待,在整个国民政府时期特别是抗战时期曾经是令人困惑的难题。这是因为红十字会以民间社团地位从事战地救护工作,与官方特别是军方来往频繁,若无官方身份有时确有不便之处,其次在相关待遇方面红十字会已然无法与外界相埒,若再无法提供诸如类似军人、公务员等资格的授与,许多工作人员的热情和士气必然无法长久维持。基于上述原因,总会与国民政府之间针对红十字会工作人员的身份问题,曾有过多次的交涉。

传统红十字会工作人员原本并不存在身份的争议,但自民国23年改组后,在红十字会内部开始有人希望争取若干特权,尤其是免役的优待,乃开始向政府要求承认红十字会职员甚至会员的特殊身份。这可能是因为当时各地军方借兵役名义征召壮丁,乃激起部分分会主张红十字会职员依法得有免役的优待。民国24年间总会接获汕头等3个分会的请求,乃向内政部转请免除本会会员职员的征兵义务,暨各地方政府编练后备队、团防等类似征调均请一律免予抽编。内政部不敢擅自决定,又转请军事委员会核定,军事委员会于10月4日回函同意红十字会会员、职员等若经地方政府合法登记,得援用兵役法施行条例规定,届时呈请缓征常备兵役,但仍受国民兵役之训练及召集。[①]不过就在内政部根据军事委员会的解释向总会下达训令后,可

---

① 《内政部发中国红十字会总会训令》(民国24年10月11日),《中国红十字会月刊》,5期,页6—7。

能由于部分分会引用新命令抵制军方征兵,乃引起当地军方指挥官向军政部抱怨红十字分会"非法利诱壮丁,影响征务颇大"。军政部感觉事态严重,要求内政部"查明严惩见复"。内政部此时才发现先前命令的解释过宽,只要缴纳少数的金钱即可取得会员资格,进而可获免役的优待,此举恐将造成逃避兵役的弊端,因此内政部在征求军事委员会的同意后,下令改为仅有红十字会职员,经主管机关登记后,才得享有免役的优待。[①]

内政部的命令等于是开了一个先例,表示政府承认红十字会职员具有异于常人的特殊身份,因为他们所从事的工作具有公务的性质,但如果认为红十字会职员从此可获得公务员资格,又并非如此,事实上当时国府对红十字会职员的身份定位依旧暧昧而模糊。抗战爆发后,随着兵役法的修订,红十字会职员免役的范围也缩减到总、分会会长、救护队队长、分队长等主管,其余一般职员或救护人员均无法获得免役优待。[②]

除了免役问题外,总会更曾不断希望政府可以授与其工作人员若干正式身份或职衔。抗战爆发后,总会随即组织医疗人员,至战地协助救护工作,此时由于时与各军医院接洽医疗事项,乃由总会驻汉办事处行文军事委员会卫生勤务部,请求将红十字会所属救护人员分级加委专科军医职衔,以利工作,[③]不过此时卫生勤务部正计划将红十字会所属救护队直接拨归该部指

①　《内政部发中国红十字会总会训令》(民国25年12月2日),《中国红十字会月刊》,19期页44—46。

②　《总会收内政部代电》(民国29年4月17日),《会务通讯》,1期(民国30年1月),页12。

③　《总会驻汉办事处发卫生勤务部呈文》(民国26年12月26日),贵阳市档案馆藏《救护总队档》,40—3—171。

挥,[①]故并未予以回应。民国 27 年总会呈请内政部同意将战地救护人员的待遇比照军属,9 月 7 日内政部赞成该项意见,并转咨各省市政府遵办。[②] 这对救护人员固然多少有些保障,但仍未解决红十字会救护人员的身份问题。

经过几年以后,此项身份问题愈益受到红十字会救护人员的关切,因为在救护人员中有医师、护士与其他专业人员,只要身份问题无法解决,这些人的工作资历便无法获得承认,譬如一样是医学院毕业学生,在红十字会和其他军、公机关同样服务一段时间,但在红十字会服务者工作较为辛苦,风险又大,但却无法获得实习年资,以后至其他医院工作,在年资上反而吃亏,其他原本有公务员资格者亦然,这对当时红十字会基层士气造成很大的冲击。民国 29 年 6 月 10 日当总会常务理事王晓籁与秘书长潘小蕚至贵阳的救护总队视察时,救护总队长林可胜便特别为此请求总会设法予以补救,否则林氏认为各工作人员难以久安其位,当时王晓籁承诺由秘书长向各部会磋商此事,并可先行直接呈请蒋介石委员长核示。[③] 不过王氏与潘氏的承诺似乎并未立即兑现,因为此事仍未处理。

总会方面的延宕,使得救护总队基层工作愈益困难,据称各救护队在与官方交涉如交通工具、粮食等事项时,屡受刁难,各单位人员表示未得军事委员会命令,不便给予便利,甚至有歧视的情况发生。民国 30 年 9 月由于基层的强烈反弹,救护总队第 2 大队副大队长林竟成呈请由军委会明令通饬各军事机关视本会工作人员为军属同等待遇,总队长林可胜在转呈公文时,更传

---

① 《总会驻汉办事处发卫生勤务部呈文》(民国 27 年 5 月 22 日),贵州省档案馆藏《红十字会档》,116—26。

② 《医事消息一束》,《战时医政旬刊》,20 期(民国 27 年 9 月 11 日),页 6。

③ 王晓籁,《视察报告》,《振济与救护》,1 卷 2 期(民国 29 年 9 月与 10 月合刊),页 25—26。

达了基层的愤怒:"鉴以为无人之工作与军人无异,而未能获应得之便利,均极愤慨。"①

稍后救护总队再度行文呈请香港总办事处转呈各部会,请求对于本会各级人员准照一般公务员铨叙办法,一律予以审核,但当时总办事处召开的常务理监事会却一度拒绝转呈这项请求,理由是该会议认为红十字会非政府机关"各级出力人员,应俟战后专案核呈请予奖励"。②该次会议实际出席者仅有会长王正廷、副会长杜月笙和常务理事林康侯3人,或许是出于对林可胜个人的敌视,才将上述请求驳回,也或许是考量公务员铨叙牵涉过大,不易达成,但之前对救护总队曾做承诺的王晓籁和潘小尊此会并未出席,应是影响此案讨论的主因。而基层的反应到底不容忽视,将近一个月后,在首次于重庆召开的常务理监事会上,此案再度提出讨论,不过提法稍作修正,建议由总会拟定办法,呈请军事委员会准予本会工作人员配用军衔,经议决照案通过。③

此时总会既决定处理此事,但可能为了寻求尽快有效的解决途径,总会直接行文呈请军事委员会委员长蒋介石,希望蒋氏同意"逾格一体授给军衔,俾资激励而利事功"。④但此文仍如石沉大海,不见回应。民国31年4月14日总会秘书长潘小尊直接求见蒋介石委员长,终于获得蒋氏的首肯,4月29日蒋氏

① 《救护总队发总会呈文》(民国30年9月29日),南京第二历史档案馆藏《红十字会档》,476-2020。

② 这次会议王晓籁和潘小尊均未出席,参见《第68次常会记录》,《会务通讯》7期(民国31年4月),页8-10。

③ 此次出席理监事有王正廷、杜月笙、许世英、刘鸿生、钱新之、屈映光、王晓籁等7人,秘书长潘小尊也列席,《第69次常会记录》《会务通讯》7期(民国31年4月),页10-11。

④ 《总会发蒋委员长呈文》(民国30年12月16日),南京第二历史档案馆藏《红十字会档》,476-2020。

正式回电潘氏,表示总会所提授给军衔办法原则可行,并要总会直接向军委会铨叙厅商讨办理。① 不过等到总会向铨叙厅交涉时,却遭到铨叙厅的批驳:"查中国红十字会职员既非政府官吏,格于法令,未便转铨叙部铨叙。"②但总会仍不放弃,再向蒋介石委员长提出声辩:"按本会所属各级人员请授者,系属军衔,并非军职,似可不涉铨叙范围。"③但即便只是军衔,军事委员会铨叙厅都不打算通融。④

次年国民政府通过红十字会战时组织大纲,由军事委员会负责监督管理红十字会,可是红会工作人员的身份此后依旧不明确,也从未取得公务员资格甚至名义上的军衔。⑤ 平心而论,许多红会人员出入战地治疗伤患,其作为实与军医无异,而其他国家亦不乏战时授予军衔的前例,所谓军衔不过空名而已,实际薪资福利仍由红十字会负责,官方并无任何负担,因此国民政府方面坚持拒绝授予红十字会人员军衔,实在是一件令人费解的事。而红会人员在身份上的暧昧,对于工作士气必然造成不小的打击,对于战时救护工作也是极大的阻碍。

此外红十字会的待遇又实在太过低微,因此在基层人事上不可避免地发生种种弊端。在待遇方面,自始至终总会职员按月支取薪酬,但详细情况目前缺乏资料足以说明。至于救护人

---

① 《委员长发红十字会总会潘秘书长代电》(民国 31 年 4 月 29 日),南京第二历史档案馆藏《红十字会档》,476-2020。

② 《军事委员会铨叙厅发总会公函》(民国 31 年 6 月 13 日),南京第二历史档案馆藏《红十字会档》,476-2020。

③ 《总会发蒋委员长呈文》(民国 31 年 12 月 11 日),南京第二历史档案馆藏《红十字会档》,476-2020。

④ 《军委会铨叙厅发总会公函》(民国 31 年 12 月 31 日),南京第二历史档案馆藏《红十字会档》,476-2020。

⑤ 虽然有红十字会职员自认为是公务员,但是事实上从未经过铨叙的程序,马玉汝,《我们要站在红十字的旗下仰起头来》《救护通讯》,18 期(民国 33 年 7 月)。

员,在抗战前救护人员几乎全为志愿,因此全为义务性质,概不支取任何薪俸或津贴。[①] 民国 26 年芦沟桥事变后,上海随即于 8 月 13 日起发生战争,总会与上海各界联合组织各种伤兵医院、救护队、急救队等,此时参与救护人员似仍为志愿义务为主,似尚未支领薪酬。10 月初秘书长庞京周在南京筹设首都伤兵医院,此时各救护人员已有薪给,数目仍不详,经费系由政府提供。[②]

抗战初期志愿参加救护人员虽然也开始支薪,但待遇菲薄,不过许多人在民族主义的前提下,并不在乎低微的报酬。如著名军医杨文达在协和医学院毕业不久,抗战爆发,杨氏至南京谒见当时卫生署长刘瑞恒,并毛遂自荐,刘氏最初向杨氏表示工作将无薪水可领,后又称月薪为 80 元,战时打八折,只有 64 元,杨氏当即回应:"没有待遇我也要干。"[③]

等到民国 27 年初,林可胜等人汉口成立临时救护委员会,此时拟定待遇大致分 4 类,医师每月平均为 120 元,医护员 29 元(案:此为护士或高年级医学生),医护助理员 23.4 元,事务人员 15.6 元。[④] 如著名军护周美玉当时月薪只有 36.66 元,据说连吃饭都成问题。[⑤] 至民国 31 年 10 月,统计各级救护人员薪津,医师平均为 490.8 元,护士 352.2 元,医护员与卫生员(案:此应与前述医护助理员同)211.2 元,其他人员 245 元。次年,

---

①　《中国红十字会救护队组织条例》《中国红十字会征求会员大会特刊》,页 86。

②　《南京庞京周发上海杜月笙刘鸿生电报》(民国 26 年 10 月 4 日),贵州省档案馆藏《红十字会档》,116－280。

③　熊秉真访问,郑丽榕记录,《杨文达先生访问记录》(台北,中研院近代史所,1991),页 31－32。

④　《中国红十字会总会救护委员会救字公告第壹号》(时间大约为民国 26 年 12 月至 27 年 1 月),贵阳市档案馆藏《救护总队档》,40－3－26。

⑤　张朋园访问,罗久蓉记录,《周美玉先生访问记录》,页 59。

薪津再度调整,医师828元,护士497.2元,医护员与护理员383.7元,其他人员370.5元。[1] 与此同时,红十字会的薪津似已比照公务员的水准。[2] 上述薪津调整幅度看来很大,但通货膨胀的影响更为严重,根据学者的研究,以战时军公教人员所受的影响最大。[3]

除了待遇偏低而外,红十字会更常因为经费不足或交通阻隔,使得每月薪津无法按时送到散布在各战区的救护队。或者由于黑市猖獗,原本微薄的收入,更加无法获得足够的粮食和副食品,所以各队多有自行耕种各种农作物或者饲养家畜。[4]

事实证明待遇的偏低,直接导致红十字会救护人员士气的低落,于是种种弊端油然而生,譬如贪污、吃空缺,[5]更严重的是长假不归与弃职逃亡的案例越来越多。[6] 即便是始终坚守岗位的救护人员也不得不承认生活问题使得红十字会留不住好人才,其中部分是因为许多人有家累,光凭红十字会的薪俸只能勉

---

① 《新旧薪津比较表》《会务通讯》15期(民国32年4月),页18。

② 《中国红十字会总会救护总队部卫生人员薪额比较表》(案:此表未注明时间,但其附注说明该表数字依据国府民国30年9月27日公布暂行文官武官等官俸表,故推测该表应为民国31年底或32年初制定),贵阳市档案馆藏,《救护总队档》,40-1-1。

③ 张瑞德,《抗战时期的国民党军队人事》(台北,中研院近代史所,1993),页91-94。

④ 王文浚,《第14中队半年来之工作经过及检讨》《会务通讯》19期(民国32年8月)页23;张朋园访问,罗久蓉记录,《周美玉先生访问记录》,页63。

⑤ 有时队员已经逃亡,队长隐匿不报,如此便可照领薪水,总队部为此曾经特别下令禁止这种行为,《总队不发各队队长通告》(民国29年2月19日),贵阳市档案馆藏,《救护总队档》,40-2-525。

⑥ 早在救护总队创立1年多后,逃亡的个案越来越多,以民国28年12月为例,便有13人因久假不归、擅离职守、携物或拐款潜逃等罪名遭到撤职,《总会救护总队28年12月份各医务队撤职人员清单》,贵阳市档案馆藏《救护总队档》,40-2-525。

强维持个人的生存,[①]根本不足以养家活口。[②]

除了薪津之外,红十字会人员在抗战时期也有部分福利。其中最重要的要算是衣着,红十字会工作人员每年可发棉大衣1件,制服两套,制帽1顶,[③]当时工作人员认为这是红十字会救护总队唯一较其他单位优越之处,特别是制服上配有特制的红十字扣子,颇为特殊,据穿过制服的人说:"穿戴着它颇有精神,人们对之十分羡慕,也给大家带来欣慰。"[④]

总会虽然希望有效防杜弊端,但又无法彻底解决身份与待遇方面的困难,于是造成人才纷纷流失,而愿意留下来的人,也必须继续面对各项人事问题。民国32年救护总队第三大队队长何鸣九举枪自尽,此案足以代表抗战时期红十字会基层人事的困境。由此案的讨论,或可更深入了解战时红十字会基层人事的问题症结所在。

何鸣九原籍山东,后迁至江苏宝山县,毕业于上海同济大学医学院,并曾游学德国(关于其个人资历目前所知有限)。[⑤]何氏可能早在民国26年底或27年初,便在汉口参加红十字会临时救护委员会所组织的救护队,当时救护工作的区域是以浙江战区为主。何鸣九自始即为救护总队的领导干部之一,民国27年救护总队将全部救护队依照功能、地区分别组成14个医务中队,何鸣九担任第6中队队长,下辖3个医疗队、1个医护队,工

---

① 《第3大队事务员王缙学谈话笔录》民国31年12月10日,南京第二历史档案馆藏《红十字会档》,476—557。

② 林竞成投书,《采风录》《救护通讯》14期(民国33年5月)。

③ 《中国红十字会总会制服处理规则》《会务通讯》17期(民国32年6月),页40—41。

④ 沈新路,《回忆抗日战争时期的救护总队部》《贵阳文史资料选辑》22辑(1987年7月),页61。

⑤ 《第三战区司令部卫生处中校张雄调查何鸣九案报告》(以下简称何案报告),(民国32年12月28日),南京第二历史档案馆藏,《红十字会档案》,476—557。

作范围以江西、浙江金华等地为中心。^① 后来救护总队根据各战区设置大队,何氏则担任第 3 大队副大队长。^② 民国 30 年 11 月因第 3 大队队长汤蠡舟调任总会第三处处长,^③何氏乃升任大队长。

在何氏升任大队长同时,第 3 大队下辖 14 个救护队,分布在闽、浙、皖、赣等 4 省,^④工作范围极大,在整个救护总队中可能是数一数二。同时由于辖区与日军占领区接壤,时有战事发生,故救护人员有时须因应战争而不断迁徙,在管理方面确实增加不少负担。大队长何鸣九据称体弱多病,有肾脏宿疾,且自民国 31 年 3 月起又罹患贫血等症,一度甚至请假 3 个月,因此对于队务往往无法兼顾。而自民国 31 年 5 月起,浙赣战事又起,第 3 大队乃由浙江向福建撤退,其间辗转流徙,更增混乱,部分队员因无法如期拿到薪水,渐感不满,乃向政治部驻第 3 大队政治指导员密告大队长何鸣九涉及多项舞弊不法之事,政治部乃向总会呈报,此案才引爆开来。何氏遭到控告的罪名大致有以下几项:一、扣发薪饷,冒领空薪;二盗卖药品;三、浮报汽油消耗;甚至有人匿名密告何氏将贪污所得购买田地。

在案件爆发后,总会先行文请求当地第 3 战区司令长官顾祝同派员调查。^⑤ 但不等调查结束,总会秘书长潘小萼即命令救护总队将何鸣九停职,另行派员接收,并会同政治部欲从速调

---

① 《本会各医务中队分布表》,《总会救护委员会第二次工作报告》(民国 27 年 2 至 8 月),贵阳市档案馆藏,《救护总队档案》,40－3－60。

② 《二十九年三月中旬部务会议记录》(民国 29 年 3 月 11 日),贵阳市档案馆藏,《救护总队档案》,40－3－73。

③ 《会务通讯》,6 期(民国 30 年 11 月),页 11;《会务通讯》,8 期(民国 31 年 6 月),页 13。

④ 《第三大队工作状况》,《会务通讯》,8 期(民国 31 年 6 月),页 13。

⑤ 《总会发第 3 战区顾司令长官电报》(民国 31 年 11 月 2 日),南京第二历史档案馆藏,《红十字会档案》,476－557。

查实情。[1] 但不久，潘氏即直接认定何氏渎职，因而改变处分，将其撤职查办，并要求何氏需取得铺保才能离职。[2]

总会方面的立场显然已经未审先判，认定何氏有罪，此举令何氏感到极为不平，乃致电总会第二处处长冯子明，解释其遭到指控原因，并请求冯氏代为向会长解释，以便洗雪冤屈，挽回名誉。何鸣九申诉：

> 窃思职服务红会五年于兹，在队对内对外，于职务之需要，难免不结仇于人，故挟嫌诬告，在所难免，但反思讯哑，无愧于心。职近以多病，督导不严，咎有应得，前经迭呈请辞职，未蒙允准，兹忽奉电停职，措辞严重，根绝后途，职为人处世，尚待来兹，我公一言九鼎，扫便向王会长钧前代为解说，庶白海冤，藉挽颜誉。[3]

这封电文透露出几点重要的讯息：首先何氏之前曾经几次因病呈请辞职，但都未获准，何氏乃抱病留任；其次对于此案何氏虽自认督导不周，但也认为是因职务关系结怨于人，遭到诬告；其三，总会对何氏的处分，何氏自认对于名誉打击甚大，故亟思获得平反，洗刷冤屈。

不过何氏申冤的电文并未发生作用，冯子明只回电安慰何氏，要其"先遵令移交，静候查办，一俟水落石出，洗刷自易"。[4]

当地军方亦即第3战区相关部门应总会邀请加入此案调

---

① 《总会秘书长潘小萼发救护总队电报》(民国31年11月5日)，南京第二历史档案馆藏，《红十字会档案》，476—557。

② 郭兰馨，《东南办事处工作报告》(民国31年6月至32年10月)，南京第二历史档案馆藏，《红十字会档案》，476—36。

③ 《何鸣九发总会冯子明处长电报》(民国31年12月1日)，南京第二历史档案馆藏，《红十字会档案》，476—557。

④ 《总会冯子明发何鸣九电报》(民国31年12月4日)，南京第二历史档案馆藏，《红十字会档案》，476—557。

查,在军方传唤各证人及相关证物后,认为并无具体事证显示何氏舞弊违法。军方的报告除了做出对何鸣九有利的结论外,也分析了此案发生的原因。军方对于该案的了解为:从民国32年5月间由于浙赣战争的影响,日军节节进逼,于是救护总队第3大队也从浙江向福建撤退,许多救护材料物资也随大队部迁徙。在移动期间,因为抢运物资的需要、薪水补给的延误、物资的盗卖等种种原因,乃引发种种纠纷。根据军方后来的调查,在大队部抢运救护物资的同时,许多队员在沿途要求搭坐便车,本来平时红十字会工作人员经常搭坐同会所属车辆,但此时由于军情紧急,大队长何鸣九与相关负责人乃严词拒绝;此外有部分总会所属司机,在此混乱时刻竟趁机擅自走私图利,后由何鸣九发电总队部将其扣押,凡此都使得部分不少基层队员和司机对何氏产生怨恨。其次,在迁徙的过程中,因交通的阻隔,以至于有许多队员无法如期获得薪给,因此有队员匿名密告大队长何鸣九推托不发,此外更有人控诉何氏将运输人员移去为其耕田,却拒绝派伙夫为各队员烧饭做工。与此同时,因为在福建城市发现有红十字标记奎宁在市面贩售,因而爆发第3大队所属队员涉及盗卖药品案件,于是在相关密告中也有控诉何氏涉嫌舞弊盗卖药品。

不过此案并未如冯氏所言或者因军方的调查而获得洗刷,总会原令当时东南办事处主任郭兰馨前往第3大队所在地福建南平办理监交,但郭氏迟至民国32年5月23日才抵达南平。此时郭氏乃就何案进行调查,何氏因觅保困难,向郭氏请求豁免,遭到拒绝。对于何案影响整个红十字会名誉,郭氏认为何鸣九难辞其咎,同时又怀疑军方曾接受何氏贿赂,故做出对其有利的调查结论。郭氏的态度对何氏必然造成很大的刺激,5月30日凌晨,何鸣九于其寓所以手枪射击自己头部,自杀身亡,于是此案乃不得不就此了结。①

　　其实根据后来的调查显示，上述对何鸣九的控诉在证据方面略嫌薄弱。首先根据政治部提示的两名密告证人，经军方检证发现一名证人否认曾做此密告，表示系遭他人捏名，而另一名证人则根本查无此人，等于是黑函密告。再检讨各项控诉内容，在薪饷部分，如有人指称何氏扣发薪饷，甚至对队员生活推托不理，其实当时因为战争情势导致薪饷不能如期发放，已经不是新鲜的事，而各队经费也都由总队部直接核拨，大队部根本不经手，据第3大队所属队员回忆当时情况，实情乃所属医疗队队长对其生活工作置之不理，反而是大队长何鸣九为其设法。② 至于指责何氏冒领空薪，根据调查当时大队部仅有4人，似不太可能有吃空缺的现象。而在盗卖药品的部分，据称当时确有不少队员私自出售药品牟利，不过并无证据可以证明何氏为幕后主使，军方报告也否定这种看法。但毕竟在迁徙过程中，药品遗失并在市面出现殆为事实，总会东南办事处以此质询何氏，何氏"本人亦自觉难以遁词讳辩"。即便如此，何氏也仅应负监督审核不周的责任，实难证明何氏确有盗卖药品的罪行。在浮报油料部分则较为复杂，因为在撤退时大队部并无经费，故先由何氏私款垫支，以购买汽油，供红十字会汽车抢运物资使用；此外何氏又与军方运输单位合作，借与军方一辆汽车，军方借给第3大队汽油、酒精若干，作为汽车燃料，这部分数字经调查后认为并无弊端，总会东南办事处方面对此也没有异议。③

---

　　① 郭兰馨，《东南办事处工作报告》（民国31年6月至32年10月），南京第二历史档案馆藏，《红十字会档案》，476—36。

　　② 许恩溥，《回忆我在红会医疗队的情景》，《贵阳文史资料》，22辑，页140—141。

　　③ 郭兰馨，《东南办事处工作报告》（民国31年6月至32年10月），南京第二历史档案馆藏，《红十字会档案》，476—36；《何案报告》（民国32年12月28日），南京第二历史档案馆藏，《红十字会档案》，476—557。

何案的发生与处理,是当时红十字会内部的大事,因为此案是总会所有贪污案件当中牵涉层级最高的一件,总会对此案的处理态度是否与同时间林可胜的去职有微妙的关连,尚待进一步的探究。但此案对当时红十字会工作人员所产生的的影响与意义,绝对远远超越一般人事纠纷的层次。

何鸣九的自杀可以说是代表当时救护人员悲剧命运的最高潮,当时已有不少救护人员因待遇问题纷纷跳槽他去,而总会方面始终拿不出有效的对策,如何氏般坚守岗位,甚至以私款挪垫公用的干部,最后竟落的以自杀来表明清白的下场,这是何等讽刺的结局!原本以何氏的资历如留在民间工作,必可坐享优渥的待遇与生活,然而他却选择加入红十字会的救护工作,在5年多的工作期间,何氏因病几度请辞,却未获准。当初何氏若也随波逐流,大可像当时许多医护人员一般逃亡而去,但何氏没有这样做,依然抱病坚守岗位,固然此案何氏必须负担若干责任,但似无贪污的确证,就连直接调查的郭兰馨事后也目睹何氏身后萧条的状况。[①] 对何氏而言,当初之所以愿意屈就低薪加入红十字会工作,后来又抱病不去,必然是出自于救国的理想与责任感,当其遭到撤职查办后,仍不思逃亡,则应是自信清白,以名誉为重,最后在东南办事处主任郭兰馨对其不表信任后,终于决定一死以明志。至此何氏报国的理想,终于不敌现实残酷的打击,何鸣九的自杀,可以说是救护总队长久以来待遇微薄的现实问题与总会人事倾轧的牺牲品。

---

① 郭兰馨,《东南办事处工作报告》(民国31年6月至32年10月),南京第二历史档案馆藏,《红十字会档案》,476-36。

第三节　战时医疗与防疫

一、战时医疗的兴废

总会原在上海有三个医院,但自太平洋战争后,日军占领全上海,总会驻沪办事处被迫停止活动,而总会医院在此后与总会的联络也告中断。当时曾受总会医院诊疗人数如表 3—5 所示:

表 3—5　　　　　　　　　总会医院诊疗统计

时　　间	门诊	住院
民国 26 年	120,901	28,944
民国 27 年	195,258	29,426
民国 28 年	50,755	32,034

备　注:民国 26—27 年缺第二医院数字,民国 28 年为第三医院数字。

资料来源:《总会工作概况报告》(民国 26—28 年),《中国红十字会月刊》,58 期(民国 29 年 4 月),页 72—86。

抗战初期,总会结束南京伤兵医院后,即由林可胜等人在汉口筹组救护总队,自此以后总会放弃建立大规模医院,以小型流动的医疗队取而代之。而此医疗队的任务简言之即为战地救护,在新的救护策略下,此时总会的资源大部分用于伤兵的救治,对于一般平民的医疗卫生暂时无力顾及。直到民国 28 年 9 月,总会在重庆开办临时的时疫医院,旋改为重庆医院,这是总会恢复平民医疗的开端,但规模并不大。① 等到民国 29 年总会

---

①　《中国红十字会战时动向》,页 19—20。

迁到重庆后,鉴于重庆与四川各地空袭的严重,才由秘书长潘小萼请准在重庆成都等地,设立 8 个直属总会的医疗队,担任空袭救护与民众医疗、防疫等工作。① 上述的医疗队后来改名为医防队,最多时扩充到 40 队,分布在川、滇、黔、桂、粤、湘、赣、闽、浙等各省。部分医防队逐渐发展成为小型医院,并在重庆新运模范区与沙磁学校区、贵阳、桂林、赣州、曲江、成都、昆明、柳州、衡阳、恩施、福州等地设立诊疗所,办理后方民众的医疗防疫事务。②

不过总会在战时后方平民医疗最大的投资,还是重庆医院的设立。前述重庆医院起初仅有病床 50 张,到了民国 30 年间该医院两度遭到空袭破坏,此时总会基于收容空袭受伤民众的考量,认为有必要将该医院扩大重开,于是乃斥资四百余万元,于民国 31 年 7 月建设完成具备 212 个病床的重庆医院。民国 33 年重庆医院奉行政院核定与中央医院合并,增设病床共 240 个。③ 重庆医院的设立,象征着总会先前偏重战地救护的方向为之转变,也使得部分原救护总队工作人员大为失望。

其实总会早就有意将原来偏重战地救护的方向作一调整,但实际着手规划且付诸实行的代表人物,则是汤蠡舟医师。汤蠡舟,上海人,生于清光绪二十五年(1899),日本千叶医科大学毕业。曾在八一三战役时参与总会救护工作。主持松江重伤医院,后来转往芜湖,在救护总队成立后,汤氏被任命为第三大队

---

① 《本会对于四川省空袭救护之配备与实施》,《会务通讯》,1 期(民国 30 年 1 月),页 8。

② 《中国红十字会战时工作概况》,页 7—8;《中国红十字会》,页 6。

③ 《重庆医院购地兴建之略史》,《会务通讯》,7 期(民国 31 年 4 月),页 12;《重庆医院奠基典礼盛况》《会务通讯》,8 期(民国 31 年 6 月),页 8—9;《中国红十字会战时工作概况》,页 9—10;《中国红十字会》,页 9—10。

队长。[①]民国 31 年 11 月,汤氏调任总会第三处处长,主管医务工作。汤氏在就任后,立即宣布各项推广平民医疗的计划,包括将总会直属医防队扩充至 40 队、扩大重建重庆医院、在重庆设立诊所等。[②] 汤氏以为救护总队在军队伤病治疗工作上已具规模,但后方民众在疾病与空袭伤害方面,由于限于人力物力,主管机关卫生署却无法予以充分照顾。汤氏曾谓:

> 每感民众之需设医药,甚于衣食。盖现代战争既无分于前线后方,施行医防,宜普及于军队民众,军民一体,不能分开,既不能先军后民,又不得厚军薄民,所以本会今后之医防救护工作,似有适合需要,而加以调整的必要。[③]

此外,汤氏也希望借由推动平民医疗,加强公共卫生,同时促进各地尤其是四川省分会的会务。

汤蠡舟所推动的平民医疗,标榜免费诊疗的特色,汤氏称之为"免费而合理之治疗"。但实际上并非完全免费,如重庆新运模范区等几个诊所门诊便分特别诊与普通诊,普通诊对象是一般大众,从挂号、诊疗到拿药全部免费;特别诊是专为公务员而设,仍须收取挂号费。至于重庆医院,门诊也以不收费为原则,但住院费用则分三等,虽然有意压低价格,但对当时一般平民而言,该院住院费用恐怕仍难以负担。[④]

---

① 《汉口首都办事处发香港总办事处林秘书长、庞主任便函》(民国 26 年 11 月 24 日),贵州省档案馆藏,《红十字会档案》,116—3;《救护总队部职员简历》(民国 32 年),南京第二历史档案馆藏《红十字会档案》,476—3186。

② 《汤蠡舟医师调任总会第三处长》,《会务通讯》,6 期(民国 30 年 11 月),页 11。

③ 汤蠡舟,《本会今后在医务上之新动向》,《会务通讯》,7 期(民国 31 年 4 月),页 1—2。

④ 分别是特等每日 120 元,头等 90 元,普通 40 元。汤蠡舟,《本会今后在医务上之新动向》,《会务通讯》,7 期(民国 31 年 4 月),页 1—2;《重庆医院近况》,《会务通讯》,24 期(民国 33 年 1 月),页 27—28。

　　总会在战时重新推动平民医疗以后,等于否定首任救护总队长林可胜偏重战地救护的路线,这可能也是使林氏最后求去的原因之一。在重庆医院开幕两个月后,林可胜辞职,次年2月总会改组,所有医防队并入救护总队,此后总会战地救护与平民医疗并重的路线一直延续到抗战胜利。

　　批评者认为此次总会在路线上的调整,以及在医护人员集中的重庆,花费巨款"建立豪华红十字会总医院一座",并将各地医务队移置于各大都市,如此虽然使得总会工作成绩较易于表现出来,但却对军队医疗品质有所影响,据称"对于维持前方军力损失之大,实非数字所能估计",[①]甚至有人认为救护总队的使命就此结束。[②] 或许是内部的反弹声浪起了作用,以至于主事者不得不做出妥协。在汤蠡舟与新任总队长胡兰生领导下的救护总队,终于在总会改组不到一年后,宣布救护总队驻外医疗队须具有流动性,应不时变更工作地点,且设队地点不宜集中在城市。[③]

二、战时防疫的扩展

　　总会对于传染病的防治,传统上是以上海地区为主,等到抗战爆发后,当地防疫工作不免大受影响。[④]

　　抗战以后,传染病在中国流行的趋势迅速恶化,关于战争与

────────────────

①　陈韬,《近五十年来几位军医先进》,原刊《传记文学》,40卷2期,转引自《周美玉先生访问记录》,页123—124。

②　薛庆煜,《在贵阳图云关的红会救护总队》,《贵阳文史资料》,22辑(1987年),页48。

③　《改进医疗队服务地点》,《会务通讯》,24期(民国33年1月),页28。

④　以民国27年为例,仅治疗传染病人1,676人,可能是历年最少,《总会工作概况报告》(民国26—28年),《中国红十字会月刊》,58期(民国29年4月),页72—86。

传染病之间的关系，目前研究仍旧有限。[①] 大致说来，抗战时期传染病的流行有两个主要的原因，亦即大量人口移动与日军细菌战所造成。当时主要的传染病有霍乱、鼠疫、伤寒、斑疹伤寒、天花、痢疾、疟疾、脑膜炎、白喉、回归热、性病等。

抗战初期，除了战争所造成的大量军民伤亡外，也迫使大批难民流亡到华中、西北、西南各地，中国为了动员抗战，也从各地调遣军队前往前线，一来一往之间造成大量的人口迁徙。而上述难民流亡地区，在医疗卫生设施方面，又不如沿海地区发达。为此，国民政府担心各项传染病疫情将有恶化的可能，乃由出席国联大会代表郭泰祺向国联方面求助。国联应中国的请求，提拨经费，派遣 3 个防疫队前来中国。根据研究指出，国联在华防疫事业大致分几个阶段，即民国 27 年由防疫队直接参与各项防疫工作，28 年起由于中国所建立的防疫队逐渐取代了国联防疫队的功能，此后国联专家乃逐渐转为顾问的角色，直到 30 年国联停止对华援助为止。[②]

抗战初期国联的防疫事业，不但在卫生专业与物资方面给予中国许多帮助，更重要的是，引起了当时国民政府中央与地方政府对防疫工作的重视，对战时中国的疫政，具有促进催化的作用。而国联防疫工作得以顺利开展，中方的医护人员的配合与

---

① 目前已知仅有张力与巫仁恕曾撰文有所探讨，张力讨论的是关于抗战前期国联在华防疫事业，而巫仁恕所讨论的是抗战后期的疫情与国民政府相关部门防疫的努力，参见张力，《抗战前期国联在华防疫事业》，《中华民国史专题论文集：抗战建国暨台湾光复》（台北，国史馆，1996 年），页 889－912；巫仁恕，《战争与疾疫：抗战后期的疫情》《纪念七七抗战六时周年国际学术研讨会论文》抽印本。

② 张力，《抗战前期国联在华防疫事业》，《中华民国史专题论文集：抗战建国暨台湾光复》，页 889－912

协助,更是功不可没。① 其中总会救护总队也是受到国联影响,进而投入防疫工作的重要例证,值得一提的是救护总队可能是当时中国最先加入防疫工作的单位之一。②

　　总会在抗战初期主要工作的重点放在伤兵的救护上,对于防疫工作一时无法兼顾。民国26年12月,林可胜于汉口筹组救护总队时,似仍以伤兵救护为主,在初期37个医疗队当中,只有1个绷扎队在军政部防疫大队工作。③ 直到民国27年2月底以前,救护总队仅完成伤寒霍乱混合预防注射602次,在全部工作所占比例微不足道。但从27年3月开始情况有了极大的转变,光是3月一个月内,救护总队就完成了伤寒霍乱混合注射12,088次,种牛痘25,422次,破伤风注射106次。④ 至27年底,救护总队的预防注射工作占全部工作量23.71%,总计全部卫生防疫工作所占比重是31.8%。⑤ 总会救护总队逐渐重视防疫工作,应与国联防疫团来华工作密切相关,事实上,救护总队

---

　　① 根据张力的研究指出国联在其工作过程中,曾与中央和地方卫生机构、红十字会进行各项合作。张力,《抗战前期国联在华防疫事业》,《中华民国史专题论文集:抗战建国暨台湾光复》,页897-901。

　　② 根据资料显示救护总队,从民国27年1月便组成防疫队,3月起开始逐渐加强预防注射等防疫工作,相对来说卫生署的医疗防疫队直到6月才开始进行筹组,而有趣的是该医疗防疫队的组织结构与救护总队几乎完全一样,不同的地方是医疗防疫队增设了卫生助理员与卫生技工,但类似的卫生技术人员后来救护总队也予以增设,二者在组织上的神似,是否代表筹备者也是同一批人,或者二者在人事上有所重叠,颇值得进一步探究。《内政部卫生署组织医疗防疫队办法》(民国27年6月9日公布),贵阳市档案馆藏,《救护总队档案》,40-3-22;《中国红十字会总会救护委员会数字公告第壹号》,《汉口首都办事处发总会呈文》(民国27年1月9日),附件,贵阳市档案馆藏,《救护总队档案》,40-3-26。

　　③ 《移动计划表》、《医疗队在各伤兵医院分布表》,《总会救护委员会第一次报告》。

　　④ 《总会救护总队工作概要》(民国26年12月至27年6月止),《总会救护委员会第二次报告》。

　　⑤ 《医务队各队工作统计表》(民国27年至28年6月),庞京周,《抗战两年中之中国红十字会总会》,页8。

不但此时特别设立医防队,专责处理伤兵与难民防疫事宜,而且至少有两个中队共 8 个小队指定协助国联防疫队工作。[①]

国联防疫队在华工作期间为期不到一年,此后由于国民政府在各地陆续成立许多防疫队,国联人员乃退居顾问的地位,而总会救护总队也逐渐在中国战时防疫事业中占有一席之地。

总会救护总队初期主要工作重心在军队,但如遇疫情严重时,实际工作经常是军民不分,当后来总会逐渐重视平民医疗后,救护总队防疫工作的对象才扩及一般人。救护总队在防疫工作上大致有几项措施:预防注射、环境卫生的促进、宣传教育、疫情调查与隔离治疗。其中前三项主要着重在事前的预防,后两项则是在疫情发生后,了解实况并对病患加以隔离治疗。

预防注射是战时防疫最常用的方法,也最有效,主要目的在防止正常人感染病菌,总计总会在抗战期间共完成预防注射4,632,446 人次。[②]

促进环境卫生是另一项防患于未然的方法。当时中国流行的传染病,主要的传染途径是以昆虫和饮水为主,例如霍乱、伤寒、痢疾常因饮水不洁所致;而鼠疫、斑疹伤寒、回归热、疟疾等则是借助跳蚤、虱子、蚊子等传播病菌。故如防疫单位可以有效消灭该项媒介,将可以达到预防或遏制传染病流行的功效。注重环境卫生正是可以有效消灭传染病媒介的方法,不过往往因为需要花费大量人力物力,只有在大都市才能做到。[③]

救护总队在军队环境卫生工作方面曾以较少的花费,从事各项积极的作为。救护总队创办人林可胜对于军队环境卫生工

---

① 《本会各医务中队分布表》(民国 27 年 9 月),《总会救护委员会第二次报告》。

② 《中国红十字会》,页 8。

③ 巫仁恕,《战争与疾疫:抗战后期的疫情》,《纪念七七抗战六十周年国际学术研讨会论文》,抽印本,页 33。

作甚至寄予厚望，林可胜认为部队驻在乡村里，"不单部队本身的环境卫生要办好，还要训练部队改善乡村的环境卫生。将来胜利复员，这大批士兵，回到自己乡村，便可以把全国的乡村环境卫生做好了，这样也就是为将来建国时期的公共卫生打好一个基础"。[①]

救护总队在军队环境卫生工作方面，针对前述传染病传播的途径，拟定防治的策略，首要的便是设立灭虱站。早在国联防疫队来华期间，便曾与总会所属分会合作建立灭虱站。[②] 可能此时总会救护总队方面也曾经接触类似工作，或者因此获得启发。大约在民国27年9月左右，救护总队为了因应冬季斑疹伤寒的防治，乃订购各项金属器材，准备制造灭虱器，修建沐浴所。[③] 11月长沙大火后，救护总队迁至湖南祁阳，此时总队长林可胜认为需要为大批伤病官兵做点事，乃与部属刘永楙商议，改装53加仑空汽油桶作成锅炉，烧热水，布置成一个简单的灭虱沐浴治疥站，试为较轻伤病患灭虱、洗澡、治疥甚至理发，再配合护士所进行的特别营养补充工作，据称这次试验结果获得伤病士兵热烈的欢迎。[④] 由此开始救护总队乃持续在各部队及军医院进行灭虱站的建设，直到民国29年6月底为止，各军区经救护总队协助设立的灭虱站共有202个，经救护总队提倡后由军

---

① 刘永楙，《抗战八年追随林可胜先生的回忆》，《传记文学》，16卷1期。

② 张力，《抗战前期国联在华防疫事业》，《中华民国史专题论文集：抗战建国暨台湾光复》，页898。

③ 参见《总会救护委员会第二次报告》。

④ 张朋园访问，罗久蓉记录，《周美玉先生访问记录》，页46；刘永楙，《抗战八年追随林可胜先生的回忆》，《传记文学》，16卷1期。

区自行建立者不计在内。[①]

救护总队在各部队设置的灭虱站,其布置大约有几个重点:脱衣室、灭虱室、浴室、穿衣兼治疗室。治疗流程大致如下:士兵先进脱衣室脱去全部衣物,将衣物交入灭虱室,放在灭虱器上蒸烫消毒,去除虱子。与此同时,士兵进入浴室淋浴,淋浴完毕后进穿衣室,在穿衣之前如发现士兵身上有疥疮等皮肤病,要先由驻站人员敷以药膏,然后士兵方可穿回经消毒灭虱后的清洁衣物离去。[②]

灭虱站可以有效地消灭虱子、跳蚤等传染病媒介,从而遏制传染病的流行,从另一个角度来看,也提供部队士兵淋浴的机会,必然也对当时部队士气有相当的帮助。总计在抗战期间经救护总队灭虱站灭虱人数达 792,148 人,灭虱衣物3,881,176 件。[③]

由于许多传染病与水污染相关,于是总会救护总队乃致力于各项给水卫生与污物处理的工程建设。给水卫生如饮水消

---

① 上述灭虱站部分设备来自卫生署防疫队,平均每个灭虱站每月经费约需 250元—266 元,《6ᵀᴴ Chinese Red Cross medical Relief Crops Report》,民国 29 年 1—6 月,页 34,中央研究院近代史研究所藏《林可胜档案》23001;刘永楙,《抗战八年追随林可胜先生的回忆》,《传记文学》,16 卷 1 期。

② 各地设置的灭虱站有时因地制宜,在格局与容量上有所差异,但基本布置的原则与应有的功能大致一样。《陆军第80 师建立灭虱站报告表》(民国 29 年 5 月 7 日),贵州省档案馆藏,《红十字会档案》,116—53;《总会救护总队部第十五医防队荆门灭虱站平面图》(民国 29 年 3 月),贵州省档案馆藏《红十字会档案》,116—53。

③ 这个数字并非全数,因为有的灭虱站报告不全,有的在移交给当地军政机关后,便不再向救护总队报告,《6ᵀᴴ Chinese Red Cross medical Relief Crops Report》,民国29 年 1—6 月,页 34,中央研究院近代史研究所藏《林可胜档案》23001;《中国红十字会》,页 8。

毒、水质沉淀过滤、水井改良等,污物处理如厕所改良、垃圾处理
等。① 救护总队从事这些工程建设,主要是提供示范,然后推广
到各军区,据说因此各项传染病疫情大为减轻,部分传染病甚至
民间仍在流行,而经救护总队推展环境卫生的部队,则队上病患
有大为减少之势。②

　　总会与救护总队在推动各项防疫工作的同时,也透过各种
方式,对大众和军队指挥官进行宣传,过去总会在其出版刊物
上,即已经常向民众介绍各种卫生常识。③ 抗战期间由于总会
救护总队主要负责军队环境卫生的推广,故常须向各部队指挥
官解释防疫措施的必要,④向部队士兵演讲卫生常识,⑤期能获
得军方的合作。此外救护总队也特别注重对军医与部队看护兵
展开各种卫生知识的短期训练,以提高对于防疫工作的自觉,促

---

　　① 吴宏宇,《记六十四医疗队》,《贵阳文史资料》,22辑,页147－148;91队助理环
卫视道员谢琦,《第六十五军军部环境卫生示范场设施之建筑及设备计划纲要》(民国30
年6月30日),贵州省档案馆藏,《红十字会档案》,116－12;第四中队,《三十年度工作
检讨》,《会务通讯》,8期(民国31年6月),页5－6。

　　② 刘永枞,《抗战八年追随林可胜先生的回忆》,《传记文学》,16卷1期;第四中
队,《工作报告》,《会务通讯》,7期(民国31年4月),页23－24。

　　③ 这种例子不胜枚举,如王培元,《卫生浅说:孕妇健康之获得、家庭处置传染病
实用法》,《中国红十字会月刊》,1卷1期(民国20年5月),页13－17;王培元,《时疫抉
微》,《中国红十字会月刊》,2期(民国24年8月),页2－3;杨定泰,《霍乱预防注射之常
识》,《会务通讯》,4期(民国30年6月),页6－7。

　　④ 许多工作人员的报告都指出在各部队进行环境卫生工作时,首先必须获得该
部队指挥官的认同与配合,而这往往需要一番说服的功夫。参见《环卫助视道员樊作东
呈总队部报告》(民国30年12月11日),贵州省档案馆藏,《红十字会档案》,116－12;
《河口第十一中队长白乐夫呈总队部报告》(民国30年12月16日),贵州省档案馆藏,
《红十字会档案》,116－12;《环卫助势道员李开物呈救护总队部报告》(民国31年2月
20日),贵州省档案馆藏,《红十字会档案》,116－12。

　　⑤ 《环卫助道员赵启宇呈总队部报告》(民国30年10月22日),贵州省档案馆藏,
《红十字会档案》,116－12;《河口第十一中队长白乐夫呈总队部报告》(民国30年12月
16日),贵州省档案馆藏,《红十字会档案》,116－12。

进各项防疫措施的推广。[①]

总之,总会救护总队在抗战期间特别是军队的环境卫生工作上,付出了极大的努力。仅以民国 33 年为例,救护总队开设部队环境卫生设施共 96 次,协助改善与建设环境卫生设施共 795 次,检查各环境卫生设施达 501 次,分发漂白粉 200 公斤,分发硫磺 269 公斤,公开演讲 73 次。[②]

当各地传出疫情后,救护总队人员便须立即前往当地进行检验调查,确认疫情规模,并且向上通报。国民政府在民国 29 年 6 月结合各单位,成立战时防疫联合办事处,随即成立一个全国疫情通报体系,总会救护总队所属各医务队与大队正是此通报体系的基层之一。[③] 总计战时经救护总队检验的病例有 226,593 个。[④] 一旦确定疫情后,不论军民,救护总队人员即将病患隔离予以治疗。通常在疫区救护总队所属医疗队会与各单位相互支援,但经常是救护总队担任隔离医院与防疫的主要工作,[⑤]有时对疫情的处理,反应甚至比其他卫生单位还要迅速。[⑥]

整体说来总会在防疫工作方面的表现以抗战时期最为突出,对于抗战的胜利具有相当的贡献,特别是其注重预防的观念与作为,对防疫工作实有深远的影响。

---

① 第四中队,《三十年度工作检讨》,《会务通讯》,8 期(民国 31 年 6 月),页 6—7;吴宏宇,《记六十四医疗队》,《贵阳文史资料》,22 辑,页 147;《环卫助道员赵启宇呈总队部报告》(民国 30 年 10 月 22 日),贵州省档案馆藏,《红十字会档案》,116—12。

② 《三十三年医务工作择要发表统计数字》,《会务通讯》,34 期(民国 34 年 8 月),页 19。

③ 战时防疫联合办事处编《疫情报告办法》,《总会临时救护委员会发救护总队电报》(民国 29 年 6 月 7 日),附件,贵州省档案馆藏,《红十字会档案》,116—324。

④ 《中国红十字会》,页 8。

⑤ 巫仁恕,《战争与疾疫:抗战后期的疫情》,《纪念七七抗战六时周年国际学术研讨会论文》抽印本,页 28—31。

⑥ 林竟成,《参加红会救护总队部工作的回忆》,《贵阳文史资料》,22 辑,页 66—67。

三、战时医药的补给

总会不但在战时医疗与防疫上多所致力,更曾免费提供各项医药补助给社会各界。民国 26 年时,预期可能将要发生战争,总会事先于 5 月下旬提早发放 100,000 瓶大量的时疫药水给各地分会及上海附近村落。民国 27 年以后,一方面由于战争情势的影响,无从邮寄;另一方面则是由于总会已集中力量办理战地救护工作,故除上海本埠外,暂时停止这项例行性的医药发放作业。①

不过这不代表总会从此停止对外提供医药补助,实际上在抗战期间,总会所提供给朝野各界的各项医药补助,不论在数量、还是发放范围上,都可说是空前绝后的。其主要的原因,则是在此期间总会受到外来捐赠源源不绝,除了总会各单位如救护总队工作自用外,总会也尽量供应给各公私机关团体。

总会各项医药物资的来源,大部分来自欧美盟邦与海外侨胞的捐赠,少数才是总会在国内自制、购买或与其他机关交换。在外来捐赠的部分,太平洋战争以前,有百分之七十捐自于美国医药援华会,之后则有百分之七十来自于美国红十字会。在捐赠物资中,有百分之四十为药品,百分之三十六为敷料,百分之四为器械。总计在抗战期间总会发给各医疗单位占百分之六十六,补助军事机关占百分之十八,社会团体、学校及其他机关占百分之十六。其余防疫药品的供应,每年除按时拨发各种疫苗、血清外,还根据疫情分别办理,其中大多出于自购。② 战后总会虽然外援减少,但仍然持续保持对外捐赠医药物资,不过在数量

---

① 《夏令购办时疫药水》,《中国红十字会月刊》,58 期(民国 29 年 4 月),页 11。
② 《中国红十字会》,页 10。

上即大为减少。[①]

除了医药物资的补助外,总会也曾提供医药费用补助。民国32年起到抗战胜利止,总会办理大学教授医药费用补助,共有国立中央大学等39个国立大学受到补助,总计费用6,266,988.5元。[②]

由上所述可知总会在医疗卫生如平民医疗、防疫、医药补助等各方面均有卓越表现,在中国卫生现代化的过程当中,中国红十字会也曾扮演重要的角色。

第四节　支持三合一政策

由于中国现代医疗人才与相关物资有限,故当面对日本侵略的威胁时,如何将有限的资源作有效的运用,成为必须考量的课题。战时三合一政策正是在这样的背景之下,由当时国民政府负责卫生的官员所提出。所谓三合一政策,亦即将卫生署、军医署与和红十字会三股力量结合起来,使其在组织人事方面互相联系,进而将相关救护与医疗卫生等工作,统筹规划乃至执行。这个政策在总会内部推动时,主要是透过庞京周和林可胜这两个代表人物,经由庞、林二人的经历,正好可以看出总会与三合一政策之间的关系。

一、庞京周与三合一政策的推动

民国26年1月原任秘书长曹云祥向会长王正廷提出辞呈,

---

① 参见《本会新闻》,《红十字月刊》,1—36期(民国35年1月至1948年12月)。

② 《中国红十字会》,页11—13;胡兰生,《中国红十字会历史与工作概述》,《红十字月刊》(民国36年6月),页7。

经总会理、监事会决议准辞,并决定由副会长杜月笙、刘鸿生与常务理事林康侯物色继任人选。杜氏等人在不到两个星期内便决定继任人选为总会救护委员会副总干事庞京周。①

此次人事更替,多少有些不寻常的意味,曹云祥辞呈内称:"当此本会办理军事救护之际,应有贤才为之擘画襄助,云祥无能,恐多贻误,与其尸位素餐,孰若见机引退,故拟避位让贤,庶会务进行顺利。"②而总会发布的新闻则称是曹氏"因事赴美",不过曹氏在卸任后10余天便因牙疾引发心脏病死亡。③ 因此其辞职原因究竟是"避位让贤"还是"因事赴美"仍待进一步推敲。庞京周的家人对于庞氏之所以任职红十字会,曾提出一个重要的说法,即当时卫生署长刘瑞恒构想在战争发生时,将红十字会、军医署、卫生署三个单位联合起来,以便共同执行卫生勤务,此即所谓"战时三合一"。因此,刘氏一面任命庞京周为卫生署官员,一面推荐庞氏进入红十字会工作,随即接任秘书长。④如果庞氏的任命确为刘氏所荐举,其用意即在预备推动"战时三合一",那么曹云祥所称"避位让贤"可能就不是谦逊之词了。

庞京周在上海行医任教多年,人脉自然十分充沛,有传言谓其为杜月笙私人医生,庞氏家人也承认庞氏与杜氏有所交往,甚至庞氏可以成为杜门"不刺而入之客",而庞氏对杜氏也"进而不无知遇之感"。⑤ 因此庞氏可以获得杜氏等人的提名支持,接任

---

① 《总会第1届理事会及监事会第18次联席会议记录》(民国26年1月30日),《中国红十字会月刊》,21期,页81—83。

② 《曹秘书长云祥来函》,《中国红十字会月刊》,21期,页31。

③ 《前秘书长曹云祥逝世》,《中国红十字会月刊》,22期,页13。

④ 《少至于学,壮事开拓,老安本业,记先父庞京周医师》,《苏州文史资料》,17辑,页74。

⑤ 《少至于学,壮事开拓,老安本业,记先父庞京周医师》,《苏州文史资料》,17辑,页81—82。

总会秘书长，自然也不是意外的事。

庞京周就任秘书长后，其主要而迫切的工作，便是准备救护人才与物质设备。这是因为当时中日关系日趋紧张，大战一触即发，故庞氏就任之后，积极配合刘瑞恒"战时三合一"的构想，但此举似并未获得当时红十字会总会部分理、监事的认同，据说甚至有人非难庞氏擅自出任卫生署官员，与红十字会民间社团的性质有所矛盾，因而对庞氏筹备救护工作有所掣肘。[①] 可能是为了获得更有利的支持，民国26年6月21日，庞京周前往庐山晋见军事委员会委员长蒋介石。庞氏向蒋氏报告红十字会工作，强调其平时关系民间卫生及救灾，战时关系伤兵灾民的救护，职责甚为重大。庞氏批评"惟过去之红十字会，因组织上之散漫，与观点上之错误，未能臻于至善，实为遗憾"。因此，庞氏提出四项计划请求蒋氏核准并予以提倡：一、纠正会员错误观念；二、尽量吸收知识分子参加；三、征求民间医师入会；四、健全总会与分会之组织。据称蒋介石委员长全盘接受庞氏所提计划。[②]

庞京周面见蒋介石的用意十分明显，亦即希望借蒋氏的肯定，平息总会内部对他的不满。此举果然奏效，再加上副会长杜月笙的支持，庞氏得以顺利进行各项筹备工作。[③] 不过此次会面后16天，七七事变爆发，8月13日中日在上海开战，在此仓促的情况之下，庞氏一面在上海部署救护工作，一面前往南京筹

---

① 《少至于学，壮事开拓，老安本业，记先父庞京周医师》，《苏州文史资料》，17辑，页75。

② 《时事新报》（上海），民国26年6月21日；《申报》（上海），民国26年6月22日；《时事新报》（上海），民国26年7月2日，以上转引自《中国红十字会月刊》，26期，页53—55。

③ 《少至于学，壮事开拓，老安本业，记先父庞京周医师》，《苏州文史资料》，17辑，页75。

设红十字会首都办事处与大型伤兵医院。不过随后因日军攻势由沪而京,以至于红十字会在京、沪两地的救护人员被迫向武汉迁徙,庞氏本人也应副会长杜月笙的要求,辗转前往香港,从此脱离实际救护工作,专任总会秘书长,主持在港总办事处各项行政事务。直至民国28年8月,终因无法协调总办事处与救护总队之间的矛盾,遭到内外交相批评,乃辞去秘书长职务。[①]

二、贯彻三合一政策的代价:林可胜的去职

抗战期间,红十字会最重大的人事变动应为救护总队长林可胜的去职。林氏的去留牵涉到红十字会与救护总队隶属问题的相关争议,故由林氏去职经过的讨论,或可深入了解当时国民政府与红十字会本身,对红十字会与政府关系期望的差距。救护总队在抗日战争中的贡献目前虽已渐受肯定,但有关林氏个人功过的讨论目前仍嫌不足,特别是其与红十字会总会之间的关系,或因资料限制,少有人加以探讨。其实由林可胜去留的因果,恰好可以观察当时国民政府与红十字会之间的紧张关系,以及红十字会高层内部在权力上的角逐。

林可胜(Robert K. S. Lim 或 Ko-sheng Lim),祖籍福建海澄,1897年出生于新加坡。父林文庆曾任厦门大学校长,林可胜于14岁以前在厦门接受中小学教育,后至英国爱丁堡深造,其间因第一次世界大战爆发,林可胜曾被派往法国担任英属印度远征军军医,获得战地救护的实际经验。民国8年获得爱丁堡大学医学博士,10年获得美国芝加哥大学哲学博士,13年应北平协和医学院聘请,回国教授生理学课程,并同时担任该院生

---

① 《少至于学,壮事开拓,老安本业,记先父庞京周医师》,《苏州文史资料》,17辑,页76—77。

理系主任。①

国民政府北伐统一后，有一批医学界的中坚分子，意图经由设立卫生署促进中国医疗卫生的现代化。在推动卫生署成立的过程中，以刘瑞恒为首的协和医学院师生扮演着极为重要的角色。而此际林可胜也参与了国民政府卫生现代化的工作。

林可胜虽然由于教育背景的关系，中文读写能力始终不佳，但其爱国热情却不落人后，在目睹日本在九·一八事变前后侵略中国的暴行后，林氏开始投入战地救护的工作。民国22·年日军侵略热河，进而长驱南下，国民党军队在长城沿线布防抵抗，展开了激烈的长城战役。此时华北医学界决定组织战地救护工作，当时协和出身的卫生署长刘瑞恒也积极参与，而数十位协和师生在林可胜的主导和鼓励下，纷纷响应。此时中国红十字会总会由上海派遣救护队前来，于是在刘瑞恒与红十字会代表王培元的协议下，结合当时可以集结的全部救护力量，组成"红十字会华北救护委员会"，全力投入长城战役的战地救护工作。

林可胜在华北救护委员会中担任常务委员，掌管会计事项，又兼该委员会北平办事处人事股长，在职务上似以庶务为主，但事实上该委员会所属各救护队的用具、服装、运输工具以及人员的救护训练，都由林氏亲自设计。救护队当中，多数是协和医学院的师生，这些人也正是在林氏的主导与鼓励下，挺身而出，共赴国难。② 因此，长城战役或可说是林可胜在中国战地救护事业的初次尝试。

长城战役的救护工作期间，共计治疗伤兵 7605 人，运送伤

---

① 熊秉真，《林可胜传》，《国史拟传》(台北县，国史馆，1996 年)，页 123－124；曹育，《中国现代生理学奠基人林可胜博士》，《中国科技史料》，19 卷 1 期(1998 年)，页 27。

② 熊秉真，《林可胜传》，《国史拟传》，页 123－124；曹育，《中国现代生理学奠基人林可胜博士》《中国科技史料》，19 卷 1 期(1998 年)，页 34；《中国红十字会华北救护委员会报告》，页 1，21－22。

兵亦有 7 千余人,但成果还不止于此。林可胜将其在欧洲战场所获得的战地救护经验,首次应用在中国战场,并且尝试组织训练各医学院校学生,配合合格医护人员组成流动救护队,弥补军医的不足,可说将红十字会救护工作扩张到前所未有的规模。而此次战役也为后来抗战时期的救护提供了宝贵的经验,尤其部分参与学生后来成为重要的救护领导人才。[①]

七七事变发生前,华北局势日趋紧张,林可胜当即向协和医学院外籍校长胡恒德(H. S. Houghton)提议派遣协和医疗队前往南京待命,但胡氏不敢得罪日方,并未采纳,并建议林氏休假。当年 6 月底,林氏便离开北平,回新加坡省亲。林氏在休假之前,曾向校长胡恒德表明他有可能参加往后发生的战争。七七事变发生后,林可胜因爱国心切,不能坐视,乃兼程返国,九月初一回到北平,旋即前往香港。到香港后,林可胜与当时国民政府卫生署长刘瑞恒会面,得知前线军医力量薄弱,大量伤兵急需救护,于是毅然决定先将其子女送回新加坡,然后前往南京与刘瑞恒一道从事战地救护的组织工作。[②]

不论谁影响谁,在过去林可胜与刘瑞恒共事交往的经验中,必定曾经分享所谓战时三合一的构想,也就是将卫生署、军医署与红十字会三个体系在人事与工作上密切合作。故当国民政府自南京撤退至汉口时,林可胜代表刘瑞恒一度前往接收红十字会驻汉办事处,事虽不成,但林氏亦凭个人的人脉与刘瑞恒的地位,先在汉口组织红十字会救护委员会,设立数十个救护队,后来更成立救护总队,由林氏出任总队长,从此开启了林氏在抗战

---

① 如张先林、汪凯熙、荣独山、墨树屏等人后来都成为救护总队的骨干,而卢致德更于抗战时成为军医署署长。

② 曹育,《中国现代生理学奠基人林可胜博士》,《中国科技史料》,19 卷 1 期(1998年),页 34。

期间红十字会前后将近6年的救护生涯。

林可胜从民国26年年底至汉口加入红十字会战地救护工作,到32年去职为止,前后将近6年。过去谈到林氏去职的原因,大致有二:一、因其声望与掌握的物资遭人嫉妒;二、因派遣救护队、提拨物资至延安,而有亲共之嫌。这两种说法都各有所本,但在解释上仍有不足之处。

根据档案资料显示,林氏长期以来与总会关系不睦,或许才是根本的原因,而此恶劣关系又可溯源自前述所谓战时三合一政策的贯彻,就红十字会而言,并不乐意接受国家的统制。过去国民政府借由制定法律监督管理红十字会,但抗战以后的趋势则是国民政府企图直接控制红十字会,甚至直接派人执行红十字会战地救护的工作,故对总会来说,林可胜正是国民政府力量介入的代表人物。

由于刘瑞恒与林可胜等人当时认为有必要将当时官方与红十字会的医疗资源加以统合运用,特别是红十字会具有国际公认的地位,在战地救护工作上极为重要,因此一方面林氏具有卫生署官员的身份,另一方面林氏又以红十字会名义出面组织救护队。而林氏与国民政府的渊源,固然在实际工作上可以取得若干方便,但始终不可避免地引起总会高层的猜忌和疑虑。

林可胜从在汉口设立救护总队开始,与红十字会总会的关系便不甚愉快。这是因为林氏到汉口之初,基于工作需要,先是代表刘瑞恒径行前往接收总会驻汉办事处。接收失败之后,更先斩后奏,先挂上红十字会的旗号,组成救护委员会,组织各救护队,最后成立救护总队。其间由卫生署出面与总会副会长杜月笙、常务监事钱新之签订调整《红十字会总会救护事业办法》,其中即规定由林可胜代理救护委员会总干事。总会等于是被迫承认林氏在红十字会的新职务。由总会调整这项办法条文,即可明了当时总会任命林可胜的顾虑,因而在第 4 条聘林可胜条文中,加入了"秉承总会办理一切救护工作"的字样。①

　　林可胜虽然终于获得总会承认并予以任命,但终其在红十字会服务期间,总会对林氏始终怀有疑虑。如林氏虽然加入红十字会工作,但又在卫生署任职,且在卫生署支薪,以至于总会一直对林氏的兼职颇有意见,在常务理事王晓籁至贵阳视察时,当面向林氏表示:"本会希望林总干事专任本会救护工作,以示专一,近兼任卫生实验处处长职务,希加解释,俾回港提出报告。"随行的秘书长潘小萼也要求林氏辞去卫生署兼职,至于薪津则由总会支付,林氏解释其卫生署兼职系来红会工作前即已接任,惟已去电辞职,不过对于能否辞职成功,林氏亦无把握。② 后来卫生署长金宝善果然不许林氏辞职,故后来林氏仍在卫生署支薪,③ 而总会方面也只能予以备案,无可奈何。④

　　除了兼职之外,总会最担心的,便是林可胜有尾大不掉的趋势。如在民国 29 年的全体理、监事联席会议上,即有人抱怨救护总队成立两年以来,从未呈报工作报告。⑤ 而募款问题更是林可胜引人猜忌的要因,这是由于林氏在英、美两国具有相当人脉,以至于许多国外捐款,经常直接指名交给林氏支配。⑥ 这对

---

　　① 《总会驻汉办事处主任庞京周发总会呈文》(民国 27 年 1 月 9 日),附件,贵阳市档案馆藏,《救护总队档案》,40－3－26。

　　② 王晓籁,《视察报告》,《振济与救护》,1 卷 2 期(1940 年 9 月 10 月合刊),页 24。

　　③ 《林可胜收卫生署长金宝善电报》(民国 29 年 7 月 10 日),贵阳市档案馆藏,《救护总队档案》40－3－597。

　　④ 《第 60 次常会记录》(民国 30 年 2 月 18 日),贵阳市档案馆藏,《救护总队档案》,40－3－6。

　　⑤ 《总会第 1 届理、监事会第 23 次联席会议》(民国 29 年 1 月 14 日—15 日),南京第二历史档案馆藏,《红十字会档案》,476－1945。

　　⑥ 熊秉真,《林可胜传》,《国史拟传》,页 138。

总会来说难免有些难堪,从而引起一些批评非议,也就在所难免。[1]

林可胜对于总会高层的不满之情自然了然于胸,虽然一再声明他对总会职权非常了解且"绝无侵犯之意"、[2]"一切自应遵从命令",[3]但总会仍然不敢掉以轻心,设立种种限制希望可以约束林可胜。比如规定救护总队部对外通讯未经呈奉会长常务理、监事核准,任何重要事件不得径直分发,对政府机关行文须由秘书长核转;救护总队派委各队队长应先呈报救护委员会主席亦即会长核准;救护总队任何支出,须经会计部门审核是否合乎预算范围,再呈请签准;总会及其分办事处对于救护总队运输人员、车辆有监督指挥之权。[4]

而林氏向蒋介石提出个人对红十字会救护总队应改为军管的主张,终于造成林氏与总会高层正面冲突。其实早在救护总队成立之初,军方便有意直接接管,民国27年,军事委员会后方勤务部于武汉召开的后方勤务会议上,提议将红十字会所属各医疗队拨归后方勤务部支配运用,获得军委会的同意,发文红十字会总会要求照办。[5] 总会并不赞成改隶的命令,只好婉转地解释,称一旦照办则"各界误以为每队失去社会善团组织之性质,外来指捐物品以及各界慈善家指捐本会某队之经常费,或将受影响"。因此总会建议维持原状,不必改隶,由总会联络各战

---

① 如曾担任总会秘书长的庞京周对林氏攻击、反对,已经不是新鲜事,熊秉真访问,郑丽榕记录,《杨文达先生访问记录》,页97。

② 《救护总队长林可胜发会长王正廷呈文》,民国29年6月15日,贵州省档案馆藏《红十字会档案》,116-118。

③ 王晓籁,《视察报告》《振济与救护》1卷2期(1940年9月10月合刊),页23。

④ 《总会总办事处简报》,34期(民国29年10月1日至10月31日),油印本,页4-5。

⑤ 《军事委员会发红十字会总会电报》(民国27年5月10日),贵州省档案馆藏,《红十字会档案》,116-26。

区兵站卫生处等,进行工作。① 其实此次后方勤务部的主张正是贯彻前述战时三合一的政策,不过暂时为总会所婉拒。

民国29年9月7日,林可胜在重庆拜见蒋介石委员长。在谈话中,林氏建议调整救护总队的指挥系统:

> 就三年来之经验所得,深觉救护总队部及所属各队库,虽已尽力谋与各级军医机关取得联络,然以指挥系统之不同,或组织机构之各异,似未能尽合作之能事,尚需加以调整,以期与军医机关作进一步之联系,以宏救护。②

蒋氏在听完后,随即要求林氏作一书面报告呈核。10月1日林可胜更具体的提出四项调整意见,大意是为求救护总队设施计划配合军医需要起见,救护总队及其所属各队应受军政部及后方勤务部指挥、指导,各队的组织、编制亦应比照军方防疫大队予以改组,如此在军医主管机关的指挥下,每一战区及后方都能建立一个训练、治疗的中心。③ 蒋氏据此乃下令给军政部长何应钦,要求他召集后方勤务部与红十字会总会开会,讨论林氏所建议有关战时卫生机关调整的问题。④

在林可胜的观念当中,红十字会在战时任务为辅助军医,而救护总队为一辅助军医的机构,故其应受军委会所属军方部门

---

① 《总会发军事委员会电报》(民国27年5月22日),贵州省档案馆藏,《红十字会档案》,116－26。

② 《林可胜呈蒋委员长报告书》(民国29年10月1日),南京第二历史档案馆藏,《红十字会档案》,476－227。

③ 《林可胜呈蒋委员长报告书》(民国29年10月1日),南京第二历史档案馆藏,《红十字会档案》,476－227。

④ 《军事委员会发军政部电报》(民国29年10月2日),南京第二历史档案馆藏,《红十字会档案》,476－227。

的指挥是理所当然的事,①不过林氏可能不知道忽略了中国官场中越级报告的禁忌。在重庆的总会收到军政部的开会通知后,②派员与会,总会代表因事前并无准备,当时秘书长潘小萼又在病中,不敢擅自决定,乃声明需请示会长理、监事,于是约定延期开会再议。其后将这件事情向在香港的总办事处报告后,③整个总会高层为之震动,香港方面会长王正廷与常务理事林康侯、王晓籁联名致电给正在重庆的副会长杜月笙、刘鸿生,指此事"事先既未具报,又违定章,请就近查明实情,应即设法制止"。④ 副会长杜月笙在接电后,立即主张直接呈请蒋介石委员长"维持现状,以正国际视听"。⑤

此外香港总办事处又去电贵阳指责林可胜"擅自条陈"。⑥民国29年12月17日总办事处举行常务理、监事会讨论此事,出席者对林氏未经核准,擅自向蒋介石委员长呈送报告之事,皆认为"手续上殊有未合",不过问题既已造成,仍须加以解决。此次会议通过的处理原则是:"本会机构组织不能变更,职权自应维护,为如何与军事卫生当局取得密切联系,俾利救护工作,为

---

① 《中国红十字会总会临时救护委员会救护总队部组织及其任务概略》、《林可胜呈蒋委员长报告书》,附件,民国29年10月1日,南京第二历史档案馆藏,《红十字会档案》,476-227。

② 《军政部军医署发总会电报》(民国29年12月2日)南京第二历史档案馆藏,《红十字会档案》,476-227。

③ 《重庆总会发会长王正廷电报》(民国29年12月4日)、《重庆总会发香港总办事处电报》(民国29年12月5日),南京第二历史档案馆藏,《红十字会档案》,476-227。

④ 《香港王正廷会长等发重庆杜副会长月笙、刘副会长鸿生电报》(民国29年12月6日),南京第二历史档案馆藏,《红十字会档案》,476-227。

⑤ 《重庆杜月笙发香港王正廷电报》(民国29年12月9日),南京第二历史档案馆藏,《红十字会档案》,476-227。

⑥ 《救护总队长林可胜发总会潘秘书长电报》(民国29年12月16日),南京第二历史档案馆藏,《红十字会档案》,476-227。

本会应尽之职责,持此原则与军医署及有关各部会商讨论妥切办法呈核。"①12月23日军政部军医署再度召集会议,总会秘书长潘小萼亲自出席,面对军方代表陈述救护总队所属各队与军方配合情况不佳时,潘氏回答:"本总会在过去只知该总队部不听总会指挥,尚不知对各方亦有此种情形,嗣后本总会对所部将多一层认识,此乃内部行政问题,当由本总会自行予以切实整顿。"此外潘氏坚持总会机构组织不能变更,否则将妨碍国际视听,影响捐献,今后当随时与军方各医护机关进行商洽联系。②至此本案才算告一段落。

此案之所以发生的原因除了林可胜对于中国官场习惯并不熟悉外,语言的隔阂可能也是其中之一。据林氏自称他的报告原为英文,在命令属下译成中文呈递给蒋介石委员长后,再请秘书王洽民带往重庆,③于是在收发之间可能出现失误,以致于最后重庆、香港双方都没有在事先收到该份报告。而林氏中文说写能力的障碍,可能也影响他与总会高层的直接沟通,结果此案造成总会与林可胜个人之间极大的不愉快。

由于总会高层的指责,再加上此时已有林可胜亲共的传言,林氏不能自安,乃于民国30年1月间在香港召开的理、监事会议上提出辞呈。会中讨论时,理事刘瑞恒为其缓颊,提议交常务理、监事会决定,获得通过。④ 总会理、监事深知刘瑞恒与林氏

---

① 《香港总办事处发重庆总会潘秘书长电报》(民国29年12月30日),南京第二历史档案馆藏,《红十字会档案》,476—227。

② 《重庆总会潘秘书长呈香港王会长报告》(民国29年12月31日),南京第二历史档案馆藏《红十字会档案》,476—227。

③ 《救护总队长林可胜发总会潘秘书长电报》(民国29年12月16日),南京第二历史档案馆藏《红十字会档案》,476—227。

④ 《总会第1届理、监事会第24次联席会议》,《会务通讯》3期(1941年4月),页5—7。

关系菲浅,而刘氏与宋子文乃至蒋夫人也保持密切的交往,因此会后可能经过协调,促使林氏后来打消辞意,于是常务理、监事会乃将辞呈退回。[①]

虽然总会方面对林可胜的不满,已经累积多时,但最后导致林氏去职的导火线则是援助共产党的问题。自从救护总队创立以后,林可胜便曾派遣救护队前往西北八路军战区乃至延安,以及东南新四军战区,甚至调拨物资前往解放区。[②]据当时共产党的贵阳交通站站长袁超俊回忆,其曾向林可胜求拨药品与医疗器械,获得林氏的同意,后来袁氏又怕一般车辆无法顺利通过国民政府检查站前往陕北,乃再向林可胜求助,据称林氏"思考再三"后才答应,最后以红十字会车辆将该批物资顺利运到陕北,据袁氏表示,此事林可胜帮了共产党的大忙。[③]

从林可胜的观点看来,当时国共一致抗日,且调拨人员物资比例不重,因此应无大碍,不料竟落人口实,甚至有人向蒋介石委员长密告。蒋氏曾为此特别召见林可胜予以质问,林氏乃以上述观点回应,表面上蒋氏对林氏的解释表示接受,[④]但可能已经开始要求情报系统予以注意。[⑤]

如果说援助共产党的问题使得林可胜的政治立场受到质疑,那么林氏与左派乃至共产党人士的交往,以及共产党党员在救护总队内部的活动,更加深了林氏亲共的罪名。如林可胜从

　　① 《第 60 次常会记录》(民国 30 年 2 月 18 日),贵阳市档案馆藏,《救护总队档案》,40－3－6。

　　② 熊秉真,《林可胜传》,《国史拟传》,页 138;曹育,《中国现代生理学奠基人林可胜博士》,《中国科技史料》,19 卷 1 期(1998 年),页 36。

　　③ 吕荣斌,《周恩来在国统区》(北京,共产党中央党校出版社,1996 年),页 78－79。

　　④ 熊秉真访问、郑丽榕记录,《杨文达先生访问记录》,页 97。

　　⑤ 熊秉真,《林可胜传》,《国史拟传》,页 138。

不忌讳与美籍左派女记者史沫特莱（Agnes Smedley）来往，共产党贵阳站站长袁超俊甚至回忆，他正是透过史氏帮忙，才能请求林可胜援助。[①] 林氏也不避讳他与史氏的友谊，甚至将史氏信件中报道新四军随营教师被杀事件的内容，发表在救护总队内部的工作简报上。[②] 又如当时有 20 余名来自欧洲的医师，也正是所谓的"西班牙大夫"，[③]林可胜接纳了这些人前来救护总队服务，也予以重用，但后来国民政府情报部门却认定这些人具备共产党身份，并提出许多证据，据此指控林可胜与共产党勾结。[④]

共产党党员也确曾在救护总队内部有所活动，自民国 27 年起，共产党即成立红十字会支部，最初发展党员 10 余人。[⑤] 等到救护总队迁至贵阳后，该支部归共产党南方局领导，此时作为南方局书记的周恩来，认为"红十字会知识分子多，爱国华侨多，要做好统战工作"[⑥]，乃决定加强对救护总队的工作。民国 28 年 4 月间，改组支部为总支委员会，由郭绍兴任总支书记，下分贵阳、桂林、运输股等 3 个分支部，此时已经发展党员约 20 余人。共产党在救护总队的活动，主要偏重在宣传抗日民族统一

---

① 吕荣斌，《周恩来在国统区》，页 78；郭绍兴，《回忆抗战时期党在中国红十字会救护总队的工作》，《贵阳文史资料》，22 辑（1987 年），页 7。

② 《总会救护总队部工作简报》，第 2 期（民国 28 年 11 月），贵州省档案馆藏，《红十字会档案》，116—3。

③ 所以称作西班牙大夫是因为这些医师曾在 1936—1939 年西班牙内战战场服务，事实上他们的国籍有奥地利、保加利亚、波兰、德国、捷克、罗马尼亚、苏联、匈牙利等，据说大都是犹太人。见施正信，《回忆图云关》，《贵阳文史资料》，22 辑（1987 年），页 81。

④ 张朋园访问、罗久蓉记录，《周美玉先生访问记录》，页 101。

⑤ 郭绍兴，《回忆抗战时期党在中国红十字会救护总队的工作》，《贵阳文史资料》，22 辑（1987 年），页 4。

⑥ 吕荣斌，《周恩来在国统区》，页 76—77。

战线,动员医务人员与相关物资前往解放区。①

　　林可胜对于共产党在救护总队的活动并不知情,虽然共产党方面一直希望吸收林氏,但林可胜始终不曾加入共产党。②虽然如此,共产党的活动到底还是给林可胜带来了大麻烦。民国 29 年中统人员搜查救护总队运输股,抄获马列著作,逮捕汽车队长张世恩,后来由林可胜出面保释。③ 这次事件后总会方面要求林氏注意所属人员的思想问题,④蒋介石也召见林可胜,表示林氏缺乏中国行政经验,人事管理制度不健全,所属人员众多,难免有乱党分子混入,要求林氏加以整顿,蒋氏并决定派人至贵阳成立政治部。⑤ 在政治部成立后,果然遏制了共产党在救护总队的活动,共产党红会总支部只好被迫决定从此停止公开活动,疏散党员。⑥

　　林可胜在面对各方压力之下,起初尚能坚持不对所属队员思想采取具体行动,⑦但随着怨谤日益加深,最后林氏终于不得不于民国 31 年 8 月辞职,虽然总会方面对其不满已久,但可能恐怕林氏辞职将影响海外捐款,乃由常务理、监事会议决议准给假 6 个月,总队长职务由秘书长潘小萼兼任,9 月 5 日林可胜再

---

　　①　郭绍兴,《回忆抗战时期党在中国红十字会救护总队的工作》,页 5—6。

　　②　据说军统首脑戴笠也相信林可胜并非共产党,后来还是因为戴笠出了很大的力气,林可胜才能保住性命。见张朋园访问、罗久蓉记录,《周美玉先生访问记录》,页 101。

　　③　郭绍兴,《回忆抗战时期党在中国红十字会救护总队的工作》,页 7—8。

　　④　王晓籁,《视察报告》,《振济与救护》,1 卷 2 期(1940 年 9 月 10 月合刊),页 25。

　　⑤　汪犹春,《在红会救护总队部的回忆》,《贵阳文史资料》,22 辑(1987 年),页 106、113。

　　⑥　郭绍兴,《回忆抗战时期党在中国红十字会救护总队的工作》,页 7—8。

　　⑦　在总会秘书长潘小萼要求林氏注意所属人员思想问题,加以训导以纳入正轨时,作为林氏左右手的荣独山代林氏回答:"本会对于工作人员思想问题,如各队员不作其他政治活动,殊难对之有何举动,惟在精神上时加以训诫可耳。"王晓籁,《视察报告》,《振济与救护》,1 卷 2 期(1940 年 9 月 10 月合刊),页 25。

度电请辞职,此时总会才派人前往贵阳接收。① 于是林可胜在
红十字会的工作至此告一段落。

如果林可胜的去职,符合了总会高层的心意,但是红十字会
改隶军管的趋势,却不随林氏的去职而休止。正在林可胜离职
的同年年底,军事委员会向红十字会总会发布训令,以军需紧
急,命令将该会所存各种药品全部交由中央统筹分配,并由军医
署全面接收红十字会药品,且往后国内外捐赠红十字会各项医
疗物资,均应报告军政部接收,不得再由红十字会自由收受。②
总会明白如果红十字会将药品全部交出,其战地救护工作将全
面停顿,因此总会由秘书长潘小萼上签呈给蒋介石委员长,认为
如将该物资移交军管,则将引起海内外各捐助人误会,影响往后
捐献,其后果直接有碍红十字会救护事业,间接减少国家抗战力
量,何况红十字会各项物资尽用于前方将士与后方民众,实际上
亦即政府所有,故潘氏请求蒋氏准许红十字会各项物资仍由该
会保管。

对于此次接管起源,潘氏甚至怀疑与林可胜的去职有关:
"查林前总队长可胜与军医署卢署长致德关系素密,是否有所默
契,欲将本会材料移转管辖,借以掩盖其未清手续,未敢臆
断。"③经过潘氏的说明,蒋介石乃修正前令,决定既然该批药品
正在清查整理,便可从缓移交,军医署不必进行接管,不过以后

① 《林总队长可胜休假半载》,《会务通讯》,11期(1942年10月),页25;《总会琐
事纪要》(1942年7—9月),《会务通讯》,12期(1942年11月),页44。
② 《总会收军事委员会训令》(民国31年12月14日),南京第二历史档案馆藏,
《红十字会档案》,476-3088。
③ 《总会发蒋委员长签呈》(民国31年12月17日),南京第二历史档案馆藏,《红
十字会档案》,476-3088。

红十字会工作与药品的进出使用,军医署得查核监督并统筹支配。①

　　此次军方的接管虽未成功,但已经迈出关键的一步,军医署从此可以监督并统筹支配红十字会的工作与药品,这表示红十字会改隶军管的趋势已经无法挽回。32 年 2 月国防最高委员会通过《红十字会战时组织大纲》,再经立法院通过后改称《红十字会战时组织条例》,4 月 1 日由国民政府明令公布。从此红十字会彻底纳入军事管理的体系,总会内部也于同时完成改组,会长、秘书长与大部分的理、监事全部更换,而全部总会高层人事从此也改为官派,至此红十字会算是失去民间社团的地位,而转变成为整个国家机器的一部分。

　　综观林可胜在红十字会转变过程当中所扮演的角色,最初林氏可说是挟官方支持,得以进入红十字会,并以其所组织的救护总队,积极的从事战地救护工作。惟林氏的官方背景,自始即为总会高层侧目,其后因组织联系、对外募款等问题,使得总会高层对林氏日益猜忌。而林可胜基于工作经验,向层峰建议将救护总队改隶军管,尤其令总会方面对林氏的不满达到顶点。凡此才是导致林氏最后去职的主要原因,致于援助共产党等事,现在看来应是有心人士打击林氏的最佳借口,事实上连军统首脑戴笠也不相信林氏是共产党,但此时共产党在救护总队的活动逐渐活跃起来,各方压力接踵而来,于是林氏乃不得不黯然离去。总会高层固然从此除去眼中钉,但亦无法阻止林氏所力倡红会救护总队移归军管的趋势,后来事实的演变甚至较林氏主张的还要彻底,除了救护总队外,整个红十字会总会完全纳入国民政府军事管理之下。而三合一政策至此也终于完全实现。

---

　　① 《军事委员会蒋委员长发总会潘秘书长电报》(民国 31 年 12 月 26 日),南京第二历史档案馆藏,《红十字会档案》,476-3088。

第五节　寻求外援襄助抗战

世界各国红十字会有互相援助的义务，在抗战前后曾有许多来自其他国家红十字会的援助，再加上红十字会有相当的公信力，使得许多国外慈善团体，乐于以总会作为援助的对象。此外，许多海外侨胞也借由总会这个管道，向祖国进行捐献，以支持抗战。

总会曾接受的外来援助简单说来可分物质和人才两种。所谓物质援助即指资金和药品、车辆等物品的捐助。在抗战以前，来自国外的援助不多，目前发现最早总会获得国外慈善团体援助的记录，是民国24年美国红十字会与拉脱维亚红十字会曾经汇拨捐款，作为救济我国水灾之用。[①]

总会大量获得国外援助是从抗战以后才开始的。起初总会积极向国际社会寻求援助，逐渐获得各国红十字会的同情，特别是总会代表在国际会议上请求各国支持总会在中日战争时期的工作，获得热烈的回响。

抗战期间，红十字国际委员会与红十字会国际联合会于民国27年6月20日至24日在英国伦敦召开第16届国际红十字大会，总会与国民政府对此会甚为重视，总会派遣常务理事林康侯率秘书戴葆鎏、朱少屏与外籍顾问麦克莱（R. B. MC Clure）出席，国民政府则派王景春、钱泰、刘锴代表出席。此次会议世界各主要国家政府及红十字会包括日本都有代表出席，故实际上也等于是一次外交会议。林康侯在此次会议中代表中国红十字

---

① 其中美国红十字会汇捐国币50,000元，拉脱维亚红十字会汇捐5,000法郎折合国币886.52元，《总会近讯》，《中国红十字会月刊》，4期（1935年10月），页41。

会向大会报告总会在抗战初期对于战地救护工作的各项努力，据称林氏在报告后英、美、法、比等多国代表前来握手致贺，并表示同情；国民政府代表王景春也于闭幕时向大会宣读国民政府主席林森的贺词，林康侯的发言与林森的致词，都曾强调日军对非武装城市的轰炸与屠杀造成死伤惨重，因此除感谢各国红十字会及其他慈善团体过去对中国的援助外，总会也希望"国际同情之士，继续援助，并予以指导"。在林森的致词中，也同时希望国际红十字会能"努力工作，从速恢复人道主义之最低标准"。①

此次会议是当时中国除了国际联盟与九国公约会议外，少数得以对外表达中国抵抗日本侵略立场的国际场合，尤其日本代表的出席，更使得此会别具意义。而总会与国民政府代表的表现，应已获得许多国家的同情，抗战期间各国红十字会与慈善团体持续对总会提供源源不断地援助，可能与此次大会不无关系。

部分国家红十字会如英国、美国、苏联、丹麦等国红十字会，在抗战初期即已展开对华汇寄捐款。② 不过此时各国红十字会捐助中国的对象较为广泛，不一定以总会为主。在太平洋战争发生后，美、英等国红十字会及相关慈善团体对总会捐款大为增

---

① 林康侯，《参加第十六届万国红十字大会报告书》，《中国红十字会月刊》，55 期（1940 年 1 月），页 207－280。

② 其中英国红十字会与该国其他团体共组华灾救济会，从民国 26 年 11 月至 27 年 5 月底止，共计拨款救助中国难民有国币 539,249.5 元，美国红十字会截至民国 27 年 12 月 31 日，共拨发赈款美金 179,697.33 元，国币 793,025.93 元，惟英、美红十字会在中国抗战初期究竟拨助中国红十字会总会多少捐款，仍待进一步探究；而苏联红十字会于民国 26 年底透过苏联驻华大使，送交中国红十字会总会汇票折合国币 336,842.11 元；此外丹麦红十字会也曾于同时捐助中国伤兵难民若干款项。参见《会讯》，《中国红十字会月刊》，32 期，页 45；《会讯》，《中国红十字会月刊》，40 期，页 25－26；《会讯》，《中国红十字会月刊》，44 期，页 10；《外交部收驻丹麦公使馆呈文》（民国 27 年 4 月 1 日），国史馆藏，《外交部档案》，微卷 73。

加。战时外来捐款成为总会经济主要的支柱,同时也使得总会能有余裕从事各项工作,此由总会收支情形可以略窥一二(参见表 3—6)。

表 3—6　　　　　　　　　　总会历年收支表

国币部分

时　间	收　入	支　出	结　余
民国 26 年	4,656,140.85	3,788,778.54	867,382.31
民国 28 年	4,018,069.47	2,020,544,46	1,997,585.01
民国 29 年	9,267,238.65	5,374,713.93	3,892,524.72
民国 30 年	1,548,387.77	1,317,515.81	230,871.96
民国 31 年	21,391,624.83	21,063,291.06	328,333.77

港币部分

时　间	收　入	支　出	结　余
民国 26 年	1,321,722.44	382,830	938,892.44
民国 28 年	1,417,495.47	1,242,719.88	174,775.59
民国 29 年			193,854.59

备　注1:民国 26 年数字为自 26 年 7 月 1 日起至 27 年 12 月 31 日止,民国 28 年数字则为 1 月 31 日至 12 月 31 日止。

备　注2:民国 29 年数字由于在统计时部分数字尚未申报,故仅作参考。

备　注3:民国 30 年数字不包括香港总办事处部分。

资料来源:王正廷,《二十九年度本会工作检讨》《会务通讯》,3 期(民国 30 年 4 月),页 4 —5;《中国红十字会总会民国 30 年收支结算表》,南京第二历史档案馆藏《红十字会档案》476—2185;《收支计算书》,《中国红十字会总会三十一年度工作报告》;《中国红十字会总会收支总报告表》(民国 26 年 7 月 1 日至 27 年 12 月 31 日),《中国红十字会月刊》,58 期(民国 29 年 4 月),页 68—69。

　　总会在战前经费几乎出现赤字,但从抗战发生以后,总会首先获得上海民众的捐款支持,后来海外的侨胞、外国政府与红十字会的捐款源源而来。[1] 据统计从民国 26 年 7 月 1 日到 27 年 12 月 31 日止,总会所收到的捐款(时疫医院捐款不计),占当时总会全部收入的 79.2％。[2] 次年捐款仍维持相当数额,比重略有下降,[3]民国 29 年捐款的数额和比重创下前所未有的高峰,共计有 9,106,897.85 元,占全部收入的 98.26％。[4] 在整个抗战前期,对总会捐款最多的应属侨胞,其中多数主要来自荷属东印度群岛侨胞的捐款,以民国 29 年年度为例,共占了全部捐款的 95％。[5]

抗战后期,可能因为日军逐渐占领东南亚,侨胞捐款日益减少,国外各团体捐款替代成为捐款的主力。总会在民国 31 年至 34 年间收入,仍以捐款数目最多,占全部收入 50％,而国外捐款又占其全部捐款 95％以上,其中以英国红十字会与援华会等捐助最多,根据统计来自国外的捐款占总会收入约一半左右。[6]

除了资金援助外,中国在抗战期间也非常需要各种医疗器材、物资,而红十字会便成为初期求援的管道。当抗战爆发后,由于上海地区各项医疗物资存货销售一空,为了中国红十字会总会及一般民众救济的需要,卫生署署长刘瑞恒特别致函给各国驻华代表,请求各国政府及其红十字会或相关慈善团体,照所附清单条列各项医疗器材、物资或款项,对中国提供援助,如有

---

　① 庞京周,《抗战两年中之中国红十字会总会》,页 11。

　② 《中国红十字会总会收支总报告表》(民国 26 年 7 月 1 日至 27 年 12 月 31 日),《中国红十字会月刊》,58 期(民国 29 年 4 月),页 68—69。

　③ 约降至 61.33％,《中国红十字会总会收支总报告表》(民国 28 年 1 月 1 日至 12 月 31 日),《中国红十字会月刊》,58 期(民国 29 年 4 月),页 71—72。

　④ 王正廷,《二十九年度本会工作检讨》,《会务通讯》,3 期(民国 30 年 4 月),页 4。

　⑤ 王正廷,《二十九年度本会工作检讨》,《会务通讯》,3 期(民国 30 年 4 月),页 4。

　⑥ 《中国红十字会》,页 18—19。

援助资金或物品,可寄交在香港的中国红十字会驻港办事处伍长耀收。[①] 在刘瑞恒的呼吁下,各国政府、红十字会与相关团体纷纷循上述管道向中国捐助各项物资,如义大利、美国、菲律宾、捷克、瑞典等。[②] 但在抗战初期持续不断捐助总会的慈善团体,当属美国医药援华会(American Bureau for Medical Aid to China 简称 ABMAC),在民国 30 年 3 月以前,该会在美国募款后捐助总会大量捐款,其中有美金 551,000 元是花费在购置各项医疗物资,提供给总会与救护总队。[③] 总会所获得大量的医疗物资,更是抗战期间救护工作的最大资源,[④]而这些捐献的物资,至今无法估计它的数量和价值。

外国人士在同情中国抗战的情况下,也曾有不少人志愿前来中国,加入中国红十字会的工作行列。早在抗战发生初期即有外国人协助总会工作,但工作时间以短期为主。如民国 27 年初,德国红十字会派遣医生和包扎专家共 4 人,携带 40 卡车,价值国币约 50 万元的医疗用品来华,协助总会的救护工作。[⑤] 该

---

① 伍长耀当时在香港其实身兼卫生署与总会代表双重身份,刘瑞恒求援信函请求各国循红十字会管道提供援助,不无便宜行事,避免政治因素干扰的含义,《外交部收卫生署公函》(民国 26 年 11 月 5 日),国史馆藏,《外交部档案》,微卷 73。

② 《会讯》,《中国红十字会月刊》,35 期(1938 年 5 月),页 33;《会讯》,《中国红十字会月刊》,36 期(1938 年 6 月),页 24;《会讯》,《中国红十字会月刊》,38 期(1938 年 8 月),页 19;《会讯》,《中国红十字会月刊》,38 期(1938 年 8 月),页 22;《会讯》,《中国红十字会月刊》,45 期(1939 年 3 月),页 20;《会讯》,《中国红十字会月刊》,46 期(1938 年 4 月),页 5—6。

③ Watt, John R., *A Friend in Deed：ABMAC and the Republic of China*,*1937—1987*.页 2—3.

④ 当时总会救护总队工作人员认为大量的医疗物资是该队三个优势之一,朱崇演、张建军,《荣独山教授谈红会救护总队》,《贵阳文史资料》,22 辑(1987 年),页 86。

⑤ 其中一人正是德国驻华大使陶德曼之子,《会讯》,《中国红十字会月刊》,35 期(1938 年 5 月),页 30—31。

团在工作将近4个多月后,才离华返国。① 同年10月间又有印度国大党派出5人救护队,携带药品54箱,救护车一辆前来中国,总会救护总队特别给予番号,使其加入救护工作。②

此外,也有不少外籍医生以个人身份请求来华服务,由于人数日益众多,总会在举行理、监事联席会议后,特别为此制定《外籍医生服务办法》。③

参加总会工作数量最大的一批外籍医护人员,当推"西班牙大夫",这批医生其实全部都不是西班牙籍,之所以得此称呼主要是因为他们曾参加1936—1939年的西班牙内战,对抗保皇派,当他们支持的一方失败后,只好被迫离开西班牙。这些人有的曾被关在法国的居留营,有的到英国避难。据说这批医护人员大部分为犹太裔,积极反对法西斯主义,故在国际援华会安排之下,于民国28年中,由欧洲分批先到香港集中,而"西班牙大夫"的称号,可能正是当时香港报纸首先采用。他们在香港经由宋庆龄的介绍和安排,得以获准到贵阳救护总队工作。④ 这些医生随后也同各救护队到各战区为伤病军民治疗,表现甚为积极。但当国民政府发现这批医生有亲共嫌疑,总会救护总队即在强大压力下,一度将部分外籍医生调回贵阳,但最后总队长林可胜因援助共产党的问题被迫离职,部分外籍医生便随林氏至远征军部队工作,但也有部分留在救护总队直到抗战胜利

①　《会讯》,《中国红十字会月刊》,38期(1938年8月),页25;《中央日报》(汉口),民国27年7月26日2版。

②　《会讯》,《中国红十字会月刊》,41期(1938年11月),页13—14。

③　《会讯》,《中国红十字会月刊》,47期(1939年5月),页16—17。

④　施正信,《回忆图云关》,《贵阳文史资料》,22辑(1987年),页81;张辛民,《抗日战争期间在中国的西班牙医生》,收入富华德(Freudmann, W.)著,张至善译,《起来,中国胜利了》(北京,北京师范大学出版社,1994年),页2—3。

为止。①

包括西班牙大夫,曾在总会工作的外籍医生的人数到目前并没有一个确切的答案,②不过这些外籍医生对总会救护工作的贡献,确是值得肯定的,他们远渡重洋来到中国,在总会的领导之下,忍受低微的待遇与恶劣的生活环境,③只为了坚持他们的理念。虽然部分成员亲共的色彩为救护总队带来若干困扰,有时部分人士不免以本身经验与西方标准对救护总队的工作方式有所批评。④但他们毕竟曾在红十字旗帜下,为中国抗战做出了具体的贡献,这是不可磨灭的事实。

而抗战时期总会能够吸引各种来自国外的援助,也凸显了总会国际色彩的意义。正是由于世界各国红十字会有相互帮助的义务,以及红十字会本身中立的色彩,使得总会得以在抗战时期获得来自世界各国红十字会与援华团体的援助不受政治因素的影响,这是其他政府或民间团体所无法办到的。

----

① 施正信,《回忆图云关》,《贵阳文史资料》,22 辑(1987 年),页 81;张朋园访问,罗久蓉记录,《周美玉先生访问记录》,页 101。

② 大陆方面目前考证认为西班牙大夫总数有 21 名,根据档案资料显示在民国 29 到 30 年左右,全部在救护总队工作的外籍人员至少有 30 名,参见《国际援华医疗队名单》,《贵阳文史资料》22 辑(1987 年),页 36—37。

③ 由救护总队的薪资通知单看来,这些外籍医师的薪水由国际援华会支付,在民国 29 年时仅月支国币 200 元,《救护总队部发医师甘理安(L. Kamieniecki)薪资通知单》(民国 29 年 7 月 17 日),贵阳市档案馆藏,《救护总队档案》,40—2—562。

④ 其中一位医生的回忆大量陈述对于中国官僚习气、军医部门的落后甚至救护总队的招呼不周等观感,参见富华德(Freudmann, W.)著,张至善译《起来,中国胜利了》(北京,北京师范大学出版社,1994 年),页 2—3。

第四章 变为国家机构的中国红十字会

（1943—1949）

第一节 政 府 控 管

一、战时改组实现军管

在太平洋战争爆发以后,正、副会长及部分常务理事、监事迁往重庆,但亦有许多理事、监事如林康侯、闻兰亭等人留在上海,在战争影响下,上海地区的理事、监事势必无法参与总会的决策,同时由于缺席的理事、监事实在太多,使得各项理事、监事会议的法定人数几乎都无法凑足。同时在香港沦陷后,总会在组织上也必须相应做出若干调整,而总会与上海方面联系的中断,可能在时机上也有助于进行大幅度的改组。

除了上述原因之外,国民政府方面积极的介入,才是促使红十字会进一步改组的最大力量。民国 32 年 2 月,国防最高委员会通过《红十字会战时组织大纲》,①再经立法院通过后改称《红十字会战时组织条例》,4 月 1 日由国民政府明令公布。② 这个条例与过去的管理条例最大不同的地方,在于规定:一、所有会长、副会长、理事、监事均由军事委员会委员长令派,而卫生署署

---

① 《本会改组经过概况》,《会务通讯》,15 期,页 8—10。
② 《国民政府训令》(民国 32 年 4 月 1 日),国史馆藏,《国民政府档案》,微卷 327。

长和军政部军医署署长为当然理事;二、派赴战区救护队应受各战区司令长官指挥。换言之,总会理事、监事的选出,由过去的会员选举,其后改为部分名单由政府遴选,而至此则全部为军委会所指派。另外,该条例规定救护队受战区司令长官指挥,更明白地显示红十字会自此完全纳入国民政府战时军事管理的体系。

然而国民政府方面仍觉有不足之处,乃于4月8日由军事委员会公布《国民政府军事委员会战时监督红十字会暂行办法》,①这项办法更进一步规定:"红十字会举办战时事业由军事委员会核定并监督之。"换句话说,在战争期间红十字会的主管机关由卫生署转换成军事委员会。

根据前述战时组织大纲,红十字会于民国32年2月进行改组,会长由蒋梦麟出任,原会长王正廷转任名誉副会长,副会长仍旧是杜月笙、刘鸿生,常务理事除了原有的王晓籁之外,加入了戴季陶、商震、翁文灏、宋子文等人,常务监事除了原来的钱新之,加入了张伯苓、宋汉章,理事、监事也大幅换血,并全部改由国民政府指派,除会长、副会长兼任理事外,包括常务理事、监事、理事、监事等,共计27人,其中有15人属于新聘(参见表4—1)。该27人中,在地区分布方面,浙江省籍有12人,江苏省籍(含上海)有5人,安徽有3人,其他7人。职业方面,商人有4人,银行家有4人,官员有12人,学者有5人,军人有1人,其他1人,本届官员首次多过商人和银行家总和,可说彻底反映官派的特色。学历方面,大学以上者有20人,其中有博士学位者9人,留学者16人,私塾或学徒出身者仅有4人,本届理事、监事会学历之高堪称空前。

---

① 《国民政府军事委员会战时监督红十字会暂行办法》,《会务通讯》,18期,页52—53。

　　这次改组在总会历史上可以说是一个转捩点,主要是因为从会长到理事、监事,全部都由政府指派,过去红十字会作为民间团体的传统和地位,至此完全改观。

表 4—1　　　　　第 9 届红十字会理、监事名单(民国 32 年)

姓　名	籍　贯	年龄	学　历	职　业	在会职务
戴季陶	浙江吴兴	52	东京日本大学法科毕业	官员	常务理事
商　震	浙江绍兴	56	奉天讲武堂肄业	军人	常务理事
翁文灏	浙江鄞县	54	比利时罗文大学博士	官员	常务理事
王晓籁	江苏嵊县	57	私塾	商人	常务理事
宋子文	广东文昌	49	美国哥伦比亚大学博士	官员	常务理事
钱新之	浙江吴兴	58	神户商业学校毕业	银行家	常务监事
张伯苓	天津	67	美国哥伦比亚大学肄业	学者	常务监事
宋汉章	浙江余姚	71	上海中西学院毕业	银行家	常务监事
虞洽卿	浙江镇海	76	私塾、学徒	商人	理事
杜月笙	上海浦东	56	学徒	帮会领袖	理事
刘鸿生	浙江定海	55	上海圣约翰大学肄业	商人	副会长
刘瑞恒	天津	52	美国哈佛大学医学博士	官员	理事
蒋梦麟	浙江余姚	57	美国哥伦比亚大学博士	学者	会长
朱恒璧	江苏丹徒	53	美国哈佛大学医学博士	学者	理事
康心如	陕西城固	53	日本早稻田大学肄业	银行家	理事
缪嘉铭	云南昆明	48	美国明尼苏达大学毕业	银行家	理事
杭立武	安徽滁县	39	英国伦敦大学博士	官员	理事
戚寿南	浙江	51	美国约翰霍浦金斯大学医学博士	学者	理事
陈仪	浙江绍兴	60	日本陆军大学毕业	官员	监事
王世杰	湖北崇阳	52	法国巴黎大学博士	官员	监事
邵力子	浙江绍兴	61	复旦公学肄业	官员	监事

续表

姓名	籍贯	年龄	学历	职业	在会职务
许世英	安徽秋浦	70	清秀才	官员	监事
屈映光	浙江临海	60	杭州赤城公学肄业	官员	监事
周诒春	安徽休宁	60	美国威斯康辛大学硕士	官员	监事
穆藕初	上海浦东	67	私塾、学徒	商人	监事
丁文渊	江苏泰兴	54	德国柏林大学博士	学者	监事
汤非凡	湖南醴陵	46	湘雅医学院毕业	官员	监事

资料来源:南京第二历史档案馆藏,《红十字会档案》,476-3170;《中国红十字会总会主要人员名单》,《红十字月刊》,1期,页13;《现代中华帝国满洲帝国人名监》;《民国人物大辞典》;任嘉尧编,《当代中国名人辞典》(上海,东方书店,1947年)。

本届理事、监事特色除了学历高之外,新聘党政军界官员也涵盖了若干派系成员。如政学系的翁文灏、王世杰、陈仪,国民党元老的戴季陶、邵力子,孔宋家族的宋子文,山西阎锡山系统的商震,云南方面的缪嘉铭,而康心如、缪嘉铭又分别是四川、云南地方银行的负责人。如果说过去历届常议员或理事、监事的成员乃是反应上海社会经济变迁的结果,那么本届官派理事、监事名单或许也反映了若干国民政府的政治生态。

本届理事、监事中现任官员颇多,如宋子文为外交部长,翁文灏为经济部长,商震为国民政府参军长,王世杰是国民参政会兼中央设计局秘书长,屈映光是振济委员会副委员长,陈仪是中央设计局台湾调查委员会主任委员。此外学界精英也是延揽的重点,如会长蒋梦麟、常务监事张伯苓都是西南联大的常务委员,监事丁文渊则是同济大学的校长,理事戚寿南是中央大学医学院院长。^① 此外秘书长也改由胡兰生出任。[②]

在改组的同时,总会在组织上也做出极大的更张,除了将购料委员会改为材料审检委员会,几乎裁撤所有的委员会,其中也包括临时救护委员会,因此,自此以后救护总队直隶总会。此外,救护总队部总队长由秘书长胡兰生兼任,过去总会与救护总队之间的矛盾也至此宣告终结。由于救护总队的改组,原本负责医疗相关业务的第三处也遭到裁撤,而原本专责监督救护总队账目的救护事业会计课亦然。经过此次改组,红十字会的组织系统精简许多,过去主事者一再抱怨的弊病,在政府力量的介入和强势领导下,终于获得解决。

二、战后改组转隶行政院

抗战胜利后,行政院认为原《红十字会战时组织条例》适用于战争时期,如今战争结束,应即废止,经呈请立法院议决后,由国民政府明令废止。[③] 而在进行废止战时组织条例的同时,行政院也于民国 34 年 11 月 20 日通过《复员期间管理中国红十字会办法》,将红十字会的主管机关改为行政院,并得依其业务性质,受社会部、卫生署、善后救济总署指挥监督。[④] 在这项办法中,保留总会正、副会长的职务,并设置理事 15 至 21 人,组织理

---

① 参见张朋园、沈怀玉编,《国民政府职官年表》(台北,中央研究院近代史研究所,1987 年),第 1 册;任嘉尧编,《当代中国名人辞典》(上海,东方书店,1947 年),页 87;熊秉真访问,林秋敏记录,《我的医学生涯——艾世勋先生访问记录》,《口述历史》,2 期,页 242。

② 《总会琐事纪要》,《会务通讯》,16 期,页 38。

③ 《国民政府致立法院公函》(民国 34 年 12 月 13 日);《立法院致国民政府公函》(民国 35 年 2 月 7 日);《国民政府令》(民国 35 年 2 月 15 日),国史馆藏,《国民政府档案》,微卷 327。

④ 《复员期间管理中国红十字会办法》,《红十字月刊》,1 期,页 12;《工作动态》,《红十字月刊》,1 期,页 14。

事会,指定7位为常务理事,理事会为最高权力机构,其人选皆由行政院指派。此外,废除监事会。①

于是红十字会乃根据上述办法,于民国35年1月1日再度进行改组,总会除正、副会长外,行政院实际指派理事有19人(参见表4—2)。在这19人当中,浙江省籍有5人,江苏省籍(含上海)有4人,广东省籍有3人,安徽省籍有2人,其余省籍共5人,可说是历届以来分布最为均匀的一次。在职业方面,官员有9人,商人、银行家、学者各2人,其他6人。过去是总会中流砥柱的商人、银行家,至此仅成点缀。此外沿袭上届高学历的情况,大学以上程度共有14人,其中有7人是博士。

表4—2　　　　第10届红十字会理事名单(民国35年)

姓　名	籍　贯	年龄	学　历	职　业	在会职务
蒋梦麟	浙江余姚	60	美国哥伦比亚大学博士	官员	会长、常务理事
蒋廷黻	湖南邵阳	51	美国哥伦比亚大学博士	官员	常务理事
金宝善	浙江绍兴	53	美国霍普金斯大学硕士	官员	常务理事
马超俊	广东台山	60	日本明治大学经济系肄业	官员	常务理事
徐国懋	江苏镇江	40	美国约翰霍普金斯大学毕业	银行家	常务理事
吴有训	江西高安	49	美国芝加哥大学博士	学者	常务理事
关颂声	广东番禺	54	美国麻省理工学院毕业	建筑师	常务理事
刘鸿生	浙江定海	58	上海圣约翰大学肄业	商人	理事
杜月笙	上海浦东	58	学徒	帮会领袖	理事
谷正纲	贵州安顺	44	德国柏林大学毕业	官员	理事
王云五	广东香山	58	私塾、学徒	出版家	理事

---

① 《中国红十字会总会35年1月份工作简报》,上海市档案馆藏档案Q1—7—488。

续表

姓名	籍贯	年龄	学历	职业	在会职务
周诒春	安徽休宁	63	美国威斯康辛大学硕士	官员	理事
刘瑞恒	天津	55	美国哈佛大学医学博士	官员	理事
徐寄顾	浙江永嘉	65	日本山口高等商业学校毕业	银行家	理事
杭立武	安徽滁县	42	英国伦敦大学博士	官员	理事
王晓籁	浙江嵊县	60	私塾	商人	理事
钱大钧	江苏吴县	53	日本士官学校毕业	官员	理事
张蔼真	上海	46	美国密西根大学毕业	民代	理事
于　斌	黑龙江	45	罗马传信大学博士	宗教家	理事

备　　注：周诒春、于斌为民国 36 年 2 月 12 日总会第 2 次理事会议决增聘。

资料来源：《中国红十字会总会主要人员名单》，《红十字月刊》，1 期，页 13；《复员期间中
　　　　　国红十字会总会第二次理事会议记录》（南京，红十字会总会，1947 年）；《现
　　　　　代中华帝国满洲帝国人名监》；《民国人物大辞典》；任嘉尧编，《当代中国名人
　　　　　辞典》。

　　本届理事结构最大的特色，便是旧上海色彩的消褪，或者可说是时代交替。过去总会始终以发源地的上海为中心，即便迁移至其他地方，仍然保留相当比例过去上海时期的理事、监事，特别是与江浙财团相关的人选。至抗战结束后，上海商人出身的理事、监事若非相继离去，如虞洽卿、穆藕初，便是因战时留在上海而有汉奸嫌疑者，如闻兰亭、林康侯、袁履登等，这些是促成其消褪的原因之一，但最重要的，可能是当时国民政府已经决定彻底主导总会高阶人事，所以一方面将总会迁至南京，另一方面在该届 19 位理事人选中，新聘 12 位，以至于将具有旧上海色彩的理事名额减至前所未有的数量。从此，总会决策核心彻底摆脱传统红十字会的影响，以 7 名常务理事为例，除了会长蒋梦麟是民国 32 年起出任会长兼常务理事外，其余 6 名都是该届新

聘,其中只有上海金城银行经理徐国懋可说是上海商界代表。

由副会长杜月笙、刘鸿生地位和参与程度的变化可以更明显地看出这种趋势。杜、刘二人均出身于上海,自民国 23 年改组以来,始终担任副会长的职务,而副会长在总会传统上本来有其独特地位,尤在第一次改组后,更在理事、监事会组织规程上,赋予副会长极大的权力。同时杜、刘二人更身兼常务理事,方便召开常务理事会议,以决定重大决策。不过,自第 9 届开始,杜、刘二人便不再担任常务理事,第 10 届亦然。而杜、刘二人似亦有意远离总会核心,战后总会召开历次理事或常务理事会议,二人也极少参加。与杜月笙关系密切的王晓籁、钱新之,同时也是上海商界的重要人物,仍然担任红十字会第九届常务理事、监事,但在第 10 届,王晓籁尚任理事,而钱新之则根本不在理事名单之内。

本届理事仍以官员居多,如细加分析,可发现似以各官员当时的职务及其机关可能发挥的功能为考量重点。因为这些官员多来自行政院、善后救济总署、社会部、卫生署(部)等机关,其执掌皆与红十字会在战后的工作密切相关。如会长蒋梦麟在改组时已是行政院秘书长,蒋廷黻当时为行政院善后救济总署署长,金宝善则是卫生署署长,谷正纲是社会部部长,周诒春原为农林部部长,在就职理事后随即出任卫生部部长,杭立武是教育部次长。这些人不但是红十字会的理事,同时也是行政院院会的成员,而行政院正是当时红十字会的主管机关。其他如刘瑞恒是善后救济总署卫生委员会主任委员,而原为商人的刘鸿生当时也担任善后救济总署上海分署署长,将可更直接加强总会与善后救济总署联系,利于取得相关救济物资。理事中的马超俊是南京市市长,钱大钧是上海市市长,可视为总会特别重视京、沪两市会务的象征。

　　沿袭上届延揽学界精英的做法,本届也有文化界的人士加入,且范围更加广泛,如吴有训是中央大学校长,关颂声是建筑师,王云五是著名学者和出版人,于斌是天主教南京区主教(民国35年4月升为总主教)。而张蔼真则可能是妇女界成为总会理事的第一人。

　　总会组织除了由秘书长、副秘书长主持日常事务外,原有的2处,扩充为4处。第1处负责总务,下设人文、事务2课;第2处负责会务,下设分会、编宣2课;第3处负责青年妇女工作,下设青年、妇女2课;第4处负责医务,下设医务、材料2课;除了4处之外,另设秘书、会计2室。① 为了推动辅导分会与推动"红十字会服务中心实验区"计划,总会也在上海、重庆、汉口、广州、北平设立区办事处。② 此外在抗战期间贡献最多的救护总队,也在完成善后工作后于民国35年6月宣告撤销,相关业务此后归第4处办理。③

三、草拟红十字会法

　　由于政府完全主导红十字会改组的现象,是在抗战爆发后逐步形成,故总会方面认为有必要向全国原红十字会会员做出合理的解释。会长蒋梦麟特别为此次改组在《红十字月刊》上发表专文,说明红十字会组织受红十字公约的约束,而公约乃政府所签订,故红十字会虽然一再改组,但一贯具有"半官性"的性

---

　　① 《中国红十字会总会35年1月份工作简报》,上海市档案馆藏档案Q1-7-488;《复员期间中国红十字会总会组织规程》,《红十字月刊》,1期,页12。

　　② 《中国红十字会总会35年12月份工作简报》,南京第二历史档案馆藏,《红十字会档案》,476-2001。

　　③ 《中国红十字会总会35年1月份工作简报》,上海市档案馆藏档案Q1-7-488;《中国红十字会总会35年6月份工作简报》,南京第二历史档案馆藏,《红十字会档案》,476-2001。

质。蒋氏并回顾历届领导阶层都曾由政府任命,甚至美国红十字会亦有部分理事乃由政府任命,最后蒋氏总结红十字会与政府的关系:"亦有言者,本会虽仰给于政府,但能补助政府施政所不及,而政府虽给予本会之辅助,亦系一种道义上之义务,衡诸其他各国情形,正复相同。此次改隶,则本会与政府间之关系当更较为直接,对于会务之推行,殊多裨助也。"①

虽然蒋梦麟撰文合理化这次的改组,但也很清楚红十字会屡次改组的症结所在。蒋氏了解这次改组将红十字会隶属行政院管理,只不过是权宜之计,等到复员工作告一段落,红十字会仍将视其业务性质,决定其主管机关究竟是卫生署或社会部。此外蒋氏也认为过去红十字会相关法律时有变更,以至于主管机关也不时转换,故蒋氏主张应于此时由总会设置会章起草委员会,参酌中外法律规章,制定红十字会根本大法。蒋氏的提议,获得红十字会理事会修正通过,并由常务理事会推举谷正纲、金宝善、吴有训(后改为徐国懋)3人为起草委员,此外,并拟聘请行政院秘书处与美国红十字会各派代表1人为顾问。②

不过上述会章起草委员会似乎始终没有进行工作,而作为红十字会主管机关的行政院,在复员时期结束以后,对红十字会各项规章、法律及待遇调整等,又未提出任何具体办法,于是红十字会乃于民国36年10月14日向行政院请求颁布相关法令,以资遵循。由于行政院一时之间也拿不出相应的办法,只能命令卫生部与社会部就民国25年公布的管理条例,拟定修正草

---

① 蒋梦麟,《中国红十字会改隶之意义》,《红十字月刊》,5期,页1。

② 《复员期间中国红十字会第1届理事会议事专页》,《红十字月刊》,5期,页11—14;《复员期间中国红十字会总会第1届常务理事会议事录》,《红十字月刊》,8期,页17。

案,在此之前有关法令暂不颁发。①

此时红十字会总会似不愿被动地接受管理条例的修正,而是希望借此时建立红十字会的根本体制,诚如总会所言:

> 本会成立四十余年,虽政府颁行管理条例数易,惟根本大法至今阙如,目前本会组织系根据行政院前年颁布复员时期管理红十字会办法之规定施行,现值复员终了,国家动员戡乱,该项办法自无继续存在之必要,但本会体制似应策及久远,谋与各国一致,以符日内瓦红十字公约之精神,未便因平战时之分而屡有变更,盖工作实施可因平战时而异,而根本体制似应确立,未可常变。②

为了加速制定红十字会法,红十字会总会特别为此召开第4次理事会议,会中蒋梦麟会长主动提出"为确定本会地位,保障并发展事业,应请政府颁布红十字会法以崇体制"案,蒋氏并提出红十字会主要原则5项,以作为会章起草委员会拟定红十字会法草案的根据。

这5项原则分别为红十字会组织、职权、优惠权利、会员区分、红十字标帜等。其中关于组织方面,与过去法律重要的区别,大致如下:一、以全国会员代表大会为最高权力机构,每两年在首都举行1次(但也可以在全国其他地区举行),闭会期间授权理事会执行一切事务;二、设会长1人,副会长1至3人,由理事会提交全国会员代表大会通过,并提请行政院转请国民政府聘任,任期均为4年;三、设理事21人,7人由国民政府指派有

---

　①　《行政院发卫生部训令》(民国36年11月5日),国史馆藏,《卫生署档案》,090—013。

　②　《红十字会总会发卫生部代电》(民国36年11月17日),国史馆藏,《卫生署档案》,090—013。

关部门主管人员担任,其中国防、卫生、社会、外交、财政各部至少1人,7人由全国会员代表大会选任,最后7人由上述14名理事就全国社团领袖中推选。除政府代表由国民政府通知变更外,其余理事任期均为4年,每届改选三分之一。理事会每半年召开1次,会长、副会长为当然出席人,并以会长为主席。此外,理事会得设各种顾问委员会,设计指导各种业务之进行;四、总会得于全国各地设立分区办事处。①

由上述组织方面原则的修订,可知蒋梦麟对于红会体制确有长远的规划和考量。首先明确全国会员代表大会为红十字会最高权力机构,这是回归抗战前红十字会管理条例,甚至是自红十字会创立以后的组织传统,也是重建红十字会作为民间团体必要的步骤。其次,为红十字会领导阶层建立任期制,过去从民国23年改组以后,红十字会自会长、副会长及理事、监事除了因死亡递补或者依法改组外,从未有任期的限制,因此这项原则的修订别具意义。理事名额来源的规划,兼顾政府代表、社团领袖与会员代表大会选举三方面,虽可能是模仿美国红十字会,却也符合当时红十字会所处的环境,希望三方面的代表在力量上取得均衡,相对于过去全为官派的局面大不相同。

蒋氏的提案经理事会通过,转交会章起草委员会拟定红十字会法草案完成后,于民国37年2月26日提交总会第3次常务理事会通过,随即转呈行政院核定。② 虽然相关各部会迅即召开会议,仅作些微更动,均同意此草案似尚可行,但当时并未颁布。

---

① 《复员期间中国红十字会总会第4次理事会议事录》(民国36年11月13日),国史馆藏,《卫生署档案》,090—013。
② 《红十字会总会发卫生部代电》(民国37年3月5日),国史馆藏,《卫生署档案》,090—013。

四、政府控管下的会务

太平洋战争以后侨胞捐款大减,总会经费逐渐出现赤字,此时不能不借助政府补助。民国32年虽然仍有结余,但实际上当年因收支不敷约1,000,000元,经过公营银行如交通、农民、通商3银行透支1,400,000元,才能顺利支应。[①] 民国32年赤字更为扩大,总会乃再向中国银行透支约22,000,000元,上述借款后因通货膨胀的结果,至34年终可还清,不过总会从32年以后也因经费困窘不得不裁减人事。除了公营银行借支外,总会也于此时获得政府各部门补助,总计抗战后期政府补助占总会全部收入约40%。[②] 抗战胜利以后,总会经费来源更为困难,政府补助仍占30%左右。[③]

支出方面,抗战以后战地救护经费成了总会最大的开支,不过从抗战胜利后,由于经费困难,募捐不易,再加上通货膨胀,以致于虽然救护开支大为减少,但总会在会务、管理等费用方面仍然日益捉襟见肘。[④] 自民国32年至37年,总会收支如表4—3所示:

表4—3 总会历年收支

时 间	收 入	支 出	结 余
民国32年	25,293,210.11	32,497,295.98	−7,204,085.87
民国33年	140,680,478.21	35,193,437.44	105,487,040.77

---

① 《中国红十字会》,页18—19。

② 以民国31年为例,总会便曾获得行政院、财政部国库署以及卫生署的拨款补助,《政府补助费明细表》,《中国红十字会总会三十一年度工作报告》;《中国红十字会》,页18—19。

③ 《中国红十字会工作概况》,页18。

④ 《中国红十字会工作概况》,页18。

续表

时　间	收　入	支　出	结　余
民国 34 年	665,161,406.79	507,161,687.30	157,999,719.49
民国 35 年	740,000,000	830,000,000	−90,000,000
民国 36 年	2,600,000,000	3,300,000,000	−700,000,000
民国 37 年	90,000	145,00	−55,000

备　注1：货币单位除民国 37 年为金圆券外，其余皆为国币。

备　注2：每年数字涵盖时间为 1 月 31 日至 12 月 31 日止，民国 35－37 年数字为概数。

资料来源：《中国红十字会总会民国 32－34 年收支结算表》，南京第二历史档案馆藏《红十字会档案》476－2185；《收支计算书》，《中国红十字会总会三十一年度工作报告》；《中国红十字会工作概况》页 18。

　　总会的经费在抗战后期逐渐开始出现赤字，当时是由公营银行透支，才能维持。抗战胜利后，情况依然无法好转，民国 35 年的超支是由美国红十字会捐助。然次年起，赤字仍继续扩大，到了民国 37 年 11 月，总会库存仅余 3,000 元，总会秘书长胡兰生向上海金融界发动募捐，但仅募到 7,000 元，其时总会的经济状况确已到了山穷水尽的地步。[①]

　　在会员方面，至抗战胜利止，红十字会所有会员约有 21 万人左右，详细数目目前无从得知。胜利之后，总会经理事会决议扩大征求会员，[②]总计从抗战胜利到民国 37 年 10 月底止，共招收各种会员 376,238 人，[③]截至 1949 年，已完成入会手续会员共

---

　　① 为此秘书长胡兰生特别向蒋梦麟会长呈送报告，《秘书长胡兰生签呈》（民国 37 年 11 月 25 日），南京第二历史档案馆藏，《红十字会档案》，476－2700。

　　② 《复员期间台湾红十字会组织第一届理事会议议事专页》，《红十字月刊》，5 期（民国 35 年 5 月），页 11－13。

　　③ 有团体会员 504 个，名誉会员 3,775 人，特别会员 45,265 人，普通会员 110,638 人，青年会员 184,442 人，其他未分类者有 32,514 人，参见《会务杂志》，《红十字月刊》，33 期（民国 37 年 9 月），页 21；《会务杂志》，《红十字月刊》，34 期（民国 37 年 10 月），页 22。

有 380,576 人。① 抗战胜利以后仅三年左右,红十字会就征收
到三十几万的会员,数量是抗战胜利前的两倍。可能是因为红
十字会在战争期间的救护工作,带给一般民众极大的信心。如
果不是因为红十字会在抗战时期的种种贡献,恐怕很难解释这
种现象。

　　在分会方面,太平洋战争爆发以后,在沦陷区的各分会纷纷
被迫解散或停止活动,以至于保持和总会联系的分会只有七八
十个左右。虽然总会在抗战后期努力扶植新分会的建立,但毕
竟成果有限,直到抗战胜利,全部分会也不过只有 90 个。战后
总会加强鼓励各分会的复员,不过直到 1949 年前,分会数字仅
回升至 191 个,不到抗战前的三分之一。这段期间,分会分布的
区域及数量如表 4—4 所示:

表 4—4　　　　　　　分会分布数量(民国 32 年至 37 年)

时间 省份	民国 32 年	民国 34 年	民国 35 年	民国 36 年	民国 37 年
江　苏			11	19	24
浙　江	1	1	5	9	9
安　徽	1		10	13	14
福　建	4	4	3	4	4
河　南	5	20	31	38	42
湖　北	2		10	13	13
湖　南	6	5	5	5	5
江　西	1	2	3	4	4
广　东	6	6	7	8	7

　　① 这是从抗战胜利到民国 38 年 4 月底止的数字,各种会员详细数字不可考,《中
国红十字会工作概况》,南京第二历史档案馆藏,《红十字会档案》,476-1993。

续表

时间 省份	民国 32 年	民国 34 年	民国 35 年	民国 36 年	民国 37 年
广　西	3	5	4	5	5
陕　西	3	3	1	2	2
云　南	4	5	3	3	3
四　川	34	33	16	20	21
山　西				1	1
贵　州	2	2	1	2	2
山　东	1		7	14	14
河　北			5	9	10
绥　远			1	1	1
察哈尔			2	2	2
热　河					
甘　肃	1	1	2	2	2
西　康					
辽　宁			4	5	4
吉　林			1	1	1
黑龙江					
台　湾					1
总　数	74	90	132	180	191

备　注:另一项资料显示至民国 37 年年底,全部分会已达 193 处,唯无法查证新成立的分会名称。

资料来源:《红十字月刊》,12 期(民国 35 年 12 月)封底;《红十字月刊》,24 期(民国 36 年 12 月)封底;《中国红十字会总会卅五、卅六年度工作简报》,《红十字月刊》,28 期(民国 37 年 4 月),页 2;《红十字月刊》,35、36 期合刊(民国 37 年 12 月)封底;行政院新闻局编,《中国红十字会》(南京,行政院新闻局,1947 年),页 15—16;《中国红十字会工作概况》(民国 38 年 6 月 25 日),油印本;*Chinese Year Book*(1943). 页 739。

第二节　政　策　执　行

一、战后社会工作的萌芽

抗战胜利以后,救护总队实行裁并,最后剩下 40 个医疗区队,专责担任后方、光复区暨运输途中难民及平民医疗服务。这40 个医疗区队分布在江、浙、赣、鄂、湘、川、闽、粤、桂、黔等 10个省份,从民国 34 年 11 月到 35 年 6 月底止,共计诊治人数达587,749 人。其后,各医疗区队配合总会政策,就近编组为各地分会诊疗所。抗战胜利后,总会将医疗业务逐渐扩散到基层,至民国 37 年 12 月底止,经总会整顿、协助的分会医院有 45 所,总会另与卫生部合办重庆中央医院,与国立上海医学院合办红十字会总会上海第一医院。除了医院外,至民国 37 年 12 月底止,各地共有诊疗所 80 处,总计上述各医院与诊疗所,自民国 35 年7 月到 37 年 12 月底,总计诊治病人 3,220,548 人。[①]

中国红十字会的工作,在不同的阶段有不同的重点,到了抗战胜利以后,总会的工作方针有了极大的转变。会长蒋梦麟在民国 35 年 2 月宣示,总会在复员后的重要目标,即是促进社会安全,蒋氏说道:"我们既要打定基础,也要开展工作,这个工作方向,必须朝着社会安全的路上,开步进行。具体的说,我们是要从事积极性、保育性和集体性的社会服务。我们工作的对象,当然是人,而于人之中,特别选择具有生活匮乏的人,更特别注

---

① 《中国红十字会工作概况》,页 15。

意的是儿童、青年和妇女。"①

　　为推动社会工作,总会最初计划筹设红十字会服务中心实验区,先于上海、重庆、汉口、广州、北平等5个地区成立,初步拟定六项工作内容:一、医药救济;二、会员保健;三青年工作(如补助营养、健康检查、缺点矫正、康乐服务、书报供应等);四、妇女工作(如生育指导、儿童保育、家庭访问等);五、退伍军人工作(如就业指导、识字训练、回乡善后等);六、其他社会服务。② 总会的构想,是把该服务中心实验区工作当作试验,如成效卓著,再推行于全国。③ 但事实则是总会经费匮乏,从未有能力开办服务中心实验区。④

　　其实,总会对其提出的社会工作方向并没有明确的概念,仅知战后中国红十字会必须树立新的典范,传统善堂式的作风必须修改。⑤ 但如何树立新的典范,最初也只有几个粗略的原则可以遵循,也就是针对儿童、青年、妇女等社会工作。由于原先构想的服务中心实验区难以建立,故总会干部只能且战且走,在实际工作过程中,体会若干可行的方针和步骤,例如:社会工作重质不重量;社会工作的范围须是补助政府所不及,而不是与政

　　① 蒋梦麟,《复员期间的中国红十字会》,《红十字月刊》,2期(民国35年2月),页1—2。

　　② 《复员期间中国红十字会总会初步工作实施计划纲要》,《红十字月刊》,1期(民国35年1月),页8—9;蒋梦麟,《复员期间的中国红十字会》,《红十字月刊》,2期(1946年2月),页1—2。

　　③ 曾大钧,《中国红十字会之新机运》,《红十字月刊》,1期(民国35年1月),页2。

　　④ 《中国红十字会总会卅五、卅六年度工作简报》,《红十字月刊》,28期(民国37年4月),页7。

　　⑤ 这是会长蒋梦麟在战后第一次理事会议中的报告,《复员期间台湾红十字会组织第一届理事会议事专页》(民国35年5月19日上海市新生活俱乐部),《红十字月刊》,5期(民国35年5月),页11。

府争工作,更不容有所重叠;[①]妇女工作以协助农村妇女最为迫切,但却难以进行,反而是城市中的家庭妇女较易着手;青年工作应以学生为优先;[②]而服务的对象准则,是儿童重于成人,老弱妇孺重于壮年男子,流动难民重于定居难民。[③]

归纳总会战后在社会工作的原则,便是以儿童、妇女等弱势族群为照顾的重点对象,且以城市为主要工作区域,工作范围不与政府重叠。而总会战后社会工作与战前的救济工作最主要的区别,用总会方面的话来形容,即一为积极的教养,一为消极的施舍,[④]也就是说总会的社会工作另有其教育的内涵,并不光是物资的发放而已。

战后总会实际的社会工作大致可分儿童福利、设立服务站、书报阅览、妇女训练、青年工作、健康保险等项。

二、儿童福利

从抗战以来,总会对儿童福利工作一向特别重视,在抗战期间总会重庆医院曾特别设立儿童病床 100 张,重庆市诊疗所与贵阳市第一、第二诊疗所,设立儿童保健门诊部,担任儿童疾病诊疗、缺点矫治、行为辅导、心理测验、体格检查、营养辅助等。此外总会与贵阳市政府等机关合办 24 个托儿所,并附设幼稚园,专收职业妇女的子女。又与贵州省社会服务处合办贵州儿

---

① 曾大钧,《中国红十字会工作之趋势》,《红十字月刊》,9 期(民国 35 年 9 月),页10。

② 这是当时副秘书长汤蠡舟的报告,《复员期间中国红十字会第 1 届理事会议事专页》(民国 35 年 5 月 19 日上海市新生活俱乐部),《红十字月刊》,5 期(民国 35 年 5 月),页 11—12。

③ 孙以琴,《谈红十字会福利工作》,《红十字月刊》,31 期(民国 37 年 7 月),页 11。

④ 孙以琴,《谈红十字会福利工作》,《红十字月刊》,31 期(民国 37 年 7 月),页 11。

童福利指导所,负责指导贵州全省儿童福利事业。[①]

战后总会推动儿童福利的范围更加扩大,除了各地分会诊疗所举办的儿童体格检查、家庭访视外,总会及各地分会曾分别开办各种儿童福利工作。兹分述如下:

1. 开办小学卫生实验区。总会于民国 36 年 4 月与南京市瑯琊路小学、玄武门小学、汉口路小学、三牌楼小学、鼓楼小学、渊声巷小学、北阴阳营小学等 7 个学校合办卫生实验区,总计健康检查人数为 11,835 人,牛痘接种 5,205 人,霍乱预防注射12,899 人,X 光透视 1,046 人,灭虱 717 人,沙眼治疗 16,749人,皮肤病防治 213 人,卫生座谈会 96 次。[②]

2. 成立儿童营养站。在总会的推动下,于南京、上海、广州、武进、安阳、郾城、江都等 7 个城市设立 12 个儿童营养站,供应对象是 12 岁以下的贫苦儿童及孕妇、乳母。平均每日每站可供应 500 人免费饮奶,平均每日每站消耗罐头牛奶 300 罐,面包1000 个,鱼肝油 3 磅,此外尚有代汤粉、冰淇淋粉等,两岁以下婴儿每日可领淡奶 1 磅,两岁以上及孕妇、乳母等均发半磅,如有医师证明须特别补充营养者另行增发。上述物资均由各地善后救济分署提供,后来物资来源日渐缺乏,至民国 37 年春天起仅保留 3 站,直到 1949 年前仍照常供应。[③]

3. 儿童福利机构的设置。总会所属各分会曾设各种收容贫苦儿童或补习班等机构,除了提供饮食、住所外,更辅以教育,如儿童福利站、难童教养站、贫儿福利社、公童福利社、恤孤

① 王一正,《本会儿童福利工作之回顾(一九三八至一九四七年七月)》,《红十字月刊》,23 期(民国 36 年 11 月),页 4。

② 王一正,《本会儿童福利工作之回顾(一九三八至一九四七年七月)》《红十字月刊》,23 期(民国 36 年 11 月),页 5。

③ 王一正,《本会儿童福利工作之回顾(一九三八至一九四七年七月)》《红十字月刊》,23 期(民国 36 年 11 月),页 5;《中国红十字会工作概况》,页 16。

育幼院、盲哑学校、儿童暑期补习班、儿童阅览室等。①

4. 提倡儿童节活动。总会利用儿童节展开儿童福利工作，较有工作成绩的分会，要求于儿童节当天举办儿童福利活动。以民国36年为例，共有西京、易山、武进、南京、丰顺、郾城、吴县、清浦、泰县、宝应、永嘉、仅县、海盐、于潜、嘉定等15个分会举办儿童同乐会，参加儿童共有6,489人。②

5. 分赠儿童用品。总会及所属分会主动或转赠若干物品给儿童。如总会曾分赠清寒学生、孤儿、贫儿共3,507人，衣物共4,462件，上海分会施赠童衣3,834件，分赠3,261人，南京分会施赠童衣2,059件，分赠2,596人。此外上海、南京分会曾收到美国红十字会赠送中国红十字会糖果及圣诞礼物，乃据以转赠给具备学生身份的青年会员，总计南京分会发放糖果40,392包，上海分会发放29,560包，每人可领一包，上海分会又发放圣诞礼品16,128盒，有17,872人受惠，而前述武进等15个分会在举办儿童节活动时，也曾发放礼品、糖果给参加活动的

---

① 如武进分会于民国36年7月设儿童福利站，收容贫苦失学儿童约500人；亳县分会于民国36年5月设难童教养所，收容难童60人，复于7月设失学儿童教育班，收容儿童183人；重庆分会设贫儿福利社，收容街头流浪贫儿60名，每晨供给稀饭，晚7时以后施以教育和娱乐，工童福利社收容童工16人；平源分会于民国35年8月设恤孤育幼院，收容无父母之弃婴12人；长春分会设盲哑学校，至民国36年已毕业学生80余人，在学学生58人；南京市分会于民国36年8月在玄武湖服务站，举办儿童暑期补习班，有43名儿童参加；泸县分会于35年10月设有儿童阅览室，每日阅览人数约30人，西京、临汝分会自36年4月4日起，均辟设儿童阅览室。王一正，《本会儿童福利工作之回顾（一九三八至一九四七年七月）》，《红十字月刊》，23期（民国36年11月），页5；《中国红十字会总会卅五、卅六年度工作简报》，《红十字月刊》，28期（民国37年4月），页7；《中国红十字会工作概况》，页17。

② 王一正，《本会儿童福利工作之回顾（一九三八至一九四七年七月）》，《红十字月刊》，23期（民国36年11月），页5；《中国红十字会总会卅五、卅六年度工作简报》，《红十字月刊》，28期（民国37年4月），页7。

儿童。①

六、举行儿童福利工作座谈会。南京分会发起组织南京儿童福利工作人员座谈会,共有金陵大学等 8 个社团响应,自民国 35 年 12 月 22 日后,每周六开会讨论有关儿童福利工作的理论与技术等问题,直到民国 37 年从未间断。②

三、服务站工作

在儿童福利之外,总会及所属分会在战后也开展了其他的社会福利工作,设立服务站便是其中之一。

如前所述总会原本有意在全国 5 个都市成立服务中心实验区,以之作为社会福利工作的中心,实验推动各项计划,后来虽因经费问题无法设立,不过总会仍然曾经在重庆、南京尝试推动设立规模较小的服务站。总会首先在民国 35 年 2 月间在重庆沙坪坝中央大学卫生室设立服务站,该站工作人员仅有 3—5 人,以卫生保健为主要工作,着重营养补助、环境卫生、健康咨询、卫生讲座等方面。该站应中央大学同学要求,先以染有肺病的师生为服务对象,补充其药品及营养,指导其饮食,介绍疗养、保健常识。当时由该站收容疗养师生共 63 人,住外疗养接受该站补助者十余人,该站并设有书报供应部,方便患者阅读各项书报。不过可惜的是,该站后因中央大学迁回南京,遂停止

---

① 王一正,《本会儿童福利工作之回顾(一九三八至一九四七年七月)》,《红十字月刊》,23 期(民国 36 年 11 月),页 5;《中国红十字会总会卅五、卅六年度工作简报》,《红十字月刊》,28 期(民国 37 年 4 月),页 7。

② 王一正,《本会儿童福利工作之回顾(一九三八至一九四七年七月)》,《红十字月刊》,23 期(民国 36 年 11 月),页 5。

活动。①

总会在迁至南京后,旋即于 4 月间在玄武湖租地 6 亩,建筑房舍,购置营帐炊具,对外募捐游艇 10 艘,筹备成立玄武湖服务站,8 月 15 日该站成立。玄武湖服务站起初由总会创办,后交由南京分会管理。该站主要融合了卫生、训练、康乐等三个部分的功能。所谓卫生包括疾病诊疗、防疫注射、卫生宣导、家庭访视等;训练包括急救训练、水上安全训练、儿童会、母亲会等;康乐则是以露营为中心,结合划船、野炊等活动,期间再辅以上述急救等训练,希望达到寓教于乐的目的。原则上每周周末该站都会举办露营,同时也提供其他社团借用,玄武湖服务站可说是总会所开办的服务站中功能最为广泛的,同时也是总会与南京分会办理各项活动的中心。②

总会在设立南京玄武湖服务站后,深感必须将此种服务站推广至乡村地区,乃于民国 36 年 2 月间公布乡村服务站设置办法,武进分会首先响应,于同月起在该县设立前黄等 8 个服务站,泸县分会于 3 月成立蓝田服务社,大筑分会于 3 月成立高穴、新店两个服务站,莆田分会于 4 月成立 4 处临时服务站,石易山县分会于 5 月成立崇教乡服务站。上述乡村服务除了医疗与公共卫生工作外,也举办各种会员联谊会、妇女会、儿童会、法律咨询、电影放映、代写书信等活动。③

① 《中国红十字会中央大学服务站工作大纲》,《红十字月刊》,2 期(民国 35 年 2 月),页 11;《中国红十字会总会卅五、卅六年度工作简报》,《红十字月刊》,28 期(民国 37 年 4 月),页 9。

② 《中国红十字会玄武湖服务站设置计划》,《红十字月刊》,3、4 期合刊(民国 35 年 4 月),页 10—12;《中国红十字会在南京》,《红十字月刊》,8 期(民国 35 年 8 月),页·29;《中国红十字会总会卅五、卅六年度工作简报》,《红十字月刊》,28 期(民国 37 年 4 月),页 9。

③ 《中国红十字会新闻》,《红十字月刊》,15 期(民国 36 年 3 月),页 36—37;《中国红十字会总会卅五、卅六年度工作简报》,《红十字月刊》,28 期(民国 37 年 4 月),页 8。

　　服务站的设立是总会发展基层活动的一大突破,因为各服务站结合了医疗、训练、康乐等各项功能,使得中国红十字会为社会提供的服务获得有效的整合与扩张。可惜的是因为国内战争的种种因素,使得服务站未能获得广泛的设置。

　　阅览服务是总会在战后开展的重点工作之一,前述重庆中央大学服务站便曾试办书报供应,等到总会迁至南京后,这项书报阅览服务便在南京推广开来。首先总会在民国35年9月17日起成立图书阅览室,直到36年12月底止,共计阅览人数达38,836人次。除了总会外,北平市、章丘县、邻水县分会也都设有图书阅览室,上海市分会的会员交谊室也附设有书报提供阅览。民国36年4月起,总会在南京试办医院图书供应服务,分送图书杂志到南京各大医院,以提供病患精神慰藉,每两周更换图书一次,其中以文艺刊物与画报最受欢迎。据统计截至当年12月底,共有中央医院1,673人,鼓楼医院361人,中央大学附属医院388人,总计2422人曾接受此项服务。[①]

四、妇女与青年工作

　　总会提倡的妇女工作偏重在教育与训练。教育的部分主要是透过如前述儿童营养站或母亲会的场合,教导妇女育儿、卫生等方面的常识。[②] 其次总会也曾倡导妇女职业训练,由总会原有缝纫机两架及善后救济总署拨赠2架分配给南京、上海、郧城

---

　　① 《中国红十字会新闻》,《红十字月刊》,9期(民国35年9月),页37;《中国红十字会总会卅五、卅六年度工作简报》,《红十字月刊》,28期(民国37年4月),页8;中国红十字会上海市分会编,《中国红十字会上海市分会三十五年度工作特辑》(上海,编者自印,1946年),页2。

　　② 以南京分会为例,参看胡道珂,《孩子们笑了》,《红十字月刊》,8期(民国35年8月),页30—31;赵昌敏,《母亲会回忆》,《红十字月刊》,21期(民国36年9月),页31—32。

等分会举办妇女缝纫训练班。而南京分会与新生活运动总会等机关于民国 36 年合办妇女训练班招收歌女、女侍参加受训,并由该分会派员担任卫生课程及生活指导。此外南京分会也曾办理妇女卫生与急救训练班。[1]

在欧美先进国家如英、美等国,对于青年会员的组训特别重视,其训练内容主要以卫生保健及服务工作为主,而其青年会员不论在国际或国内,都曾积极地从事各项服务。传统中国红十字会虽有青年会员或学生会员的设置,但实际上从未对青年会员有何特殊的组训。[2] 直到战后,总会才逐渐加强对于青年会员的经营,甚至表示要提倡红十字青年运动,不过该项青年工作对总会来说还是新鲜的尝试,故虽有英、美的先例可以效法,但仍须选择地点加以实验。当时总会在南京,故此实验的地点便选在南京,恰好同时玄武湖服务站宣告成立,总会特别注意到青年人对该服务站的各项康乐活动反应热烈,故乃将红十字青年组训与玄武湖服务站加以结合,鼓励南京分会对此加以实验。民国 35 年 10 月 3 日,南京分会于玄武湖招待中小学校长联谊会上,宣布发起组织红十字青年服务团。经各校推荐后,有男女中学生 42 人志愿参加,10 月 31 日红十字青年服务团宣告成立。该团往后每周周末集会一次,活动侧重康乐活动如露营、旅行、野餐等,课程有卫生讲话、红十字讲话、急救训练等,训练告一段落后,该团也参加南京分会各项社会工作,如救济难民、慰

---

[1] 不过此种针对妇女开设的短期训练班似乎成果有限,卫生训练班仅毕业 3 人,急救训练班虽然录取 32 人,但最后合格结业者仅有 5 人。《中国红十字会新闻》,《红十字月刊》,20 期(民国 36 年 8 月),页 41;《中国红十字会新闻》,《红十字月刊》,30 期(民国 37 年 6 月),页 28;帆影《南京分会的社会服务》,《红十字月刊》,33 期(民国 37 年 9 月),页 12。

[2] 吴耀麟,《红十字青年运动》,《红十字月刊》,7 期(民国 35 年 7 月),页 7—10。

问住院官兵等。①

红十字青年服务团组织方式原模仿英国模式,以志愿参加为主要精神,在该团成立一年多以后,由于发现若干困难,总会乃有意改采美国模式,以便加以推广。此模式亦即以学校为单位,组织红十字少年会,由校长与导师负责领导,派出代表受训,再以这些代表为干部,回原校训练其余会员。② 红十字少年会以中小学生为对象,从民国 37 年元月起到 6 月止,南京共成立 14 个红十字少年会,参加会员 565 人;上海共成立 3 个红十字少年会,参加会员 245 人。红十字少年会与前述青年服务团,最大的不同是淡化康乐的色彩,强调卫生训练,且由导师先至总会训练班学习后,再回各校少年会转教。③

五、健康保险

总会最具社会福利色彩的措施,便是推动健康保险。战后总会鉴于一般人无力负担医药费用,乃主张仿照美国健康保险的成例,提出凡是加入红十字会会员者,就有可在总会医院、分会医院、诊疗所享受健康保险的权利,在一定期限内可以获得免费诊疗与健康检查。④ 不过由于各地分会医院人力物力的限

---

① 吴耀麟,《玄武湖服务站与红十字青年服务团——中国红十字会青年运动的前奏》,《红十字月刊》,11 期(民国 35 年 11 月),页 23－27;《中国红十字会总会卅五、卅六年度工作简报》,《红十字月刊》,28 期(民国 37 年 4 月),页 9;帆影《南京分会的社会服务》,《红十字月刊》,33 期(民国 37 年 9 月),页 12。

② 吴耀麟,《写在展开红十字少年工作之前》,《红十字月刊》,24 期(民国 36 年 12 月),页 1－2。

③ 吴耀麟,《红十字少年活动六个月》,《红十字月刊》,30 期(民国 37 年 6 月),页 12－14。

④ 《复员期间中国红十字会服务中心实验区计划纲要》,《红十字月刊》,1 期(民国 35 年 1 月),页 10;《复员期间中国红十字会总会初步工作实施计划纲要》,《红十字月刊》,1 期(民国 35 年 1 月),页 8。

制,以至于这项健康保险的理念实际上并未落实,连规模较大的上海分会与南京分会各诊疗所,都只能偶尔办理免费健康检查,且并非专对会员。[①] 直到民国 37 年 4 月至 7 月间,南京分会才特别发行保健券,每券有效期 3 个月,凭券可向该分会各诊疗所免费登记,可获体格检查 1 次,血液检查 1 次,X 光透视 1 次,门诊两次,均不收任何费用,该券可自用或馈赠亲友,总计使用该券参加健康检查者有 1,772 人。[②]

总会在战后所推动的各项社会工作,从数量上来说成果确实有限,但其工作的方向,确实已经走出传统慈善团体的窠臼,如其重视弱势团体的福利,注重各项知识的教育与宣导,提出社会保险的观念,培养青少年的正当娱乐与其服务社会的责任等,战后的总会已经不只是肩负救济、救护或医疗卫生的重任而已,而且已然成为致力积极改良社会的社会工作团体。

第三节　战后地位变迁

战后总会在政府控管的情况下,其地位产生了微妙的变化。一方面由于中国国际地位的提升,总会在国际红十字会的地位也随之提高;另一方面则是因为种种因素,导致总会在国内红十字会运动中的地位日益削弱。

---

① 《南京市分会的医药服务》,《红十字月刊》,16 期(民国 36 年 4 月),页 27—28;松城,《访问了红十字会上海市分会诊疗所》,《中国红十字会上海市分会三十五年度工作特辑》,页 33—34。

② 帆影,《南京分会的社会服务》,《红十字月刊》,33 期(民国 37 年 9 月),页 12。

一、总会国际地位的提高

在第 16 届国际红十字大会后,因为欧洲战事与太平洋战争随即发生,故国际红十字会议暂时停开,直到第二次世界大战结束前后,各项国际会议才又陆续恢复。由于当时中国国际地位有所提高,故总会在各国际会议中也逐渐受到重视,尤其是在国际联合会第 18 届理事会中,总会会长蒋梦麟被选为执行委员会副会长,这是总会在参与国际会议以来获得的最高地位。

除了各项大型国际会议外,总会在战后也曾应邀参加红十字国际委员会的小组会议,这包括加强红十字国际委员会的研究委员会(Commission to Study Ways and Means of Reinforcing the International Committee of the Red Cross)、研究国际红十字新公约草案委员会(Commission to Examine the Text of Draft Conventions to be submitted to the International Red Cross Conference Stockholm,1948)、和平问题研究委员会(Peace Commission)。① 总会历年来参加的国际会议如表 4—5 所示:

表 4—5 　　　　　　　　　总会代表出席国际会议表

时　间	地　点	会议名称	总会出席代表
民国 18 年 7 月	Geneva	改善战地伤病及俘虏待遇公约大会	萧代办
民国 19 年 10 月	Brussel	第 14 届国际红十字大会	国际联合会理事长
民国 23 年	Tokyo	第 15 届国际红十字大会	驻日公使蒋作宾

① 《中国红十字会总会卅五、卅六年度工作简报》,《红十字月刊》,28 期(1948 年 4 月),页 10—11。

时　间	地　点	会议名称	总会出席代表
民国 27 年 6 月	London	第 16 届国际红十字大会	常务理事林康侯
民国 33 年 9 月	Geneva	国际联合会各国红十字会代表咨询会议	秘书长胡兰生
民国 34 年 10 月	Geneva	国际联合会各国红会代表咨询会议	秘书长胡兰生
民国 34 年 11 月	Paris	国际联合会第 18 次理事会	秘书长胡兰生
民国 35 年 7 月	Oxford	国际联合会第 19 次理事会	秘书长胡兰生
民国 35 年 7 月	Oxford	国际委员会召开修改公约商讨会议	秘书长胡兰生
民国 35 年 11 月	Paris	国际联合会执行委员会议	副秘书长曾大钧
民国 36 年 4 月	Geneva	国际委员会召开讨论战争灾难者保护公约专家会议	副秘书长汤蠡舟
民国 36 年 5 月	Paris	国际联合会执行委员会议	副秘书长汤蠡舟
民国 37 年 8 月	Stockholm	第 17 届国际红十字大会	秘书长胡兰生

资料来源:《中国红十字会工作概况》,页 17－18;胡兰生,《中国红十字会历史与工作概述》《红十字月刊》,18 期(1947 年 6 月),页 10;《中国红十字会总会卅五、卅六年度工作简报》,《红十字月刊》,28 期(1948 年 4 月),页 10－11。

　　总会除了参与各红十字会国际会议外,在抗战胜利后,也曾参与其他重要的国际会议。如国际儿童救济协会于民国 35 年 9 月 21 日至 27 日在日内瓦举行第二十次大会,也对总会提出邀请,总会乃委托王冷樵代为出席,结果此次会议决定改组成立国际儿童福利协会(International Union for Child Welfare),而总会当选为执行委员与理事会理事。[①] 总会秘书长胡兰生、副秘书长汤蠡舟在出席前述红十字会国际会议之余,也曾代表政府出席各种国际卫生会议,这也是总会与世界卫生组织联系的开端。[②]

伴随着国际地位的提高总会也积极地履行应尽的国际义务。在第二次世界大战爆发后,中外人士或有沦为俘虏,或下落不明失去联络者,为寻找他们,在日内瓦的红十字国际委员会,本其中立地位,常接受委托,联络各交战国红十字会,办理转发国际通讯,使发信人与受信人皆可经由红十字会互通消息。总会于民国 33 年起,接受红十字国际委员会的委托代办国际通讯,先后经发函件 3,942 件,寄件人约 3,500 人,通讯范围以南洋各地居多,其次是德国、印度、法国。[③] 战后由海外来函请求总会代为查询者,直到民国 36 年 12 月底止,共有 442 件,经查询有结果者有 343 件,据称全部通讯计有 800 余件。[④]

世界各国红十字会彼此之间也经常互相援助,总会在抗战胜利之前,由于经费困难,无法对外提供帮助。战后日本中南部发生地震,总会乃会同红卍字会、商联会等团体组织"中国社会团体救济日本中南部地震灾民委员会",募得赈款 203,500,000元,连同总会捐赠药品 25 大箱,于民国 36 年 7 月 13 日交由中国驻日代表团,分发给日本难民。同年 7 月总会应印尼政府驻

---

① 《中国红十字会总会卅五、卅六年度工作简报》,《红十字月刊》,28 期(1948 年 4月),页 10—11;《总会秘书长胡兰生收王冷樵函》(民国 36 年 1 月 22 日);《总会发行政院呈文》,(民国 37 年 3 月 17 日),南京第二历史档案馆藏,《红十字会档案》,476—3082。

② 胡兰生,《中国红十字会历史与工作概述》,《红十字月刊》,18 期(1947 年 6月),页 10。

③ 《中国红十字会》,页 16—17。

④ 胡兰生,《中国红十字会历史与工作概述》,《红十字月刊》,18 期(1947 年 6月),页 10;《中国红十字会》,页 21。

新加坡代表呼吁,代向红十字国际委员会及澳洲、印度、暹罗等国红十字会分别请捐救济物资,均获应允。[①]

总会在战后由于经费日益支绌,又处于政府控管之下,活动逐渐趋于被动,再加上战后混乱的局面,使得总会在推动国内红十字运动时,困难重重。除了旧分会的恢复不及战前的三分之一之外,新分会的接收更是一波三折。以下拟通过论述战后新分会接收的过程,来说明战后总会在国内地位的日趋衰落。

二、总会在国内红十字会组织中地位的日趋衰落

红十字会在抗战胜利后,除了致力于旧有分会的恢复外,最重要的工作当属新分会的接收。这主要是指东北各分会与台湾分会而言,这两个地区的分会,在抗战胜利以前,都是属于日本赤十字社的成员,战后如何纳入中国红十字会的体系之下,便成为一个重要的课题。

东北各分会在九一八事变后,虽仍与总会有所联络,但大部分工作可能已经被迫停顿。民国23年,伪"满洲国"创立财团普济会,侧重奖励社会事业与普及医药救护。与此同时,日本赤十字社也在东北成立满洲委员本部,民国27年伪"满洲国"正式组织赤十字社,继承上述两机构兴办的事业。伪"满洲国"赤十字社总部设于长春,各省设立省支部,各县市设立办事处,直到抗战胜利为止,共有会员计60余万人。伪"满洲国"赤十字社兴办的事业颇多,如看护妇养成所、长春聋哑学校、长春助产学校、恤兵院等,其最重要的是医疗机构的建设,如在沈阳、哈尔滨等10个地方设立医院,又在各地设立诊疗所,平均每年治疗病患达百万人次以上,其中免费治疗的贫苦患者约占10%。此外,对于

---

① 《中国红十字会工作概况》,页16。

东北境内缺乏医疗设施的边境或交通不便的地方,伪"满洲国"赤十字社也派遣医疗班前往治疗,并赠送药品,每年平均治疗约10万人,赠送药品约80万份,对于各种灾难,赤十字社也会派出临时救护班为受灾者治疗,平均每年被救护人数达7千人左右。[①]

抗战胜利后,原伪"满洲国"赤十字社职员张益三率领中国职员向日人进行交涉,办理交接,不过当时由于银行存款遭到冻结,与各地交通阻塞,以至于仅能维持长春当地的相关事业。随后张氏等人组织中华民国东北红十字会总本部,并且向总会请求派员接收,民国35年4月3日总会发函给张氏等人,要求将名称改为中国红十字会东北总分会;[②]随后又决定先行恢复东北若干分会,并将东北总分会改组为长春分会,[③]于是在6月长春、铁岭分会,7月绥中、山海关分会,11月沈阳分会相继成立。[④]期间总会决定给予东北各分会实质援助,一面拨款30万元,一面商请善后救济总署东北分署拨款流通券10万元,后总会又决定自9月份起至12月止,补助东北总分会经费3个月,希望东北地区分会能陆续恢复并继续维持活动。[⑤]

不过东北地区各分会与其事业的恢复,在现实环境的影响

---

① 于恩德,《胜利前东北及台湾之红十字会》,《红十字月刊》,20期(民国36年8月),页26—27。

② 《中国红十字会东北总分会概况》(民国35年6月19日),南京第二历史档案馆藏,《红十字会档案》,476—2892。

③ 《会长蒋梦麟发社会部东北特派员曹延真函》(民国35年10月1日),南京第二历史档案馆藏,《红十字会档案》,476—2892。

④ 《中国红十字会新闻》,《红十字月刊》,6期(民国35年6月),页20;《中国红十字会新闻》,《红十字月刊》,7期(民国35年7月),页30;《中国红十字会新闻》,《红十字月刊》,11期(民国35年11月),页32。

⑤ 《中国红十字会东北总分会概况》(民国35年6月19日),南京第二历史档案馆藏,《红十字会档案》,476—2892;《中国红十字会总会卅五、卅六年度工作简报》,《红十字月刊》,28期(民国37年4月),页2。

下，仍旧困难重重，其主要阻碍有两点，一是接收权限的厘清，其次则是国内战争。在东北的接收过程中，各方就接收部门进行协调，根据东北统一接收委员会的决议，将原伪"满洲国"赤十字社及其事业交由社会部代表接收，但社会部方面考虑经费维持问题不易解决，遂未立即接收。^① 总会闻讯乃向行政院请求，将东北地区红十字会事业一律拨交总会接管，得到行政院的同意。^② 至此，总会才算在名义上获得东北地区红十字会事业的接收权。

虽然总会取得接收的权利，也委任代表于民国 36 年 5 月 28 日组织接收管理委员会（以下简称东北接管会），^③但随着战争的深入，遂无法完成对于东北各地原赤十字社事业的接收。根据东北接管会主委尹树生的报告指出，当时国民党军队所能控制地区仅吉林、长春、沈阳三大城市，以及辽宁省十几个县而已，其余地区多为解放区，根本无法接收。对于原赤十字社的现况，尹氏在报告中说：

> 沈阳以北各地之赤十字社，除沈阳、铁岭各地已接管者外，其余各地目前其势无法接管，接管之后，亦必无法保管，必俟军事好转后再作计议。沈阳以南辽宁省各县属赤十字社之财产，亦仅系房舍而已，物资多被劫夺一空。^④

然而即便在国民党军队辖区内，许多产业也已遭部分政府

---

① 《曹延真发曾大钧函》(民国 35 年 7 月 5 日)，南京第二历史档案馆藏，《红十字会档案》，476—2892。

② 《行政院发东北行辕、东北统一接收委员会训令》(民国 35 年 10 月 30 日)，国史馆藏，《行政院档案》，64—2597。

③ 《中国红十字会新闻》，《红十字月刊》，17 期(民国 36 年 5 月)，页 38。

④ 《秘书长胡兰生收东北区接管会尹树生函》(民国 36 年 12 月 14 日)，南京第二历史档案馆藏，《红十字会档案》，476—2893。

机关占用。① 直到整个东北解放为止,东北地区各分会的恢复仍迟滞不前,除了长春分会会务较有表现外,②其余分会在现实环境牵制下,仅能维持现状。因此,对于东北地区红十字会事业的接收,因国内内战影响,势必遭受失败的命运。

台湾地区的红十字会事业,最早可以追溯到日本占领台湾时期。1895年当日本在台设立台湾总督府后,日本赤十字社便开始派人来台,实施战时救护工作,同时也开始招募社员;1896年在台北设立委员部,将台北县知事聘任为委员总长;1897年撤销委员部,改设支部,在各厅各县,委任各地方官吏为支部长;③1902年废除各支部,于台北设立台湾支部,以统筹全台赤十字社业务,首任支部长为民政长官后藤新平。④

台湾支部的组织,完全配合地方行政区划,如支部设于总督府所在地的台北,州与厅的所在地设置州部、厅部,市与郡所在地设置委员部,街与庄所在地设置分区,各地首长均由各地行政官吏兼任。直到民国34年8月止,台湾支部之下共有5个州部,3个厅部,62个委员部以及278处分区。此外,尚有赤十字病院一座,以及在台南市与高雄市设有平民诊疗所。⑤ 台湾支部共有社员484,989人,其中大多数为男性,女性社员不到

---

① 于恩德,《胜利前东北及台湾之红十字会》,《红十字月刊》,20期(民国36年8月),页26—27。

② 长春分会的业务表现经总会评定为乙等优良分会,并颁发奖状,《中国红十字会新闻》《红十字月刊》,14期(民国36年2月),页42。

③ 蔡维让等人陈情状附件丁,《日本赤十字社与台湾支部概况》(民国35年6月15日),南京第二历史档案馆藏,《红十字会档案》,476—2116。

④ 关于台湾支部设立时间另有一说为1899年11月,洪有锡译,小田俊郎,《台湾医学五十年》(台北,前卫出版社,1995年),页69。

⑤ 《日本赤十字社与台湾支部概况》,南京第二历史档案馆藏,《红十字会档案》,476—2116。

3%。①同时间,中国红十字会会员总数也不过 224,652 人,由此可知台湾支部社员人数之可观。②

日本赤十字社台湾支部的工作宗旨,平时在于储备救护资材、充实医药、培养救护人才、天灾地变及其他临时灾害的救护、保护孕妇、产妇与儿童保健卫生、启发智识、巡回施医救助贫困患者等;战时则为编组救护队,辅助陆海空军卫生、救济战区灾民、救恤俘虏、军人遗属之助产及医疗、退伍军人之职业再教育、国际间之救护等。③ 然而当抗战爆发以后,不但台湾支部会所(即今中国国民党中央党部旧址)为日本海军占用作为武官府,④之后连赤十字病院也隶属于陆军病院,受托专门诊疗军人。⑤

在台湾支部事业当中,最为重要者当推赤十字病院。在1902 年设立台湾支部以后,乃决定设立医院,同时医学校也希望设置附属医院,于是台湾总督府与日本赤十字社乃达成协议,亦即由赤十字社建筑医院,总督府负责医务等其他实务,医院职务则由医学校职员担任,赤十字社不支给任何报酬,而该医院则须作为医学校的附属医院,提供教学之用。1905 年 2 月坐落在总督府官邸东侧的赤十字病院完工落成,首任院长高木友枝,副

---

① 《日本赤十字社与台湾支部概况》,南京第二历史档案馆藏,《红十字会档案》,476—2116。

② 《复员期间中华民国红十字总会第一次会务座谈会记录》,《红十字月刊》,6 期(民国 35 年 6 月),页 12。

③ 《日本赤十字社与台湾支部概况》,南京第二历史档案馆藏,《红十字会档案》,476—2116。

④ 卓遵宏主访、林秋敏纪录,《林衡道先生访谈录》(台北县,国史馆,1996 年),页312—313。

⑤ 《台湾医学五十年》,页 141。

院长崛内次雄,同月 20 日首次开始诊疗患者。[①] 1941 年 6 月,赤十字病院在经过各界捐助之下,于台北市泉町兴建完成新院舍,[②]院址并随之迁徙,此后在太平洋战争期间,赤十字病院一度隶属于台北陆军病院。

赤十字病院平时注重救护人员的训练,战时则可作为收容伤病军人场所,此外赤十字病院也特别注意对贫困患者的照顾,在病院规则当中特别明定五分之一以上的病床拨为贫困患者使用。[③] 除了平时的医疗工作外,赤十字病院所属及其所训练的救护人员在许多次灾难、战争当中都曾有卓越的表现。如 1935 年 4 月 21 日爆发的台湾中部大地震,从地震发生次日起,赤十字病院便派遣 6 名医师、8 名护士及相关人员,前往灾情严重地区进行急救治疗,至 5 月 8 日撤退为止,约治疗伤患 5200 名。[④] 而赤十字病院附设的"赤十字社看护妇养成所"由于训练严格,培养出来的护士素质极高,因此据称在二次大战初期被征调至前线执勤的护士,大多出自该处。[⑤]

战后总会对于台湾地区原赤十字社的接收,初期似乎并未特别重视,也可能是力有未逮,以至于抗战胜利后,总会并未特别派员前往台湾办理接收。因而实际执行接收台湾赤十字社的,反而是台湾大学医学院教授杜聪明。他以台北大学校务常务委员的名义,宣称遵照中华民国教育部的命令,向台大医学院

---

① 《台湾医学五十年》,页 69—70;《日本赤十字社台湾支部医院一览》(台北,日本赤十字社台湾支部医院,1917 年),页 1。

② 《赤十字病院工事要览》(台北,社团法人台湾建筑会,1941 年),页 1—5。

③ 《日本赤十字社台湾支部医院一览》,页 10—11。

④ 《台湾大地震:1935 年中部大震灾纪实》(台北,远流出版公司,1996 年),页 113。

⑤ 曾秋美,《赤十字社看护妇》,《台湾兵影像故事》(台北,前卫出版社,1997 年),页 76。

与赤十字社台湾支部颁布接收命令。[1] 在颁布接收命令之后，杜聪明便着手进行各项接收。民国 34 年 11 月 10 日杜氏前往台南，向日人西泽丸一接收台南州部资产，11 月 11 日杜氏前往高雄，从日人高原逸人手中接收高雄州部资产[2]。11 月 15 日，与台北帝大接收典礼同一天，日本赤十字社台湾支部与台北州部也完成接收。[3] 至于赤十字病院也应是同时办理接收，其后改为台湾大学第二附属医院。除了上述接收行动之外，杜氏又于 12 月 12 日对原赤十字社台湾支部所属各州部暨市郡、街庄部发布通告：

> 本人奉行政长官之令为日本赤十字社台湾支部接管委员，凡该支部所属各州部暨市郡街庄部所管一切书类财产，应由本委员接管，本委员将向中国红十字会总会连络，豫定设立该会台湾支部，所有一切书类财产，移交该支会办理。[4]

这项通告发布后，除了台东、花莲港、澎湖等部及其所属之外，新竹、台中、各州部由残留台籍、日籍职员，陆续分别向杜氏呈报移交财产清册与保存现款。至此，杜聪明接收原日本赤十字社台湾支部的工作大致告一段落。

---

①　《中国红十字会历史资料选编》，页 216—217。

②　《日本赤十字社台南州部、高雄州部接收清册》，南京第二历史档案馆藏，《红十字会档案》，476—2183。

③　虽然在台湾支部与台北州支部接收清册上，注明接收人是罗宗洛，但并无罗氏签章，因此怀疑罗氏当时并未在场。有趣的是，台湾支部移交人成田一郎当时也根本不在台湾。《日本赤十字社台湾支部、台北州支部接收清册》，南京第二历史档案馆藏，《红十字会档案》，476—2183；《美军总部代总司令斯特梅耶为请准日本官员成田一郎等四人返台呈蒋介石委员长备忘录》（民国 34 年 10 月 13 日）、《中国陆军总司令部至冈村宁次诚字第 151 号训令》（民国 34 年 12 月 1 日），张瑞成编，《光复台湾之筹划与受降接收》（台北，国民党党史会，1990 年），页 200、208。

④　《蔡维让等呈总会陈情状》（民国 35 年 6 月 15 日），南京第二历史档案馆藏，《红十字会档案》，476—2116。

总计此次杜氏接收结果，以地区而论，偏重台北，特别是赤十字病院包括各项设施、药品等，其他地区除了高雄、台南之外，杜氏其实并未亲自前往接收，至于是否由前述接收命令所任命之接收委员、补助员代劳，则不得而知。[①] 在这次接收过程中，最重要的是把各地保存现金总数台币约 2,298,687 元集中由杜氏保管，[②]并将赤十字病院转变为台大第二附属医院，其他地区房产及相关设施均由当地职员保管。然而此时可能已经出现原赤十字社资产遭到侵占的现象，如总督府对面的台湾支部会所，早在此次接收之前便已被台湾省警备总司令部占用，成立了中山俱乐部。

当总会得知赤十字社台湾支部已为杜聪明所接收，而杜氏却从未与总会联系，再加上同时东北接收也发生问题，于是总会乃向行政院请求转饬台湾行政长官公署与东北行辕等地方机关，将东北、台湾等地区红十字会事业一律拨归总会接管。民国 35 年 10 月 30 日，行政院向上述两个单位发布训令，总会在形式上获得接管的权力。

但就在行政院下令后不久，同年 12 月 14 日，作为台湾行政长官公署喉舌的《台湾新生报》报道原为赤十字病院的台大第二附属医院，次年起改为省立台北医院。[③] 总会闻讯后，有意于翌年 3 月间派遣副秘书长汤蠡舟来台处理改组分会等事，[④]不料因为发生二二八事件，不得不取消此行。又过了半年，总会才再

---

① 杜聪明曾在回忆录中特别提及"关于赤十字社支部与支部医院之接收幸得林天赐、徐千田二君之协力，亦可得顺利完成矣。"杜聪明，《回忆录》下册，页 182。

② 《各地州部财产清册》、《秘书长胡兰生收台大医学院院长严智钟函》(民国 36 年 7 月 28 日)，南京第二历史档案馆藏，《红十字会档案》，476－2183。

③ 《台湾新生报》(台北)，民国 35 年 12 月 14 日。

④ 《总会发台湾陈长官函》(民国 36 年 2 月 20 日)，南京第二历史档案馆藏，《红十字会档案》，476－2183。

度派遣代表来台。

民国 36 年 8 月 21 日,中国红十字会总会接管台湾赤十字社资产事业委员会(以下简称台湾接管会)于台北市蓬莱阁正式成立。当日出席者,计有杜聪明、黄纯青、蔡培火、刘传能、谢娥、颜春辉、林衡道、于恩德、苏樵山、李翼中、黄国书、吴再兴、罗万伟、陈溪圳、黄朝琴、朱昭阳、吕阿昌、严智钟、林献堂、林慎、吴三连等共 21 人。会议一开始,由杜聪明介绍总会代表于恩德,并提出此次开会之意义后,再由杜氏报告接收经过,最后由于氏说明红十字会之使命,及筹组本接管会办法。①本次会议有两项决议,一是确定接管会人事,主任委员由蔡培火出任,主任秘书为苏樵山,遴选委员 25 人,②其中常务委员 9人。③ 接管会并设立医务、设计、服务、总务、会计等 5 组,以推行会务;其次,则是交涉归还原赤十字病院与台湾赤十字社支部房屋。④

接管会成立以后,总会也同时获得原台湾赤十字社接收清册,以及各项资产的概况报告。至此,总会原先的主张固然得以实现,但接管会方面似不甘心就此接受总会的约束,于是从成立之日开始,接管会诸人以渐进的方式逐步达成他们的要求。

----

① 《中国红十字会总会接管台湾敌赤十字社资产事业委员会成立议事录》(民国 36 年 8 月 21 日),南京第二历史档案馆藏,《红十字会档案》,476-2116。

② 此 25 人名单即成立会议出席 21 人再加上游弥坚、丘念台、韩石泉、陈启川等 4 人。

③ 此 9 人即杜聪明、蔡培火、黄纯青、林慎、刘传能、朱昭阳、吕阿昌、苏樵山、林攀龙等,其中林攀龙是在 9 月才补聘。《于恩德报告》(民国 36 年 8 月 28 日);《总会收台湾分会来电》(民国 36 年 9 月 15 日),南京第二历史档案馆藏,《红十字会档案》,476-2116。

④ 《中国红十字会总会接管台湾敌赤十字社资产事业委员会成立议事录》(民国 36 年 8 月 21 日),南京第二历史档案馆藏,《红十字会档案》,476-2116。

民国 36 年 8 月 29 日,接管会建议先行组织中国红十字会台湾分会,再于其他县市设立支会。① 9 月 5 日总会同意"暂准照办",唯前提是"台湾二字之下需殿以省字"。② 接管会方面在获得总会方面的初步同意后,不俟另行成立分会,便立刻以台湾分会的名义行文总会,总会立即回电纠正,认为仍应以接管会名义具呈,以明权责。③ 接管会方面并不就此罢休,9 月 29 日又以台湾分会名义行文总会,请求将接管会原有委员转聘为分会理事,以便成立理事会,并说明已将分会图记向有关机关备案,并已盖用发出数件公文。④

总会原本不希望在短时间内成立台湾分会,也没有预料到接管会方面以既成事实来要求总会追认。然而先前总会既已同意"暂准照办",只好一方面在形式上坚持接管会与分会"人事虽可兼任,但性质任务均为不同,系统仍须分清,以明权责"。要求接管会依照总会颁发的分会组织规程,拟定相关办法;⑤另一方面则在事实上承认台湾分会即将成立的现状,不但同意接受原本不合总会规定的相关条文,并且颁发台湾分会立案证书、理事聘书和分会图记等。⑥ 至此,台湾接管会方面的主张可说完全获得胜利。

---

① 《总会收台湾接管会来电》(民国 36 年 8 月 29 日),南京第二历史档案馆藏,《红十字会档案》,476－2116。

② 《总会发台湾接管会蔡培火电报》(民国 36 年 9 月 5 日),南京第二历史档案馆藏,《红十字会档案》,476－2116。

③ 《总会发台湾接管会蔡培火电报》(民国 36 年 9 月 17 日),南京第二历史档案馆藏,《红十字会档案》,476－2116。

④ 《总会收台湾分会电报》(民国 36 年 9 月 25 日),南京第二历史档案馆藏,《红十字会档案》,476－2116。

⑤ 《总会发台湾接管会电报》(民国 36 年 10 月 1 日),南京第二历史档案馆藏,《红十字会档案》,476－2116。

⑥ 《总会发台湾接管会蔡培火电报》(民国 36 年 11 月 4 日),南京第二历史档案馆藏,《红十字会档案》,476－2116。

民国 36 年 11 月 28 日,中国红十字会台湾分会于台北市郑州街宣告正式成立,并同时召开第一届理事会,29 日启用总会所颁发图记。① 从此台湾地区红十字会事业正式成为中国红十字会组织体系的一员。

台湾分会成立之后,当时已有几处房产遭到占用,导致分会只好在原建筑赤十字病院时的监工事务所办公,但却由于空间狭小,不敷使用,②因此分会成立后首要工作,即为交涉收回被侵占房产。这时除了原赤十字病院之外,原台湾支部会所,已被台湾警备总司令部占用作为中山俱乐部,另外,在接管会成立之前,更发现在台南市府前路 88 号原赤十字社台南州部,也已被国民党台湾省党部台南市执行委员会(以下简称台南市执委会)占用。③

目前未曾发现台湾分会对原台湾支部会所的房产有企图收回的动作。至于原台南州部房产,在民国 34 年 11 月 10 日经杜聪明接收后,于民国 35 年 6 月便遭国民党台南市执委会占用,虽然 36 年 7 月 6 日,台南市执委会获得行政院同意将该地产权转账,作为该会产业,但稍后经过交涉,台湾分会终于得以收回台南市的房产。④ 对于赤十字病院,却是台湾分会最希望收回的部分,早在分会成立之初,便曾致电新改组成立

① 《总会收台湾省分会蔡培火电报》(民国 36 年 11 月 29 日),南京第二历史档案馆藏,《红十字会档案》,476－2183。

② 甚至部分器具用品只好堆置于屋檐下,任凭风雨侵蚀。《总会收台湾分会电报》(民国 37 年 1 月 3 日),南京第二历史档案馆藏,《红十字会档案》,476－2183。

③ 《于恩德报告》(民国 36 年 8 月 28 日);《总会收国民党台湾省党部台南市执行委员会公函》(民国 37 年 9 月 14 日),南京第二历史档案馆藏,《红十字会档案》,476－2116。

④ 这可能和蔡培火与台湾省党部的渊源有关。《总会收国民党台湾省党部台南市执行委员会公函》(民国 37 年 9 月 14 日),南京第二历史档案馆藏,《红十字会档案》,476－2116;郑仪,《台湾省分会简介》,《九十纪要》,页 184。

的台湾省政府,要求省府遵照先前行政院发布的训令,将省立台北医院拨归台湾分会接管。① 起先省府以接管前行政长官公署卷内无案可稽回覆,②等到行政院重申前令,将原赤十字社财产交由红十字会接管。③ 此时,台湾省府只好由卫生处向总会提出说明,认为省立台北医院自成立以来,省方已投入巨资,修建房舍,充实设备,目前堪称本省唯一之示范医院,且台北市县地区,省立医院仅此一所,一旦移交给红十字会,对本省卫生事业影响至巨,故建议总会准许将该院拨归省府继续经营。④ 同时,卫生部也为此事向总会说项,支持将医院拨归台湾省。⑤

虽然台湾省府无意交还医院,但台湾分会方面却依然据理力争:

> 窃维台湾五十年之经验,既造成红十字会与医院之联系观念,皆以为有红十字会应有医院,若无医院,红十字会则等于虚设,其影响所及,不喻可知。⑥

而总会方面也支持台湾分会的立场,再度电请行政院转饬

---

① 《总会收台湾分会电报》(民国 36 年 11 月 27 日),南京第二历史档案馆藏,《红十字会档案》,476－2183。

② 《总会收台湾分会电报》(民国 36 年 11 月 27 日),南京第二历史档案馆藏,《红十字会档案》,476－2183。

③ 《行政院发台湾省政府公函》(民国 37 年 2 月 9 日),国史馆藏,《行政院档案》,64－2597。

④ 《总会收台湾省政府卫生处电报》(民国 37 年 2 月 20 日),南京第二历史档案馆藏,《红十字会档案》,476－2116。

⑤ 《总会收卫生部电报》(民国 37 年 3 月 2 日),南京第二历史档案馆藏,《红十字会档案》,476－2116。

⑥ 《总会收台湾接管会电报》(民国 37 年 3 月 8 日),南京第二历史档案馆藏,《红十字会档案》,476－2116。

台湾省府归还医院,行政院也三度下令,①然而台湾省政府对上述训令依然置若罔闻。②

　　除了交涉收回房产外,台湾分会也致力于县市支会的设立。分会向总会提出草拟的支会暂行组织规程,建议在台湾地区将支会组织扩大,设立理事会,增加理事及干部名额,如此可"迎合地方人士之心理,以利会务之进行"③。总会除了部分细节之外,大体同意台湾分会的主张。④ 民国37年3月27日高雄市支会宣告正式成立,4月6日新竹市支会成立,4月17日台南市支会也随后成立。⑤

　　台湾地区红十字会的接收颇经一番波折,期间原赤十字医院与台湾支部会所的改隶与被占,堪称最大的损失,对往后台湾省红十字会发展的影响也最大。但这些问题也凸显总会对于分会的约束力量相当有限,充其量只能在形式上保持主导地位,实际则是跟着台湾分会的要求行事。而其在政府的控管下,虽然获得行政院赋予接收权限的支持,却也同时受制于战后接收混乱的局面,无法依照法令顺利行使其接收权,政府的支持也失去意义。

　　综观战后东北和台湾地区分会的接收过程,可以明显地发现,总会并未因为受到政府的控管,而得以有效的推动国内的红

　　① 《总会发行政院电报》(民国37年4月7日)、《行政院发台湾省政府电报》(民国37年4月22日),国史馆藏,《行政院档案》,64－2597。
　　② 《总会收台湾分会电报》(民国38年2月12日);《总会发台湾省陈主席电报》(民国38年4月5日),南京第二历史档案馆藏,《红十字会档案》,476－2116。
　　③ 《总会收台湾分会呈文》(民国37年2月3日),南京第二历史档案馆藏,《红十字会档案》,476－2183。
　　④ 《总会发台湾分会电报》(民国37年2月24日),南京第二历史档案馆藏,《红十字会档案》,476－2183。
　　⑤ 《总会收台湾分会电报》(民国37年5月15日),南京第二历史档案馆藏,《红十字会档案》,476－2116。

十字运动,纵有中央政府在法令上的支持,依然无法实现其对分会的主导权,而其财产能否接收,也端视地方政府的配合与否。足见战后总会在国内趋于弱势的地位。

结　　论

　　中国红十字会是近代中国首屈一指的慈善团体,也是中国首次出现的全国性民间社团之一,本文主要呈现了中国红十字会从缘起到 1949 年,将近半个世纪的历史变迁,分别从其组织、人事、会务发展、实际工作等各方面着笔,以凸显中国红十字会的特色。

第一节　中国红十字会组织与人事的变迁

　　红十字会本来是西方发起的国际人道救援组织,具有国际公约的保护,与中立的特殊地位。中国社会开始接触这项人道救援组织,主要是透过外国传教士以及若干留学生、华侨等在实际工作与言论的提倡。庚子拳变期间,开始有中国慈善团体援引红十字会的做法,由上海前往北京及其他华北地区接运南方难民,初步证实确实可以获得外国人相当的尊重。日俄战争期间,由于清政府保持中立,而东北难民问题又亟须解决,因此部分上海绅商如沈敦和、施则敬等联合外国人,组成上海万国红十字会,这是首度国人参与,以红十字会为名的慈善团体,也是中国红十字会最早的起源,但这个组织仍是临时性质,且并无会员、分会等具体制度,战事平息后,该会即停止活动。

　　清宣统年间吕海寰等官员企图组织一全国性的红十字会,

名为大清红十字会，奏请清廷批准立案。虽然清廷原则上同意，并任命盛宣怀为会长，但当时清政府内部对于此会章程有不同意见，使得所谓大清红十字会名存实亡，直至清亡仍未成立。但上海绅商沈敦和等人借此名义开始筹备医学堂、总医院，从医疗卫生方面培植实力。

辛亥革命为中国红十字会提供了表现的机会，沈敦和等人立即派遣救护队前往战地，清政府也任命吕海寰为会长，此外也有部分团体打着红十字会的旗号。虽然在民国成立以后，沈敦和所组的上海红十字会获得临时政府的承认，但随着袁世凯掌握政权，政府迁往北京，吕海寰所领导的北京红十字会逐渐在合法地位上获得优势，民国元年的华盛顿国际红十字大会，确定以北京红十字会作为中国会籍的代表。此时情况逐渐明朗，沈敦和的上海红十字会拥有充足的经济、技术、人力资源，吕海寰的北京红十字会则有国内外的合法承认，对双方来说都需要通过协商取得妥协，于是在几次的谈判后，终于达成合并统一的协议。民国元年9月29日在上海召开中国红十字会全国代表大会，10年30日召开中国红十字会统一大会，中国红十字会终于正式成立，成为中国第一个全国性的慈善团体。

民国初年的中国红十字会，在名义上虽然完成统一，但其领导核心实际上却是处于京、沪二元分立的状态，会长率领总会在北京，处理与国际红十字会以及北京政府交涉事项，副会长与常议会，则率领总办事处在上海，处理大部分的会务如会员征募、分会管理、募款等，以及实际救援行动如灾难救济、医疗卫生、战地救护、国际救援等。

民国8年北京政府虽然通过指派副会长蔡廷干，民国9年任命会长汪大燮，寄望可以加强政府与北京总会对上海总办事处的管理，但由于常议会始终坚持抵制政府介入，使得京沪分立的状态继续维持下来。民国11年由常议会主导的全国代表大会，确定了常议会作为中国红十字会最高决策机构。

如果分析从民国元年到民国18年常议会的人事结构，可以发现这是上海地方精英的组合，其成员来自商、官、医、法、舆论、文化等各领域，其籍贯集中在江苏、浙江、广东等少数地区，其成员多半同时也是上海其他社团如上海总商会、佛教居士林、环球中国学生会等的领导阶层。

民国17年国民政府成立以后，北京总会旋即取消，由上海总办事处行使总会职权。同时中国红十字会在人事上也相应做出调整，虞洽卿、王正廷被选为副会长，常议会也先后两次增聘常议员，此时由于对于工作路线意见不同，虞洽卿与常议员江趋丹发生争执，国民政府借此时机介入，一面支持虞洽卿的地位，使得江趋丹被迫辞职，一面积极筹画立法对红十字会加强管理。民国22年国民政府公布管理条例，民国23年中国红十字会在上海举行第三次会员大会，根据国民政府法令进行彻底改组，改常议会为理事监事会，并将其权力略为削弱，从此红十字会逐渐失去独立的地位。

由于当时日军侵华日亟，新改组的中国红十字会最主要的工作便是如何辅助政府准备战地救护工作，时任卫生署长的刘瑞恒提出了战时三合一的卫生勤务构想，希望将红十字会、军医署、卫生署三股力量纳入一个体系，统筹办理战地救护工作。但这个构想尚未获得红十字会领导阶层的认同，抗战随即爆发，中国红十字会主要领导人如杜月笙、钱新之、王晓籁、王震等人随即迁往香港，成立驻香港办事处（后改为总办事处），救护组织在汉口，总会仍留上海，暂时呈现鼎足而立的局面。

等到太平洋战争爆发，日军占领上海租界与香港以后，中国红十字会总会迁往重庆。民国32年国民政府国防最高委员会通过红十字会战时组织大纲,经立法院通过后改称红十字会战时组织条例,据此将红十字会改隶军管,会长、副会长、理事、监事等改为军事委员会派任,至此红十字会完全纳入国民政府战时军事管理体系,在经费上也日益仰赖政府的补贴。抗战胜利后,红十字会总会迁至南京,行政院通过管理办法,将红十字会改归行政院管理,全部人事由行政院指派,直到1949年。大致说来,从太平洋战争以后,中国红十字会便趋向与国民政府紧密结合,终至完全接受政府的管理为止。

1949年以后,蒋梦麟前往台湾,在台组建红十字组织;中国红十字会在中华人民共和国政府的领导下继续开展工作,并很快取得了国际红十字委员会的会籍。红十字运动在中国的发展从此进入另一个阶段。

第二节　工作内容及其贡献

归纳中国红十字会的工作内容大致可分社会工作、医疗卫生、战地救护等三项。

社会工作包含社会救济与社会福利两个层面,前者为消极的施舍,后者为积极的教养与福利制度的建构。在民国22年以前,红十字会每年对于社会救济工作都投入极大的心力,这包括灾难及一般救济、难民收容、对其他慈善团体的补助等,对于减轻民国时期灾荒造成的各项损害,维持社会的安定,有相当的帮助。不过从另外一个角度看来,这些救济工作究其实仅能头痛医头,脚痛医脚,治标而不治本,而且经常有其他慈善团体在从事类似的工作,以红十字会特殊的性质,有限的经费,从事社会救济工作,有时反而事倍功半,备多力分。从民国23至34年,为了应付日军的侵略,红十字会暂时对于社会救济工作较少置喙。抗战胜利后,红十字会的工作方针有了极大的转变,不再如善堂般单纯地施舍物资,而是转向以儿童、妇女等弱势群体为照顾的重点对象,以城市为主要工作区域,工作范围尽量不与政府重叠,在照顾的过程中,特别注重对妇女、儿童的教养,以及健康保险制度的试行。

在医疗卫生方面,中国红十字会在上海设有 3 个医院,每年夏天又针对传染病,设立临时性的时疫医院,为期约两个月至 3 个月。时疫医院对患者完全免费,其他 3 个医院对穷人也采取免费或其他优待办法。每年几个医院救治的患者平均多达 10 万人以上,对于上海地区的医疗卫生有相当大的贡献。此外在其他省份发生传染病时,红十字会也派出医疗队前往进行防疫工作。除了上海之外,抗战期间,红十字会也曾在重庆、昆明等地设立医院和诊疗所,而红十字会的救护总队,更是深入乡间及军队驻扎地,为乡民及军人进行治疗,并协助设立各种防疫设施,传播卫生知识,加入战时防疫体系,有效地保持并增强抗战的力量,促进基层的公共卫生。抗战胜利后,许多原救护队就地转化为各分会诊疗所,将这些医疗资源持续留在各地。

战地救护是红十字会有别于其他慈善团体的救援工作,主要是对于在战地受伤的军人、平民进行急救。从辛亥革命以后,中国红十字会参与了历次重大战争的战地救护,从辛亥革命、二次革命、第一次世界大战、北伐战争、一二八战役、长城战役、八一三战役及以后各项战役等,都曾派出救护队前往战地附近,冒着枪林弹雨的危险,进行救援的工作。尤其是抗战期间隶属中国红十字会的救护总队,在林可胜的领导下逐渐发展成为各战场不可或缺的急救、医疗卫生乃至运输力量,工作人员最多时高达二三千人,甚至还有外籍人士参与,工作时间横跨整个抗战期间,当时可说是中国红十字会在战地救护工作表现的颠峰,其对抗战的贡献无可限量。

第三节 特 殊 属 性

一、具有国际性格

红十字会与一般社团最大不同之处在于其具备国际性格。这个国际性格最重要的根据就是《日内瓦公约》。该公约是瑞士政府邀集 12 个国家于 1884 年 8 月在日内瓦集会,会中无异议通过国际委员会所草拟的条文,8 月 22 日签订了《日内瓦改善陆上部队伤兵境遇公约》,简称《日内瓦公约》,亦称《红十字公约》。这个公约确定了白底红十字的标记,并赋予其中立的权利。这个公约后来在 1906 年仍于日内瓦会议经过修订,对于红十字标记规定得更为详尽,例如明订"红十字旗只许于应受人尊敬之救护机关内树立之,且需取得军事长官之同意,同时并需树立该项救护机关所属之交战国国旗"、"白底红十字标记,及(红十字)日内瓦红十字等字样,不论在和平时,或在战争时,只许用以保护或区别依照公约应受保护之救护机关、救护人员以及救护用具"等。此外此次修订更明白指出凡经政府承认或准许之慈善机关中人员,得以享受各种尊敬保护,但该机关名称需于开战前或交战期间,由各国政府通知对方政府,这个条文可说是保障各国红十字会权利的滥觞。

清光绪三十年(1904)初沈敦和等中外人士在上海筹组上海万国红十字会,但当时清廷并未签订或认可《日内瓦公约》,故形式上不能完全受到该公约的保障。同年三月清廷收到内外官员的奏折,请求仿照西例,设立红十字会,同时加入《日内瓦公约》,①清廷当即决定同意认可该公约,并派遣驻英公使张德彝为全权大臣办理红十字会入会手续与加入《日内瓦公约》事宜。② 五月上海万国红十字会宣告成立,七月八日瑞士政府公告各国,表示中国已经加入红十字会国际委员会。光绪三十二年(1906)清廷派驻英公使张德彝前往瑞士,参与签订前述修订后的新公约,也就是第二次《日内瓦公约》,并于次年组织大清红十字会,由政府颁发关防。至此中国红十字会才算完成加入公约、政府承认的两道程序,从此开始可以合法获得国际公约的保障。

等到民国18年,《日内瓦公约》再度进行修订,红十字会总会电请中国驻瑞士代办萧氏代为出席。③ 7月27日共有41个国家共同签署第三次《日内瓦公约》,此次公约其实分两个部分,一是《改善战地伤者病者公约》,二是《战时俘虏待遇公约》,其中前者对于红十字会地位尤为重要。《改善战地伤者病者公约》特别要求各缔约国政府,其国内法尚未完备,应直接采取或向其立法机关提议各项必须办法,以防止红十字标记和瑞士国徽遭到滥用和仿冒,同时强调"除依照本公约规定有权使用者外,其他个人或协会不得使用红十字或日来佛十字之符号或名称"。④

国民政府代表虽参与第三次《日内瓦公约》的签订,但外交部乃至国民政府并未立即处理批准的手续,直到民国23年3月

────────────

①　《驻美使臣梁诚陈请成立中国红十字会奏稿》(光绪三十年二月十日)《历史档案》1984年,2期,页40;《御史夏敦复奏请成立中国红十字会片》(光绪三十年二月十二日),《历史档案》,1984年,2期,页41。

②　《外务部请颁驻英大臣补签瑞士红十字会原约全权敕谕奏折》(光绪三十年三月初十日)《历史档案》,1984年,2期,页41。

③　《中国红十字会征求会员大会特刊》,页61—62。

④　《改善战地伤者病者命运公约》外交部藏《外交部档案》,页647。

30 日外交部以签字已逾 4 年,似应予以批准以完手续为由,呈交行政院会转送中政会核定,后交立法院审查。民国 24 年 7 月 12 日立法院审查通过,最后由国民政府于 9 月 19 日正式批准,并由外交部正式向国际联盟登记在案。①

国民政府在批准第三次《日内瓦公约》后,象征中国红十字会的特殊地位更为稳固,在民国 38 年《日内瓦公约》再度进行修订以前,中国红十字会得以享有国际公约所赋予相应的若干保障。

这些保障最主要的便是对于红十字标记的使用权。红十字标记在公约内特别设专章列为特别符号,配戴此标记的人员、交通工具、建筑物与物品,均可受到公约的保障,特别是配戴红十字标记的人员,在战时无论何种情形,必须予以尊重保护,如落在敌军手里,不得以俘虏待遇之,由此可见此标记具有中立的性质和独特地位。而除了军医部门可以使用红十字标记外,只有红十字会可以使用,第三次《日内瓦公约》更要求各国政府订立法律以防止该标记或字样遭到滥用、仿冒,因此国民政府在民国 22 年首次公布红十字会管理条例施行细则内,明订"其他团体担任战区卫生勤务时,需得军事长官之许可与本会(案及红十字会)协商办理,如用红十字记章者需先得本会之同意"。② 换言之红十字标记简直等同红十字会的专利,任何团体欲使用该标记都须获得红十字会之同意。

除了国际公约之外,中国红十字会自清末以来同时也获得在瑞士的红十字会国际委员会的承认,这项承认在国民政府时

---

① 《上海市年鉴》(民国 25 年),页 F16—17;《外交部发红十字总会公函》(民国 26 年 9 月 16 日),外交部藏《外交部档案》,228—3。

② 《中国红十字会管理条例施行细则》第 39 条,《中国红十字会月刊》,55 期,页 66。

期延续下来。而该项承认更直接保证了红十字会的独特地位，因为根据红十字会国际委员会的规定，一个国家（案：必须是加入《日内瓦公约》的国家）只能有一个红十字会，[①]所以不可能出现其他团体同时获得红十字会国际委员会的承认，也就无法同时享有对红十字标记的使用权。

中国红十字会既然与其他国家的红十字会一般，受到国际公约的保障，理论上自然也必须接受、分享有关公约和红十字会的若干理念、原则。根据历次公约与红十字会国际委员会在1930年发布的资料，可以发现当时认定有关红十字会的基本原则大约有以下几项：人道、公正、中立、统一、普遍、志愿服务等。所谓人道，简单地说便是预防及减轻出现在任何地方人类的苦痛，其目的在于保护生命和健康，确保对人类的尊重，并促进世人相互之了解、友谊、合作与持久的和平。所谓公正则是指红十字会不因任何国籍、种族、宗教信仰、阶级或政治意见而有所歧视。所谓中立则是为了持续获得各方的信任，红十字运动于任何敌对情形中，不得采取支持任何一方之立场，亦不得在任何时候涉入具有政治、种族、宗教或意识形态本质之争端。所谓统一则是每一国家只能有一个红十字会，它必须对全国公开，并在全部领土内推行人道工作。所谓普遍是指国际红十字运动遍及全世界，各国红十字会地位相等，也共负彼此互助之相同责任与义务。所谓志愿服务则是指国际红十字运动乃志愿救援之运动，

---

①　The Red Cross its international organization (Geneva & Paris, International Red Cross Committee & The League of Red Cross Societies,1930),页12—13.

并不企求任何利益。[①]

大体说来，在上述 6 项原则中最被强调的应是人道，可能是因为该原则与中国传统慈善团体的宗旨最为相近，如沈敦和便认为"夫仁爱者，即人道主义之大纲也"。此外沈氏更在同一篇文章中提出红十字会的宗旨为"博爱恤兵"，[②]而首份中国红十字会的会刊更取名为"人道指南"，[③]可见人道确为中国红十字会最为重视的原则。

如前所述，沈敦和曾提出"博爱恤兵"为红十字会的宗旨，这个宗旨为往后的红十字会所承袭。但如果仔细寻绎所谓博爱恤兵的内涵，其实不脱前述人道的范畴。正在沈氏提出博爱恤兵的同年，在另一份红十字会的会刊上却又发表了红十字会的 7 项宗旨，这 7 项宗旨为恤兵、拯灾、振饥、瘗亡、救护、医药、治疫。[④] 由上述 7 项宗旨可以知道当时的红十字会把工作方向和宗旨混为一谈，所谓宗旨按照红十字会国际委员会的用法，应是某些基本原则，而非具体的工作方向。但自民国初年以来，中国红十字会所遵循的所谓宗旨，其实是在人道的大前提下，该会所应进行的各项工作。

如果就前述 7 项所谓宗旨进行分析，可知拯灾、振饥、瘗亡，

----

① 相对于 1986 年日内瓦红十字会议通过的原则，此时唯一不同的是尚未提及有关独立的原则，而所谓独立则是指国际红十字运动有其独立性，各国红十字会虽为其政府人道服务方面的辅佐机构，且须遵守各该国法律，惟应永远保有自主性，俾得在任何时候均能遵循红十字运动之原则行事。《国际红十字与红新月运动基本原则》《什么是红十字》，页 20。

② 该文发表时间为民国 2 年 3 月，沈敦和，《〈人道指南〉发刊词》，《中国红十字会历史资料选编》，页 103。

③ 《民国时期中国红十字会历次会刊一览表》，《中国红十字会历史资料选编》，页 102。

④ 《中国红十字会宗旨》，《中国红十字会杂志》1 号（民国 2 年 5 月），转引自《中国红十字会历史资料选编》，页 220。

正是传统慈善救济的工作范围。救护、医药、治疫等涵盖战地救护与一般医疗卫生工作，正是传统红十字会工作的重要部分，其中医药、治疫其实也属于传统救济工作的一部分。而所谓恤兵则是针对因战争所产生的种种损害进行救济，也正是红十字会创建的目的。从 7 项宗旨看来，中国红十字会大大加强了救济工作的分量。平心而论，救济工作当然符合人道的原则，自然也是红十字会应当从事的工作，不过相对于其他红十字会应有的宗旨来说，救济工作在中国红十字会确实被过于强调。

　　这可能和许多西方的理念传播到中国的结果类似，中国社会往往选择与其文化背景最为契合的部分予以接受甚至融合。就红十字会宗旨而言，其人道的理念和传统中国文化自有其相通之处，而传统慈善救济团体的若干救济工作，成为中国红十字会工作的重点，也就不是一件奇怪的事。

二、兼容官民的社团属性

　　其次中国红十字会与一般社团不同之处，在于其兼容官民的社团属性。早在清末上海万国红十字会时期，虽然主事者由民间绅商沈敦和等人出面，但事实上大部分的捐款都是来自中央内廷与地方各督抚，在日俄战争平息后，所余捐款在宣统年间用来创办红十字会总医院与医学堂，部分可能在辛亥革命期间也派上用场。民国元年中国红十字会完成南北合并统一，正式成立，是经过谈判妥协的结果，这个结果最后仍须经过北京政府的承认，例如统一大会时内务、外交、陆军、海军等部都派代表参加会议，并且分别强调中国红十字会与政府的关系；又如会长、副会长的人选，最后仍须经过北京政府大总统袁世凯的明令公布。

　　如同本书所提出的二元结构说所言，中国红十字会从民国元年起到民国 22 年止,在内部始终存在一个京、沪对立的现象,会长往往代表亲政府的立场,副会长与常议会则通常采取较为独立、不受政府管辖的立场,这通常反映了红十字会究竟应该官办或民办的矛盾,而北京政府与代表民间立场的副会长乃至常议会,便经常为此处于紧张的关系。例如从民国元年至 8 年,副会长兼常议会议长沈敦和,始终与北京政府与会长吕海寰关系若即若离,即使北京政府在民国 3、4 年分别颁布中国红十字会管理规则与施行细则,却从未为沈氏与常议会方面所理会,为此北京政府终于在民国 8 年使用直接任命的手段,解除了沈氏副会长的职务,而以长期在北京政府任职的蔡廷干取而代之。

但蔡廷干就职后,发现无法忽视常议会反抗官办的压力,于是只能与其妥协,虽然一面大幅改组常议会,一面表示并无将红十字会改为官办的准备。民国 9 年吕海寰辞去会长的职务,北京政府再度通过直接任命的手段,派汪大燮出任会长,同年更再次公布了管理红十字会的法令。这些作为直接导致常议会更大的反感,民国 11 年由常议会主导召开的全国代表大会,通过了强调常议会权力的的修正章程,选出了新的常议会,经由新任常议会再选出新任会长、副会长。此时北京政府可能由于缺乏力量足以贯彻它所颁布的法令,只能承认常议会所造成的既成事实。

然而民国 11 年的事件虽然确定了常议会的地位,阻止了北京政府可能收回官办的企图,但是红十字会与政府的关系仍然处于模糊的阶段,北京政府固然无力按其颁布法律彻底对红十字会加以管理,但也没有进一步承认红十字会作为民间团体的打算,在形式上会长、副会长的任命也仍然由政府发布。

这种暧昧的情况到了北伐成功,国民政府在南京确立以后,逐渐有了变化。与北京政府的策略相反,国民政府的做法是拒绝发布经常议会选出的正、副会长人选,同时取消了若干过去政府对于红十字会提供的优惠措施如免费电报等。这些不友善的态度对红十字会产生了一定的压力,然后借由当时红十字会内部的纠纷,国民政府开始有所介入。国民政府借着支持副会长虞洽卿,一方面声称政府要代为修订章程,一方面使得常议会内保守派代表江趋丹被迫辞职。等到红十字会在内争结束,完成章程的修订后,国民政府又以手续不完全为由,拒绝受理备案,同时积极筹备由政府另立新法。民国 22 年经立法院通过红十字会管理条例,行政院院会通过施行细则后,由国民政府颁布成为法律,从此红十字会必须接受政府的监督,且据此必须于次年召开全国代表大会进行改组。

　　民国 23 年的改组,显示国民政府与上海地方精英的合作。国民政府取得了对于红十字会的监督权,可能也提出了若干理事、监事人事名单,不过整体而言上海地方精英仍在红十字会的人事结构中占有主导的分量。随后抗战的爆发,使得红十字会的重心逐渐离开上海,先是分立于上海、香港、汉口,在太平洋战争后,又迁往重庆。民国 32 年的改组,显示了国民政府将红十字会完全纳入军管,所有人事由国民政府派充,所有作为配合军事需要,接受政府完全的监督。抗战胜利后,红十字会总会也随国民政府迁至南京,民国 35 年公布的法律,规定红十字会改隶行政院管理。此后直到 1949 年,红十字会都维持这种接受政府监督管理的状态。

　　由前所述,或许可以发现红十字会在民国元年成立以后,一直面临政府接管的压力,在北京政府时期,以上海地方精英为核心的常议会还可以成功地予以抵制。但到了国民政府时期,由于官方介入的态度更为积极,而常议会内部又发生激烈的争执,终于导致红十字会最后逐渐落入政府的监管。

然而红十字会究竟是属于民间社团或者是政府部门？直到今天，仍然没有一个简单清楚的答案。或许可说是两者皆是，因为它在经费上必须依赖政府的补助，人事上也由政府方面决定，但它却并非是政府正式编制下的部门，对外也保持民间社团的形象。红十字会特殊的定位，可由历届政府必须特别制定法律可以得知，它其实兼具官方、民间双重的性质，因为在 1949 年以前，没有任何一个民间社团，曾经得到过类似的待遇。

三、与传统慈善组织的区别

此外中国红十字会这个个案，其实也可以将其放在中国慈善事业发展的脉络中予以考察、比较。梁其姿研究明清慈善组织，认为其功能一直停留在教化社会，而非经济问题的解决。梁氏将其发展分为 3 个阶段，她认为最后一个阶段即清乾嘉以后的变化最大，梁氏以"儒生化"来加以形容，也就是在清中后期中下层儒生逐渐控制小型善会、善堂，这些人往往既是管理人又可能是受惠者，他们的价值观混合着正统儒家思想与通俗信仰，他们参与慈善组织的动机往往是为了从中获得一些实质的利益，及借着善会的力量维护儒家价值，以保住其本身的社会文化地位。①

中国红十字会虽然基本延续自上述善堂的发展脉络，如由本文各节分析领导核心人事结构，可知上海地方精英始终占有举足轻重的分量，这与明清善堂的发展有类似之处。但就整体而言，中国红十字会实已突破明清慈善组织的格局，例如在其领导阶层中，商人始终占了相当的分量，其捐款来自海内外，其分会、会员遍布全国各省，而其救援工作内涵也与明清善堂大不相

---

① 梁其姿，《施善与教化——明清的慈善组织》，页 239—247。

同,如果说社会教化是明清善堂主要的关怀,那么推动民国时期中国红十字会各项救援工作主要的力量可能就是民族主义,民族主义对于该会工作的影响,可由其逐渐由救济工作转向战地救护,尤其是抗战时期中国红十字会的种种作为更为明显。

第四节　公共领域与公民社会争论的再讨论

近年来欧美清史及民国史研究中引发最多讨论的课题,应属公共领域(Public Sphere)与公民社会(Civil Society)。经过九十年代几次学术会议的讨论,许多学者已经大致肯定在分析清代乃至近现代中国问题时,不宜套用公民社会,尤其是哈伯玛斯所定义的公民社会,因为这个由西方经验得出的概念,无法解释清代中国的若干问题。但学者也大致同意从明末以来,中国社会有一特别领域,其中官方与民间的力量都有参与,并相互影响,在不同时代,二者有不同的比重,不同的互动关系。[①]

相对于前述若干共识,学界在讨论公民社会与公共领域问题方面,也产生了不少争论。如公民社会是否存在? 公共领域在中国历史上呈现在哪些层面? 其限制何在? 相关名词如何界定?

在各种争论当中,公共领域发展程度所引发的辩论是相当重要的部分,其中罗威廉(William T. Rowe)与魏斐德(Frederic Wakeman)的论战尤其值得关注。罗威廉有关汉口的研究,认为公共领域在晚清已经有相当的发展,地方精英通过行帮与其他民间团体如慈善团体,参与各种公众事务,逐渐促进城市自治

---

①　梁其姿,《施善与教化——明清的慈善组织》,页 248-249。

的发展,取得独立于地方官员的权力。但魏斐德对此则不以为然,魏氏针对罗氏的论据,一一做出反驳,认为在晚清虽然产生了公共领域的扩张,但此仅限于地方层次,且无法摆脱国家力量的影响,也不存在与国家对立的局面。[1]

慈善组织是近年来有助于讨论公共领域的重点之一。特别是明清以来慈善组织的发展,根据梁其姿的研究,所谓公共领域,虽然有发展地方社会自主的潜质,但是由于善堂领导阶层在意识形态或社会身份上的限制,这个潜能并没有太大的发挥。反而政权与社会力量在该领域内找到了平衡,直到 19 世纪中叶为止,善会善堂成为稳定社会、巩固政权的地方组织。由上述可知,梁氏观点与魏斐德较为接近,亦即认为就明清时期慈善组织而言,公共领域仅能限于地方层次,且善会善堂的发展并未对既存社会秩序及政权提出挑战,相反的,善会善堂成为支撑政权的一个环节。[2]

以上所述关于公共领域的相关研究,由于时代背景的关系,多以区域个案的分析和归纳为主,但事实上从清末乃至民国建立以后,中国社会开始出现若干新的现象,例如跨区域全国性民间社团的出现。以中国红十字会为例,中国红十字会的创立及其发展,不仅足以代表现代中国慈善组织乃至民间社团创新的若干特征,更有意义的,是除了探讨它本身作为一个重要且独特的个案,亦即一个全国性质的民间社团之外,它如何在全国范围内进行各种活动? 如何与政权产生互动?

根据本书各节所述,中国红十字会的领导阶层虽然以上海地区精英为主,但该会从创立开始便在全国各地设立分会,征收

---

① 'The Civil Society and Public Sphere Debate: Western Reflections on Chinese Political Culture' Modern China 19:2(1993.4),页 108—138。

② 梁其姿,《施善与教化——明清的慈善组织》,页 250—253。

会员、会费,其工作范围也涵盖全国许多地方,不仅仅局限于上海一隅,此与既有公共领域的观点形成鲜明的对照。

其次在不同时期,代表国家权力的政府,与中国红十字会的领导精英,为了官办民办的基本立场曾有程度不同的矛盾和冲突,虽然这些精英大部分是上海地方精英,但可以发现每当面对国家强大压力时,他们往往借助召开全国代表大会,试图以民主的形式,诉诸全国会员、分会的民意,以便赋予他们继续管理红十字会的权力。这种与政权对立甚至抵制以争取自治的现象,也与魏斐德的观点,以及明清时期慈善组织的研究不尽相合。

中国红十字会这个个案,对照既有的理论,可能是一个有趣的例外,也可能可以提供一些新的思考方向,也就是说尽管所谓公共领域理论仍存有相当的限制,但民国时期公共领域的发展,可能不尽然如既有明清时代相关研究所揭示的,是地方层次的,也不存在与国家对立的现象。假设对近代史上类似的全国性社团的研究能再有所加强,等到有足够的研究成果,或许对于目前国家与社会关系的理论,将可以产生若干新的诠释。

第五节　历史意义

最后中国红十字会所代表的历史意义为何? 本文认为中国红十字会代表的是一个慈善观念的革新,它超越了明清以来以社会教化为主要关怀的慈善理念,进而彰显人道和民族主义两项诉求。其次,它也超越了清代以前主要以小区域活动为主的慈善事业,进而成为可能是近代中国首批具有全国性质的社团,参与公共事务的范围扩及全国,这在当时社会具有革命性的意义。第三,它将民主形式应用在慈善事业,虽然在实际运作上不见得完全合乎民主程序，但从全国代表大会到常议会、理事监事会，无不透过投票表决的形式来制定决策，这与传统慈善事业的运作方式大不相同。第四，它代表近代中国参与国际人道救援活动的开端，红十字会以民间社团的地位，代表中国进行若干国际救援活动，在略尽人道本色之余，也对中国的国际形象多少有所助益。